미래학교는
역량을 가르친다

'6년의 배움' 학교교육과정 이야기

2022 개정 교육과정이 요구하는 기초소양과 역량 교육을
앞서 실천한 학교학습공동체의 기록

"역량 있는 교사들의 역량 교육 실천 이야기"를 읽고

얼마 전 장계영 교감선생님으로부터 반가운 문자를 받았다. 봉직하는 구미봉곡초 교사들과 함께 책을 발간한다는 소식이었다. 그리고 책의 추천사를 부탁받았다. 바쁜 일정으로 잠시 미루어두었다가 책을 펼쳐보고는 장계영 교감선생님과 동료들이 열어가고 있는 놀랍고 아름다운 실천을 접하고 새삼 감탄했다.

구미봉곡초등학교는 경북에 소재한 경북미래학교이다. 이 학교 교사들의 실천은 지난 10여 년 동안 혁신 교육으로 불려온 전국의 많은 학교가 이루어낸 성과들을 이어받고 있다. 민주적이고 소통적인 리더십, 교사의 전문학습공동체, 교육과정 중심 학교 문화, 프로젝트 수업을 통한 수업 혁신, 업무지원팀을 통한 행정 업무 경감 등이 그런 모습이다. 이것은 문화적 맥락의 차이는 있지만, 한국뿐만 아니라 세계의 공교육 혁신이 나아가고 있는 방향이기도 하다.

　이런 혁신의 보편성에는 근대 학교를 넘어서려는 탈근대적 기획이 존재한다. 많은 사람이 이미 잘 알고 있듯이 우리에게 익숙한 현재의 학교는 근대 산업혁명 시대의 발명품이다. 당시에 학교는 근대의 제조업 공장과 유사한 방식으로 설계되었다. 소수 엘리트를 양성하는 학교를 제외하고 대다수의 학교는 산업 현장에 필요한 저급 노동력을 충원하는데 적합한 구조를 지니고 있었다. 당연히 교사에게도 높은 지적 역량이 요구되지 않았다. 그러나 200여 년이 지난 오늘날의 학교가 처한 사회적 맥락은 너무나 달라졌다. 폭증하는 지식과 산업 구조의 급격한 변화로 인해 학교는 낮은 수준의 지식과 기능을 전수하는 곳이 아니라 고등 사고력을 바탕으로 창의적으로 문제를 발견하고 해결해 가는 평생 학습자의 자질과 역량을 길러주는 장으로서 변화된 역할을 요구받고 있다. 그것도 소수 엘리트를 위해서가 아니라 모든 학생을 대상으로 그런 교육을 제공해야 한다.

　학교가 감당해야 할 이러한 변화를 담고 있는 대표적인 표현 하나가 역량 중심 교육이라는 표현이다. 이 책이 지난 10여 년 동안의 수많은 학교 혁신의 사례를 담은 책들과 어깨를 나란히 하면서도 고유한 독특성을 발하는 것은 역량 중심 교육을 정조준하여 단위 학교에서 함께 이룬 실천을 체계적으로 갈무리하기 때문이다. 주목할 점은 구미봉곡초 교사들이 역량 중심 교육이라는 유행을 좇아서 외국의 문헌이나 실천을 단순히 모방하지 않는다는 점이다.

이들은 치열한 논의, 토론, 실천을 통해서 학교의 사정에 맞게 이 개념을 토착화하려고 시도하고 있다. 핵심역량, 기초소양, 역량 요소, 역량 잣대, 역량 배움 지도 등에는 구미봉곡초 교사들이 오랜 시간 함께 머리를 맞대고 마름질한 실천의 아우라가 녹아있다. 이 점은 구미봉곡초등학교 교사들의 고유한 기여이기도 하다.

나는 『한국의 교사와 교사되기』의 서문에서 한국 교사들의 집단적 이미지를 '벽장에 갇힌 거인'으로 표현한 적이 있다. 개개인의 능력이나 역량으로 보면 한국 교사들은 세계에서 가장 뛰어나다. 그런데 공신력 있는 국제 비교 연구에서 한국 교사들은 다른 나라 교사와 비교하여 교사 효능감도 낮고 학교 만족도도 높지 않다. 이러한 안타까운 현상이 나타나는 원인은 매우 복합적이다. 그 많은 원인은 여기에서 열거하지 않겠다. 한 가지 분명한 점은 고립주의, 개인주의적 교사 문화가 여기에 일조하고 있다는 것이다. 개인으로 보면 뛰어나 한국 교사들의 상호 협력의 질은 높지 않다. 이는 국제 비교 연구가 지적하는 바이기도 하다. 아직도 닫힌 교실을 자신의 성역처럼 수호하는 교사들이 적지 않다.

현재의 학교가 21세기의 새로운 학교로 거듭나기 위해서는 수많은 요소가 함께 변해야 한다. 그러나 다른 요소가 모두 바뀐다고 하더라도 유기적이고 협력적인 교사 문화와 이를 뒷받침하는 제도의 정착이 없이는 성공적 전환이 불가능하다. 구미봉곡초를 비롯하여 학교 혁신이 성공한 학교들은 거의 예외

없이 교사 협력의 수준이 매우 높은 학교들이다. 나는 여기에 '벽장에 갇힌 거인'을 해방할 수 있는 열쇠가 있다고 본다. 구미봉곡초를 비롯한 많은 학교의 실천은 세계에 내놓아도 남부럽지 않은 수준에 와 있다. 문제는 그것이 한국 학교 모두의 일반적인 모습이 아니고 아직도 예외적인 사례에 머물고 있다는 점이다. 민들레 홀씨가 온 대지에 퍼져나가듯이 나는 새로운 실천이 한국 교육 전체로 퍼져나가고 꽃피는 미래를 꿈꾼다. 멀지 않은 장래에 그것이 현실이 되리라고 믿는다. 그때가 되면 많은 이들이 미래 교육이 현실에서 구현되는 모습을 찾아서 한국을 찾을 것이다. 구미봉곡초의 실천이 꺾이지 않고 지속되고 성장해서 그런 미래를 앞당기는 초석이 되고 모델이 될 것을 의심치 않는다.

이혁규
청주교육대학교 총장

미래 교육 담론은 점차 더 복잡해지고 불확실한 세상에서 우리 아이들이 어떻게 잘 적응하고 변화를 만들어 낼 수 있는 능력을 길러줄 것인가에 초점이 있다. 역량 교육에서는 학교의 교육 활동들이 어떻게 학습자에게, 사회에 적합한 방식으로 이루어질 수 있을지 방안을 탐색한다. 교육에 대해서 우리가 늘 하는 질문들, 예컨대 '좋은' 교육은 무엇인가? 모든 학생이 잠재력을 최대한 발휘할 수 있도록 도와주기 위해서 학교에서는 무엇을 어떻게 가르쳐야 하는가? 공부란 무엇인가? 학생들이 원하는 것을 하게 해주는 것이 학습자 중심 교육인가? 등은 역량 교육에서 끊임없이 제기하는 질문들이다. 이러한 질문에 정답이 없지만, 어느 정도의 방향성은 있어야 한다. 교육이라는 여정에서 시행착오는 당연하지만 앞으로 나아가기 위해서는 무엇이 문제인지, 어떻게 개선하면 좋을지 끊임없이 생각하면서 방향성을 만들어가야 한다. 학교 변혁과 관련하여 많은 연구를 수행한 마이클 풀란Michael Fullan은 교육 개선을 위해서는 총체적 접근을 취해야 하며 일관성을 갖추어야 한다고 제안한다. 일관성이란 일의 목적과 성격에 관한 공유된 깊이 있는 이해로 정의된다. "이해"는 시간이 걸리는 장기적인 목표이면서 실천이라는 수행을 통해 점차 깊어진다. 구미봉곡초에서 생성한 다양한 사례들을 읽어보면 일관성뿐 아니라 교육 주체들이 협력하여 실천하고 성찰하면서 새로운 목적을 만들어가는 공동 주도성의 모습을 확인할 수 있다. 우리 각자가 생각하는 방향을 향해 한 걸음 한 걸음 내딛는 모든 선생님들에게 이 책이 훌륭한 안내서가 될 수 있을 것이라고 믿는다.

온정덕
경인교육대학교 교육학과 교수

이 책은 구미봉곡초등학교 구성원들의 고민과 실천이 담긴 소중한 역사이자 우리 모두를 위한 안내서이다. 역량은 언제부터인가 교육과정과 교육 방법을 개발, 선택, 실천, 그리고 평가하는 중요한 기준이고 일상의 대화에서도 사용하는 일반적인 개념이 되었다. 그럼에도 불구하고 우리는 여전히 학생들이 참여하는 교육이나 활동이 역량 개발과 관련되어 있다는 것을 의심하기도 한다. 역량은 어느 날 갑자기 개발되는 것은 아니다. 역량은 수업, 토의, 프로젝트기반학습이나 문제중심학습에서 자료를 읽고 고민하고 쓰고 논의한 경험들이 누적되어야 개발되는 것이다. 이 책에서 제시한 구미봉곡초등학교의 여러 수업 사례는 하나하나가 가치있고 의미 있다. 그러나 더욱 중요한 것은 구미봉곡초등학교에 입학한 귀여운 신입생이 6년간 이 모든 수업, 토의, 프로젝트기반학습과 문제중심학습을 경험한 후 다양한 역량을 함양한 멋진 모습으로 졸업할 수 있다는 것이다. 교사 한 명 한 명의 노력과 헌신도 중요하지만 학교 차원의 노력과 협력이 중요한 이유이다. 이 책이 교육 관련자들에게 학교 차원의 노력, 믿음, 그리고 기다림이 학생들의 역량을 개발하는 것임을 안내할 수 있기를 바란다.

장경원
경기대학교 교직학부 교수

4차 산업혁명으로 시작된 미래 교육에 대한 관심은 OECD 국가들의 DeSeCo 프로젝트와 Education 2030으로 이어졌다. 모두가 미래를 대비하기 위해 '역량' 교육이 필요하다고 강조한다. '역량'의 정의는 아는 것을 넘어서 할 수 있는 능력이란 단순한 정의부터, 복잡한 요구를 충족시키기 위해 습득한 지식, 기능, 가치와 태도를 동원하는 능력이라는 교육적 정의도 있다. 여기서 역량의 목표는 개인과 사회의 well-being이며, 역량의 핵심은 '학생 행위 주체성'이라고 강조한다. 모두가 주목하고 있는 역량 교육을 앞서 실천해온 학교가 있다.

구미봉곡초는 2015년 창조학교, 2019년 경북미래학교를 거치면서 미래 초등교육의 모델 개발에 앞장서 왔다. 삶과 배움이 함께하는 프로젝트 수업의 실천, 교육과정 중심의 학교 문화 개선, 교원 학습 공동체 문화 조성, 교원 업무 경감 모델 제공 등 대한민국 초등교육의 변화를 이끌어 왔던 학교이다. 이 학교 학습공동체는 2017년 '창조학교 이야기', 2018년 '초등 프로젝트 수업'에 이어 이번에 『미래학교는 역량을 가르친다』를 출간하여 다시, 초등교육의 이정표를 제시하고 있다. 이 책이 '따뜻한 경북교육이 세계교육의 표준'이 되는 대표적인 사례라고 자랑하고 싶다.

김희수
경상북도교육청 유초등교육과장

모든 것이 급변하는 변곡점의 시대다. 변화를 예측하고 그에 맞춰 행동하면 승자가 되고, 변화를 내다보지 못하면 누구나 패자가 된다. 혁신학교가 유행처럼 번성할 때(2015년) 구미봉곡초는 역량교육, 즉 '지식 활용 교육'에 집중했다. 아무런 사전 교육 없이 지구라는 별에 여행을 온 아이들에게 삶의 시행착오를 줄여 더 멋진 여행을 위해서다. 우리가 살아가야 할 이곳에 어떤 규칙이 필요한지 우리의 삶에 어떤 원리가 존재하는지 '프로젝트학습'으로 풀어갔다.

역량교육에 대한 막연한 정보가 쏟아지고 있다. 그러나 역량이 가진 개념의 모호성 때문에 역량교육이 어렵게 느껴진다. 이런 상황에서 이 책은 잠시 멈추어서 학교 현장의 상황을 되돌아보게 한다. 마치 소나기가 쏟아진 직후 무지개가 선명하게 보이는 것처럼 모든 시선을 빼앗을 만큼 명쾌한 '역량 배움 지도'를 교육과정으로 풀어갔다.

가장 빛나는 통찰은 책의 구성과 현장성에 있다. 책의 구성을 보면 책의 수준을 알 수 있으며, 현장성을 보면 저자는 풍부한 경험과 이론을 겸비한 선생님임을 짐작할 수 있다.

'역경'을 뒤집어 '지혜와 경험'으로 승화시킨 7년간의 기록,『미래학교는 역량을 가르친다』는 어떤 상황에도 피하지 않고 도전을 통해 도약의 꿈을 이뤄낸 산물이다.

'봉곡초 교육공동체'는 안되는 이유보다 되는 방법을 찾았다. 이제 그들이 먼저 경험한 시행착오는 교육공동체가 2022 개정 교육과정이 지향하는 미래사회에 필요한 역량 함양을 위한 학습을 구현하는데 갈증을 해소해주는 시원한 청량제 역할을 할 수 있으리라 기대한다.

황석수

청송교육지원청 교육지원과장 · 전 구미봉곡초등학교 교장 구미봉곡초등학교 현관 위에는 '프로젝트학습으로 삶의 힘을 키우는 행복한 미래학교'라는 글이 적혀 있다. 우리 학교는 교육과정과 수업 중심의 문화가 뿌리내린 학교이다. 담임교사는 행정업무가 전혀 없이 수업과 학생 지도에 전념할 수 있고, 학생들의 자기 주도성이 높은 학교이기도 하다.

각종 연수에서 우리 학교 사례를 소개하면 듣는 분마다 "어떻게 그게 가능해"라며 놀라기도 하지만 "봉곡이니까 가능하지"라며 체념적인 반응을 보이기도 할 정도이다. 이런 평가는 우리 학교가 더 나은 교육을 만들기 위해 지속적으로 노력하는 밑거름이 되고 있다.

기존에 해오던 프로젝트학습을 넘어 학생의 역량을 키우기 위한 '6년의 배움' 학교교육과정을 만드는 과정도 더 나은 교육을 위한 노력이었다. 교감 선생님이 중심이 되어 역량 연구를 위한 팀을 만들고 바쁜 시간을 쪼개어 공부하며 방학 중에도 계속 모임이 이어졌다. 처음에는 선행 연구의 부족으로 어려워하기도 했지만 멈추지 않고 역량 교육에 대한 이해를 높여갔다. 기초소양과 지식 교육의 중요성을 깨달으며 '6년의 배움' 교육과정을 만들어 적용하기 시작했고 학생들의 역량을 좀 더 체계적으로 키워갈 수 있게 되었다.

2022 개정 교육과정이 고시된 현시점에 역량 교육을 제대로 하려 했던 우리 학교의 노력과 생생한 사례들이 책으로 엮어질 수 있어 다행이라 생각한다. 우리 학교 선생님들의 소중한 실천이 미래사회가 요구하는 역량 함양이 가능한 교육을 펼쳐나가는 데 좋은 참고가 되었으면 좋겠다.

박재휘
구미봉곡초등학교 교장

대한민국의 지성 이어령 선생은 마지막 저서인 '눈물 한 방울'에서 '물음표와 느낌표 사이를 쉴 새 없이 오간 게 내 인생이다.'라고 하였다. 이번 책 쓰기 과정을 곁에서 직접 보고 느낀 소회를 제대로 표현한 문장인 것 같다. '물음표와 느낌표 사이!'

2015 개정 교육과정부터 등장한 역량의 실체를 찾는 과정에서 물음표와 느낌표 사이를 힘겹게 오가며 이끌어간 교감 선생님과 T/F팀 선생님들의 노고를 이야기하지 않을 수 없다. 역량을 연구하는 과정에서 때로는 방향을 잃기도 하고 힘겨울 때도 많았지만 서로 북돋우며 포기하지 않았기에 '6년의 배움' 교육과정이 가능하였다. 역량을 담은 프로젝트학습은 선생님들의 연구와 실천이 쌓이면서 연계성이라는 다리를 놓을 수 있었고, 프로젝트학습에서 보여지는 아이들의 역량은 전율이 느껴질 정도였다.

우리 학교 선생님들은 이제 그 씨앗을 조심스럽게 내놓으며 미래 교육이라는 여정에 안내자로 조심스럽게 다가서려고 한다. 한 발자국 앞서 연구한 우리 학교의 이야기가 마중물이 되어 같이 동행해 줄 분들이 늘어나면 큰 힘이 될 것이다.

권향례
구미봉곡초등학교 수석교사

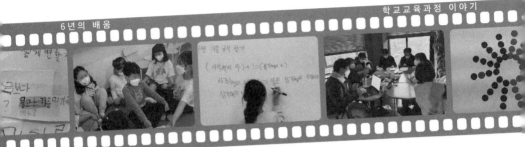

III. 기초소양을 어떻게 키울까?

IV. 핵심역량을 어떻게 키울까?

부록

역량을 키우는 '6년의 배움'을 만들기까지

　이 책은 '어떻게 하면 우리 학생들이 미래사회를 살아갈 힘을 가질 수 있을까?'를 고민하고, 역량을 학교교육과정에 담아 실행한 한 학교의 이야기를 담고 있다. 이미 오래전부터 교육계에서는 불확실한 미래사회를 대비하기 위해서 학생들의 '역량'을 키워야 한다고 입을 모으지만, 정작 학교는 역량이 무엇인지, 어떻게 키울 수 있는지 모르고 있다. 국가교육과정에서나 교육청에서도 역량 교육의 중요성만 강조할 뿐, 학교가 어떻게 해야 하는지 제시하거나 안내하지 못하고 있다. '역량'은 저절로 길러지지 않는다. 학교가 역량 교육의 필요성을 인식하고, 체계적으로 키우겠다는 의지를 가져야 학생들의 역량을 기를 수 있다. 가장 중요한 것은 결국 학교 구성원의 자발성이다. 마치 혁신학교 초기 학교 구성원의 자발성이 성과를 낳았던 것처럼 말이다.

2009년 경기도에서 처음 시작한 혁신학교는 교육과정과 학교 문화를 혁신하는 성과를 가져오며 전국으로 확장되었지만, 최근에는 위로부터의 혁신이라는 한계를 보이면서 양적인 팽창에서 오는 질적 저하와 혁신 피로감 등의 문제점을 나타내었다.

구미봉곡초등학교 역시 학교 혁신이라는 시대의 흐름 속에 경상북도교육청으로부터 창조학교[1]로 지정된 학교였다. 2014년 지방선거 이후, 경상북도교육청에서는 다른 시·도교육청처럼 학교의 변화를 주도할 모델이 필요하다는 인식을 하였다. 마침 대구교육대학교에서 경상북도교육청에 프로젝트학습 협력 학교를 공동으로 운영하자는 제안을 했고, 도교육청에서 이 제안을 받아들여 2015년 9월 1일, 우리 학교를 창조학교로 지정하였다. 여기서 창조학교의 역할은 '핵심역량 중심의 교육과정 운영으로 창의·융합형 인재를 육성하고 미래 학교 모델을 개발하는 학교'로 정해졌다.

우리 학교가 창조학교로 지정된 까닭은 의외로 단순했다. 당시 대구교대에서는 신설 20학급 정도의 규모, 지리적으로 대구와 가까운 도시지역, 공모 교장, 학교 정원의 30% 초빙이 가능한 교육과정 자율학교 지정 등의 조건을 요구하였기 때문이다.

창조학교의 시작은 험난했다. 낙하한 포탄처럼 위에서 떨어진 정책으로 인해 구성원의 자발성이 낮은 상태에서 정책 추진은 힘을 받지 못했다. 처음 6개월은 창조학교의 운영 방향만 정하는 데 만족해야 했고, 2016년 3월 새로

---

1) 창조학교는 경상북도교육청과 대구교육대학교의 기획으로 2015년 9월부터 2019년 2월까지 구미봉곡초에서 운영되었다. 미래사회에 필요한 창의·융합형 인재를 육성하고, 학교 교육의 문제점을 개선하여 가까운 미래에 볼 수 있는 새로운 학교 모델을 만드는 데 중점을 두고 운영하였다. 창조학교 지정 첫해에는 대구교육대학교 교수들의 도움을 받아 교사들의 학교교육과정 설계와 프로젝트학습 실행 능력을 키웠고, 이후 학교 교원들이 주도적으로 연구하여 학교교육과정 편성·운영 능력과 수업 역량을 갖추어갔으며, 학교 문화와 시스템을 교육과정 중심으로 바꾸었다.

운 교육을 하고자 하는 교사들이 모이면서 본격적으로 힘을 받을 수 있었다.

창조학교의 첫 시작은 프로젝트학습을 제대로 하는 것이었다. 프로젝트학습을 핵심역량 신장에 적합한 교수·학습 방법으로 정하였기 때문이다. 우선 우리 학교가 추구하는 프로젝트학습이 무엇인지 정하고 학습 설계 틀을 만들었다. 1년 동안 여러 번의 시행착오를 거치면서 대구교대 교수들과 협력하여 프로젝트학습 설계틀을 만들 수 있었다. 다음으로 전체 교과 수업시수의 50%를 프로젝트학습으로 운영하는 것을 목표로 세웠다. 처음부터 조금 과하게 욕심을 낸 측면이 있었지만 의도하지 못한 효과가 생겨났다. 우선 학년 학습공동체가 만들어지기 시작했다. 프로젝트학습이 학년별로 운영되었기에 같이 설계하고 진행, 성찰하기 위해서는 모일 수밖에 없었다. 시간 부족을 호소하는 학년을 위해서 학년별로 교과전담 시간을 몰아서 모일 수 있는 시간을 확보해야 했다. 결국 담임교사의 업무를 없애고 교과전담 교사와 비교과 교사, 교무행정사 등이 중심이 되어 모든 업무를 처리하는 업무지원팀을 만들었다. 담임교사는 오로지 교육과정과 학급 운영만 맡도록 하였다. 학년 전문성을 높이기 위해 한 교사가 한 학년을 3년간 계속 맡는 3년 연임제를 시행하고, 육아시간이 필요한 교사는 업무지원팀에서 지원하도록 하였다. 한편 학년의 교육과정과 프로젝트를 발표하는 수업 다모임을 만들어 책무성을 높이도록 했다. 학교의 행사를 학년 교육과정과 프로젝트학습에 연계하여 추진하고, 대회 등 교육과정과 관련 없는 모든 행사를 없앴다. 프로젝트학습을 제대로 하기 위해 시작한 학습공동체가 학교의 시스템과 문화를 바꾸었고, 지금까지 구미봉곡초가 성장하는 튼튼한 토대가 되었다.

해마다 우리 학교의 프로젝트학습은 질적인 발전을 거듭하였다. 단순히 주제를 통합한 프로젝트학습을 하기 위해 교육과정을 재구성하였던 초기의 형태에서 벗어나 점차 학생이 과제를 수행하는 과정에서 배움을 생성하는 수업으로 발전하였다.

2018년 교육감이 바뀌면서 우리 학교는 2019년 3월, 경상북도교육청으로부터 경북미래학교[2)로 지정되었다. 경북미래학교라고 크게 바뀐 것은 없었다. 오히려 코로나19가 본격적으로 유행한 2020년, 우리 학교에 위기가 찾아왔다. 협력하여 수행하는 프로젝트학습이 거의 불가능했다. 온라인 학습 도구인 줌^{Zoom} 소회의실 기능과 패들릿^{padlet} 등을 이용했지만 제대로 진행할 수 없었다. 구성원의 변화도 문제가 되었다. 창조학교 초기부터 같이 했던 교사들이 학교 근무 만기가 되어 다른 학교로 전출 갔다.

위기는 거꾸로 기회라 생각하고 지금 우리의 문제점을 찾아 해결하기 위해 자칭 '시즌 2'를 시작했다. 가장 큰 문제는 연계성의 부족이었다. 초등학교는 담임교사 중심의 수업이라서 일반 학교에서는 보통 교육과정이 학급에 머물고 학년 내에서 학급 간 연계가 부족한 편이다. 우리 학교는 학년이 교육과정을 운영하는 시스템을 갖고 있기에 그런 문제는 없지만, 학년이 중심이 되니 다른 학년과의 연계성이 부족하였다. 1학년에 입학한 학생이 6학년이 되어 졸업할 때 갖추어야 할 무엇인가에 대한 방향성을 놓치고 있었다. 국가교육과정에서는 추구하는 인간상과 핵심역량으로 교육과정의 방향과 목적을 밝

---

2) 경북미래학교는 민주적인 학교 문화 속에서 교육의 본질을 추구하고 학생들의 미래역량을 기르는 경북형 혁신학교이다. 구미봉곡초는 2019학년도에 경북미래학교로 최초 지정되어 현재까지(2022학년도) 운영되고 있다.

히고 있지만, 우리 학교는 선언적인 구호만 있고 각 학년에서 프로젝트학습을 중심으로 열심히 가르치고만 있었다. 창조학교 시작 때 핵심역량을 중심으로 프로젝트학습을 한다고 방향은 정했지만, 프로젝트학습 내용과 방법에 매몰되어 있었다. 숲속에 들어가면 산이 보이지 않지만 멀리 숲 밖에서 보면 산이 보이는 것처럼 우리는 숲 밖에서 학교를 보기 시작했다.

학교가 무엇을 가르칠 것인지는 우리나라의 경우 국가 수준에서 성취기준을 통해 정하고 있다. 문제는 가르쳐야 할 성취기준이 교과별로 분절되어 있다는 것이다. 우리가 가르치는 세상이 분절되어 있지 않은데 교육과정은 세상을 가르치기 위해서 학생들의 배움을 쪼개고 있는 것이다. 그래서 학생들의 배움은 세상과 다르게 교과별로 분절된 결과를 낳게 된다. 어떤 사람은 교육과정을 재구성한 융합수업으로 가능하다고 한다. 그러나 융합수업의 성취기준 또한 교과를 벗어나지 못한다. 학생들이 교과의 개별적인 지식이나 기능, 가치를 습득하는 것만으로 예측 불가능하고 급변하는 미래사회를 살아갈 수 있을까? 당장 눈앞의 시험 결과를 넘어서 이후의 삶을 준비할 힘을 갖게 할 수 있을지 의문이었다.

우리는 다시 "역량"을 생각했다. "역량"은 지금 당장 무엇인가를 할 수 있는 "능력"과 다르게 지금뿐만 아니라 앞으로도 할 수 있는 힘이며, 복잡한 요구가 담긴 문제를 해결하기 위해 지식, 기능, 가치·태도를 총동원할 수 있는 능력을 말한다. 이미 OECD경제협력개발기구는 1997년부터 DeSeCo 프로젝트를 통해 미래사회에 필요한 역량을 규명하였고, 2015년에는 교육 2030 프로젝트를 시작하여 역량을 구체화하고 학교교육과정에서 작동시키기 위한 설계 원리를 제시하였다. 우리나라도 2015 개정 교육과정에서 역량 중심 교육을 개정 중점으로 정하고 범교과 역량인 핵심역량 6가지와 교과별 역량을 제시하였고, 2022 개정 교육과정 역시 '미래사회가 요구하는 역량 함양이 가능한 교육과정'을 개정의 가장 우선적인 중점으로 정하였다. 그래서 우리 학교는 학생들이 배워야 할 지식이나 기능, 가치·태도는 국가교육과정에서 다 정해놓았으니 이를 이용하여 1학년부터 6학년까지 학생들에게 체계적으로 역량을 교육하는 '6년의 배움' 프로젝트를 하기로 하였다. 요리로 비유하면 있는 재료를 이용하여 최고의 요리를 만들 수 있는 요리사의 역량을 키우기로 하였다.

우선 역량 교육이 어려운 이유를 살폈다. 여러 가지 원인이 있었지만 가장 중요한 원인은 역량 자체가 가진 개념의 모호성 때문이었다. 예를 들어 '자기 관리 역량'이 무엇을 의미하는지 주변 사람에게 물어보자. 아마 서로 다른 개념을 갖고 있음을 쉽게 알 수 있다. 따라서 우리 학교에서 추구하는 역량의 개념을 명확히 하는 것부터 시작했다. 우리는 역량에 대해 같은 개념을 가지기 위해 역량별로 속성을 분해하여 분류하는 것부터 시작했다. 엄청 어려운 작업이었다. 1년에 걸쳐 우리나라 교육과정뿐만 아니라 외국의 교육과정, 학술지 등을 분석해서 우리 학교의 핵심역량 4가지를 선정하고 재구조화하였다. 또한 각각의 핵심역량별로 하위 역량과 역량 요소, 역량 잣대를 추출하여 우리 학교 역량 배움 지도를 만들 수 있었다.

이 과정에서 새롭게 알게 된 것이 있다. 역량을 학습하기 위해서는 반드시 기초소양이 필요하고, 특히 초등학교 단계에서는 글을 읽고 쓰는 문해력, 수학 지식을 활용하는 수리력, 디지털 도구를 활용하는 디지털 소양을 갖추어야 한다는 것을 알게 되었다. 우리가 기초소양의 체계도를 만든 이후에 발표된 2022 개정 교육과정 총론 시안에 언어 소양, 수리 소양, 디지털 소양의 3가지 기초소양이 포함된 것을 보고 깜짝 놀라기도 하였다.

다음으로 역량 배움 지도를 학교교육과정으로 어떻게 풀 것인지, 설계를 시작했다. 역량을 연구하면서 우리가 깨달은 것은 지식 없는 역량은 없다는 것이다. 따라서 기초소양은 교과와 연계하여 교육과정을 재구성한 후, 학년별 위계에 따라 단계적으로 습득하게 하고, 교과 수업은 학생들이 충실히 지식을 이해하도록 깊이 있게 학습하도록 하였다. 핵심역량 4가지는 학년별로 4개의 프로젝트학습으로 운영하면서 위계에 맞는 역량을 발휘할 수 있도록 설계하였다. 유네스코UNESCO 국제미래교육위원회에서 발표한 '미래교육 2050 보고서'에서도 밝혔듯이 프로젝트학습과 문제 기반 접근법은 지식의 필요성을 약화시키지 않으면서 오히려 지식을 살아있는 역동과 적용의 장에 놓을 수 있기 때문이다.

프로젝트학습에 역량 교육을 도입하여 실행한 지 이제 1년 반이 지났다. 아직은 설익고 부족한 점이 많지만, 의미 있는 지점은 보이기 시작했다. 무엇보다 프로젝트학습의 목표가 분명해지면서 다른 학년과의 연계를 고려하여 설계하고 실행하고 있다. 6년 전체의 지도를 보면서 이전 학년과 다음 학년의 프로젝트학습을 같이 보는 눈이 생겼다. 프로젝트학습의 깊이도 점점 깊어지고 있다. 기초소양 역시 단계를 밟아가고 있다.

앞으로 가야 할 길은 많이 남아있다. 수리력의 경우, 학문적 위계가 워낙 뚜렷하다보니 수학 원리를 적용할 수 있도록 프로젝트학습으로 설계하기가 쉽지 않다. OECD 교육 2030 프로젝트에서 제시한 메타인지 역량 역시 특정 프로젝트학습으로 설계할 수 없어 모든 학습에 반영하기로 하였지만 늘 부족함을 느끼고 있다. 특히 역량의 평가 측면에서는 더 깊이 있는 연구가 필요하다. 성취기준의 도달도가 아닌 역량 잣대에 대한 평가를 어떻게 해야 할 것인지 답을 구하고 있다.

그럼에도 우리 학교가 책을 내놓는 까닭은 한 가지이다. 같이 하자고 말하고 싶었다. 우리 학생들에게 미래사회를 살아갈 힘을 키우는 교육이 필요하다면, 또 그것이 역량이라고 생각한다면 같이 연구하고 더 좋은 사례를 만들어 달라는 제안을 책으로 전하고 싶었다.

끝으로 6년의 배움을 만들기 위해 애쓴 우리 학교 박재휘 교장선생님과 권향례 수석교사님, 이윤영, 김혜진, 지윤정, 장미경, 현정은, 이유진, 이슬기, 장효란, 권금향, 손수진, 정재환, 김경, 김병섭, 어영준, 정형권, 이은주, 이병민, 석보경, 이진석, 노순호, 김현철, 김현경, 권삼중, 김선영, 최정아, 권현주, 이현아, 이명숙, 하성훈, 황연옥, 박윤희, 강윤경, 이동민, 신광식, 한경엽, 유수진, 김성은, 심록형 선생님께도 감사를 표하고 싶다.

2023. 1.
저자 대표 장계영

왜 역량을 가르쳐야 하는가?

장계영

저자 장계영은 학교를 19년간 등교했고, 27년째 출근하고 있어 인생의 대부분을 학교에서 보내고 있습니다. 교사 시절에는 협동학습과 사회과 수업에 관심이 많았고, 경상북도교육청연수원에 근무하면서 전문적 학습공동체를 확산하고자 노력했습니다. 현재는 구미봉곡초등학교 교감으로 새로운 학교 모델을 만드는 데 함께 하고 있습니다.

1 미래사회와
     역량

이제 너무 들어서 식상한 표현이다. 이 말이 모두 맞는 건 아니지만 누구나 고개를 끄덕일 정도로 우리 교육을 잘 풍자하였다.

19세기 교실은 물리적 공간을 뜻하는 표현이지만 변화의 속도가 더딘 오늘날의 교육 시스템으로 읽힌다. 기술의 발달로 인한 사회의 급격한 변화에도 교육의 내적, 외적 환경은 크게 바뀌지 않았다. 세계적인 미래학자 앨빈 토플러Alvin Toffler는 학교의 변화에 대한 민감성과 속도는 법령 다음에 위치할 정도로 경직되어 있다고 하였다. 우리나라는 여기에 더해 입시 중심의 학교 교육이 블랙홀처럼 모든 변화의 요구를 삼켜버리고 있다.

20세기 교사가 21세기 학생을 가르친다는 말은 교육 내용과 교수 역량의 부족을 비꼬는 말이지만 이는 교육의 본질과 가장 가까운 표현이다. 세계적인 석학인 최재천 교수는 교육이란 먼저 살아본 사람들이 다음 세대에게 '살아보니깐 이런 게 필요하더라'하고 조금은 준비하고 사회에 들어왔으면 좋겠다는 마음으로 가르치는 거라 말한다. 그런데 그 모든 가르침이 학생들이 살아갈 사회에 과연 다 필요한가에 의문을 던지며 삶의 중요한 시기에 어른들이 학생들의 시간을 빼앗고 그들의 삶을 유린하고 있는 건 아닌지 근심스럽다고 했다. 이는 2006년 한국을 방문한 앨빈 토플러가 말했던 한국 교육에 대한 경고와 유사하다. 당시 앨빈 토플러는 "한국 학생들은 미래에 필요하지도 않은 지식과 존재하지도 않을 직업을 위해 하루 10시간 이상을 허비하고 있다."라고 말했다.

그러나 이들은 현재의 교육이 필요 없다거나 지식이 무의미하다고 생각하지 않았다. 최재천 교수는 기초 학문과 통섭, 융합 교육의 중요성과 교육 개혁의 필요성을 주장하였고, 앨빈 토플러는 앞으로 세계는 지식이 모든 생산수단을 지배하는 지식기반사회가 될 것이며 이에 대비한 후세 교육 없이는 어느 나라든지 생존하기 어렵다고 하였다. 지금의 학생들이 살아갈 15~30년 뒤의 미래를 위해서 학교가 무엇을 가르칠 것인지 생각하고 준비하라는 말이다.

교육은 미래를 살아갈 학생에게 과거를 가르치는 행위이다. 지금까지 교육은 늘 가르칠 내용을 먼저 고민하였다. 그러나 교육 내용보다 더 중요한 건 교육의 결과인 배움이다. 교육은 학생들이 배움을 통해 다가올 미래에 잘 적응하고 개인과 사회의 행복을 위해 노력할 수 있도록 도와야 한다.

미래를 가르친다

최근 교육계에서 흔히 사용하는 말이 미래 교육이다. 교육의 대상이 미래 사회를 살아갈 학생이라서인지 예전보다 눈에 띌 정도로 많이 사용하고 있다. 2021년 6월 교육부는 '미래교육체제 추진단'을 출범하였고 2022년에는 '미래교육 대전환' 비전을 발표하였다. '미래교육 4대 공약', 'AI 활용 미래교육' 등은 교육감 선거에서 빠지지 않고 등장하였으며, 미래 교육을 주제로 한 정책 포럼이 수시로 열리고 관련 도서 출간 소식도 끊이지 않고 들린다.

왜 미래 교육이 화두가 되었을까? 마크 트웨인Mark Twain의 말처럼 미래는 예측하는 것이 어렵기 때문이다. 그렇지만 지금까지 인류의 역사를 살펴보면 꽤 오랫동안 자녀 세대가 어떤 사회에서 살아갈지 어느 정도 예측이 가능하였다.

고대부터 이어진 농경사회에서는 태어나면서 삶의 방향이 정해졌다. 출신에 따라 대부분 부모의 직업을 물려받았다. 따라서 경험은 제한되었으며 환경 또한 크게 바뀌지 않았다. 눈앞의 현재를 살아가는 것이 미래의 변화를 생각하기보다 더 중요했을 것이다.

18세기 증기기관의 발명은 생산의 기계화라는 산업혁명을 일으켰다. 19세기 중반 전기의 발명은 대량 생산을 가능하게 하는 2차 산업혁명으로 이어졌다. 산업화 이전 수공업에 기초한 작업장은 기계 설비를 갖춘 큰 공장으로 바뀌었다. 기계에 의한 대량 생산은 더 많은 노동력을 필요로 하였고, 작업지시서를 읽고 쓸 수 있는 노동자를 대량으로 길러내기 위해 근대학교가 설립되었다. 산업혁명 이전과 비교하면 빠른 속도의 변화였지만 최소한 자녀 세대가 어떤 사회에서 살아갈지는 예측할 수 있었다.

20세기 중반 컴퓨터와 인터넷의 발명으로 3차 산업혁명이 일어났다. 생산은 기계의 몫이 되고 사람은 기계를 개발하거나 관리하는 역할을 맡았다. 인터넷을 통한 네트워크는 정보와 지식의 독점이 불가능한 세상을 만들었고 기존에 없던 새로운 직업이 생겨났다. 학교의 역할을 바라보는 사회와 부모의 시선 또한 달라졌다. 학교에서 학생의 기초소양뿐만 아니라 전문적이고 창조적인 일을 할 수 있는 자질이나 사고력까지 키워 달라고 요구하기 시작하였다.

오늘날 우리는 어릴 적 공상 만화나 영화로 보던 미래사회를 살고 있다. 1985년에 방영된 '전격 Z작전'에서 보았던 '키트'는 어느새 집 앞에서 운전자의 명령을 기다리고 있다. 식당에는 로봇이 음식을 나르고 있다. 심지어 두 발로 서서 사람보다 빠르게 뛸 수 있는 로봇, 총을 쏘는 로봇도 있다고 한다. 어쩌면 우리는 인간과 로봇의 전쟁을 두려워하는 시대를 살고 있다.

인공지능, 빅데이터, 사물인터넷을 특징으로 하는 4차 산업혁명의 기술은 우리의 예측보다 빠르게 발달하고 있다. 인류는 이제 기술뿐만 아니라 생명체의 탄생과 진화 과정까지 통제하려 하고 있다. 올해 미국의 예일대 연구진은 죽은 돼지의 장기를 되살렸다고 한다. 돼지의 심장이 멈춘 지 한 시간이 지난 후에 특수 용액을 주입하자 죽은 세포들이 다시 살아나기 시작했다고 한다.[1] 이 연구는 삶과 죽음의 경계를 구분했던 기존의 정의에 의문을 던진다. 이제 기술은 사람들의 생활과 문화를 바꾸었으며 우리가 그동안 옳다고 생각했던 지식과 윤리의 기준마저 바꾸고 있다.

세계의 변화는 인류의 역사에서 늘 있었다. 최근 유독 교육 개혁의 필요성에 주목하는 이유는 현재의 변화 방향이 불확실하여 앞으로 나타날 변화를 예상하기 어렵기 때문이다. 어떤 일이 일어날지 예측하지 못하면 사람들은 기대보다 두려움을 갖게 된다.

교육이란 미래사회를 살아갈 힘을 길러주는 것이다. 미래에 대한 예측이 가능한 시대의 교육과 예측이 불가능한 시대의 교육은 달라져야 한다. 단순히 과거 세대의 유산을 전수하는 것만으로 미래사회를 살아갈 힘을 길러줄수 없다. 우리 교육이 예측 불가능한 미래사회를 살아갈 학생들의 힘을 길러주기 위해서 어떤 준비를 해야 하는지 살펴볼 필요가 있다.

미래를 살아갈 힘, 역량

미래 교육이라는 말을 들으면 흔히 최첨단 기자재가 갖추어진 교실에서 학생마다 개인용 기기를 들고 학습하는 모습을 떠올린다. 홀로그램hologram으로 학교 밖의 장면을 실감나게 보기도 하고, 실시간으로 다른 나라 학생들과 토론하는 모습을 상상할 수도 있다. 그런데 미래 교실에 있는 학생들이 오늘날과 같은 교육 내용을 배우고 있다면 어떤 생각이 들까?

예측 불가능한 미래사회를 대비해서 무엇을 가르쳐야 할지 세계 각국에서 고민하는 가운데 최근 주목하는 것이 역량이다. 사실 우리나라 교육계에

---

1) 죽은 돼지 심장 다시 뛰게 한 美 연구팀…"삶과 죽음 경계 모호", 한국경제신문 2022.8.4.

서 역량은 십여 년 전만 해도 생소한 낱말이었다. 왜냐하면 역량은 꽤 오래전부터 주로 기업에서 사용하는 낱말이었기 때문이다. 기본 역량, 전문 역량 등 기업에서 신입사원을 선발할 때나 직원의 직무 능력을 평가하는 요소로 활용하는 것이 역량이었다.

역량^{Competency}이란 개념은 1973년 하버드대학교 데이비드 맥클리랜드^{David McClelland} 교수의 "지능 검사에 대한 역량 검사의 우월성^{Testing for Competence rather than Intelligence}"이라는 논문을 통해 처음 소개되었다.

당시 미국 국무부에서는 IQ 검사 결과와 역사, 정치, 경제 등 다양한 분야의 시험 성적을 토대로 해외 공보관, 즉 외교관을 선발했었다. 그런데 선발 성적이 높았던 자들이 외교적 문제를 일으키고 성적이 낮았던 자들이 오히려 성과를 창출하는 경우가 생겼다. 이에 국무부에서는 맥클리랜드 교수에게 해외 공보관 선발 방안을 연구해 달라는 요청을 했다.

맥클리랜드 교수는 높은 성과를 내는 해외 공보관 50명과 낮은 성과를 내는 50명을 대상으로 업무 수행 과정에서 일어났던 일과 대처한 방법 등을 인터뷰하였다. 결과적으로 높은 성과를 내는 자들은 '다른 문화에 대한 수용성', '타인에 대한 긍정적 기대', '정치적 네트워크 파악' 등과 같이 지식이나 적성 검사로 파악할 수 없었던 직무 수행 능력이 있었으며 이를 '역량'이라고 불렀다.[2] 역량은 이후 직무를 성공적으로 수행하는데 필요한 능력이라는 의미로 직업 분야에서 주로 사용되었다.

맥클리랜드 교수의 연구 결과는 최근 충북대학교 박지성 교수가 우리나라 최초로 선발 도구와 직무 성과와의 상관관계를 실증 연구한 결과와 일맥상통한다. 박지성 교수는 국내 16개 기업과 6개 산업군에 재직 중인 4,040명

---

2) 허지원(2021). '역량기반교육' 개념에 대한 비판적 고찰과 이론적 확충. 한국교원대학교 대학원 박사학위논문. p19.

을 대상으로 직무 성과와 입시 당시 선발 기준의 상관관계를 분석하였다. 분석 결과 현재 국내 기업들이 채용 과정에서 선발 도구로 활용 중인 학벌, 학점, 영어 성적, 자격증, 인적성 검사 등은 직무 성과와 연관성이 거의 없거나 낮은 것으로 나타났다.[3]

역량이란 무엇인가?

취업 역량, 창업 역량 등 무분별하게 역량이라는 말이 쓰이고 있다. 역량의 개념 또한 능력과 혼돈되어 쓰이고 있다. 예전에는 능력이라는 말이 더 많이 사용되었다. 그렇다면 능력과 역량은 어떤 차이일까? 대체로 능력은 현재 무엇인가를 할 수 있는 힘이고, 역량은 현재의 능력을 바탕으로 미래의 무엇까지도 할 수 있는 힘으로 쓰이고 있다. 국립국어원에서는 다음과 같이 설명한다.[4]

능력(能力) = 일을 감당해 낼 수 있는 힘
역량(力量) = 어떤 일을 해낼 수 있는 힘

언뜻 보면 잘 이해가 되지 않는다. '감당한다'와 '해낸다'는 어떤 차이가 있을까? 언어는 낱말보다 문장에서 쓰임새를 보고 그 의미를 유추한다. 일반적으로 능력보다 역량이 더 큰 범주로 여겨진다. 예를 들어 '리더가 갖추어야 할 능력'이라는 표현보다 '리더가 갖추어야 할 역량'이라고 말하는 게 더 어울린다. 마치 슈퍼맨이 하늘을 날 수 있는 역량이라는 표현보다 하늘을 날 수 있는 능력이 더 어울리는 것처럼.

---

3) 학벌·스펙, 성과와 무관하다는데 뭘 보고 뽑나…생물학·신경과학에 답 있다. 동아일보. 2022.8.29.
4) 국립국어원 누리집

역량이 무엇인지 좀 더 구체화하기 위해서 교육계에서는 역량을 어떻게 정의하는지 찾아보면 다음과 같다.

"복잡한 요구를 충족시키기 위해 지식, 기능, 태도와 가치를 동원하는 능력"[5]

"학습자가 교과목 내의 혹은 교과목 간의 내용과 스킬content and skills을 새로운 상황에도 적용하거나 활용할 수 있는 능력"[6]

"지식, 기능, 태도를 단순히 축적한 상태 이상의 것으로 지식, 기능, 태도가 실제 상황에서 통합적으로 발현되어 나타나는 능력"[7]

역량의 정의를 살펴보면 대체로 역량은 지식, 기능, 가치 및 태도를 총체적으로 발휘하는 능력이라는 것을 알 수 있다. 다만 역량은 개념 자체가 애매모호하다. 역량은 어디서 사용하느냐, 어떻게 볼 것인가에 따라 다양하게 해석되기 때문이다.[8]

지금까지 역량과 관련한 연구는 대부분 심리학과 경영학에 기반을 두고 발전해왔다. 라일 스펜서Spencer가 1993년 제시한 Iceberg 모델은 대표적인 역량 모델이다. 스펜서는 역량을 빙산에 비유해 눈으로 볼 수 있는 기능과 지식이 있고, 수면 아래 보이지 않는 요소인 태도와 가치관 같은 자아 개념, 특질과 동기 등의 내적 속성이 있다고 보았다. 이때 표면적 요소인 기술과 지식은 교육과 훈련으로 개발할 수 있지만 수면 아래 요소들은 개발이 어렵다고 하였다.

---

5) OECD(2018). The Future We Want. The Future of Education and Skills: Education 2030

6) RoseL. Colby. (2017). Competency-Based Education

7) 이미미(2014). 호주와 미국의 역사 교육과정에 나타난 핵심역량 분석. 비교교육연구. 24(1).

8) 기업에서는 역량을 모든 직무 수행에 필요한 공통 역량과 특정 기업 또는 직무에 필요한 핵심역량으로 나누고 있다. 반면 국가교육과정은 범교과적인 역량인 핵심역량과 교과 특수적인 역량인 교과역량으로 구분하고 있다.

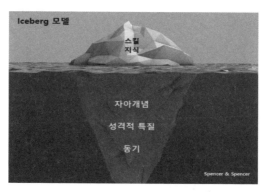

Spencer & Spencer의 IceBerg 역량 모델[9]

2 역량 교육 동향

역량은 등장과 동시에 심리학계에서 큰 반향을 일으켰고 기업의 선발 및 인재 개발 요구와 맞물리면서 계속 연구되었다. 기업에서 시작한 역량 계발에 대한 요구는 교육에도 영향을 끼치기 시작하였다. 프로이센의 근대학교 이후 아주 오랫동안 교육을 지배해온 교과 중심의 지식 전달식 교육 시스템에서 이제는 벗어나야 한다는 주장이었다. 지식을 활용해 무언가를 실행할 수 있는 힘을 기를 수 있는 교육이 필요하다는 요구가 기업에서 크게 터져 나왔다.

---

9) Spencer & Spencer(1993)는 역량에 관한 모델 개발(빙산모델; Iceberg model)과 286개 역량 모델 연구를 통해 공통적인 Competency를 추출하였다. 국가공무원인재개발원 누리집

대표적인 것이 세계 경제계를 대표하는 OECD^{경제협력개발기구}가 1997년부터 2003년까지 진행한 DeSeCo^{Definition and Selection of Key Competences} 프로젝트이다. OECD는 경제 문제가 주요 의제이지만 교육 문제도 심도 있게 다룬다. 세계 경제가 번영하기 위해서는 인적 자원을 키우는 교육 없이는 불가능하다는 판단 때문이다.

OECD의 대표적 교육 사업이 회원국 학생들의 읽기, 수학, 과학 부문에서의 수준을 비교하는 PISA^{국제 학업성취도 조사}이다. OECD는 PISA를 개발하는 과정에서 나라마다 교육과정이 달라서 학생의 수준을 측정하고 비교할 수 있는 공통된 기준이 없다는 문제에 부딪혔다. 결국 OECD는 PISA에서 사용할 평가 기준을 개발하기 시작하는데 이것이 DeSeCo 프로젝트였다.

OECD는 DeSeCo 프로젝트를 통해서 역량이란 '단순한 지식과 기능 이상으로, 특정 맥락에서 심리 사회적 자원들을 끌어내고 동원하여 여러 복잡한 요구를 충족시킬 수 있는 능력'으로 정의하였다. 또한 성공적인 삶을 위한 핵심역량 3가지를 제시하였다.

DeSeCo 프로젝트 핵심역량 [10]

역량	하위 역량
1. 도구를 상호작용적으로 활용하는 능력 (Use tools interactively)	① 언어, 상징, 텍스트 등 다양한 소통 도구 활용 능력 ② 지식과 정보를 상호작용적으로 활용하는 능력 ③ 새로운 테크놀로지 활용 능력
2. 이질적인 집단 속에서의 사회적 상호작용 능력 (Interact in heterogeneous groups)	④ 협업/협동 능력 ⑤ 인간관계 능력 ⑥ 갈등 관리 및 해결 능력
3. 자신의 삶을 자주적으로 관리할 수 있는 능력 (Act autonomously)	⑦ 사회·경제적 규범 등 주변 큰 환경을 고려하면서 행동하고 판단하는 능력 ⑧ 자신의 인생 계획, 프로젝트를 구상·실행하는 능력 ⑨ 자신의 권리, 필요 등을 옹호·주장하는 능력

---

10) http://www.oecd.org/pisa/35070367.pdf

2015년 12월 방영한 EBS 교육대기획 '시험'은 '무엇을 위한 교육을 해야 하는가?'라는 질문을 우리 사회에 던진 6부작 다큐멘터리였다. 이 중에서 5부 '누가 1등인가' 편에서는 공부 잘하는 학생이 실생활에서도 문제 해결력이 뛰어난지에 대한 답을 찾는 방송이었다. 이때 학생들의 문제 해결 역량을 평가한 틀이 DeSeCo 프로젝트에서 제시한 3가지 역량이었다.

서로 다른 배경과 개성을 가진 19살 동갑내기 9명이 모여 역량을 사용할 수밖에 없도록 설계된 3가지 과제를 해결하고 전문가들이 학생들의 역량을 평가하였다. 실험 결과 수능 만점자 2명은 오히려 서툰 모습을 보여줬고, 돋보였던 이들은 각자의 목표가 뚜렷하고 공부 이외의 다양한 경험이 풍부한 학생들이었다. 참가자의 배경을 전혀 몰랐던 전문가들 역시 동일한 역량 평가 기준을 적용했는데도 각기 다른 기준으로 1등을 뽑았다. 방송은 점점 더 다양한 문제해결능력과 협동능력을 요구하는 미래사회에서 다양한 관점의 평가가 중요하다는 점을 밝히며 끝을 맺었다. 평가에 초점을 맞춘 방송이었지만 이 방송은 입시 대비 지식 중심의 학습에서 역량에 대한 교육의 필요성과 역량을 평가할 수 있는 방안을 제시하였다는 점에서 또 다른 의미가 있다.

DeSeCo 프로젝트는 지금까지 경제의 영역이었던 역량을 교육의 영역으로 끌고 들어왔다는 평가를 받는다. 전통적인 학교 교육의 목적과 내용이 지식 중심이었던 것에 반해, 미래 학교 교육은 역량 중심으로 사고를 전환할 필요가 있다는 메시지를 분명하게 전달해 주었다는 데에서 그 의의를 찾을 수 있다.

OECD 교육 2030

OECD는 2015년부터 DeSeCo 프로젝트의 후속으로 '교육 2030: 미래교육과 역량 프로젝트' 사업을 진행하였다. [11] 교육 2030 프로젝트를 시작한 계기는 2011년 일본에서 발생한 대지진이었다. 당시 일본 도호쿠^{Tohoku} 지역에서 발생한 진도 9.0 규모의 강력한 지진으로 1만 5,000명이 넘는 희생자가 발생하였으며 해당 지역은 쓰나미와 함께 쑥대밭이 되었다. OECD는 도호쿠 지역의 재건을 지원하기 위해 학생들이 스스로 문제를 인식하고 해결해 나가도록 설계한 'OECD Tohoku Project'를 시작하였다. 이후 도호쿠 프로젝트는 역량을 극대화하는 교육 혁신의 성공 사례로 인정받았고, OECD는 프로젝트 이름을 '교육 2030^{education 2030}'으로 변경하였다. [12]

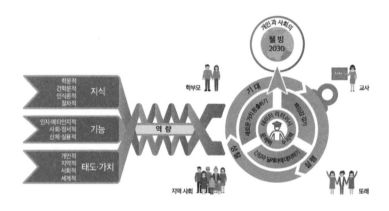

OECD의 교육 2030 학습 틀

교육 2030 프로젝트에서는 DeSeCo 프로젝트와 달리 미래사회에 필요한 역량을 규명하는 데에만 그치지 않고 이러한 역량을 학교교육과정 속에서 작동시키기 위한 방향을 제시하는데 많은 노력을 기울였다. 이 프로젝트에

---

11) 2015년을 기준으로 중학생이 성인이 되는 2030년을 살아가는 데 갖추어야 할 역량에 대한 연구라는 의미로 "교육 2030"으로 이름을 지었다.
12) 21세기 역량 개념틀'에 기반한 'OECD 교육 2030 프로젝트', 교육부 블로그

서는 미래 교육이 추구해야 할 목표를 '개인과 사회의 웰빙^{well-being 13)}'으로 정하고, 이 목표를 달성하기 위해서 필요한 역량과 교육과정, 교육 체제를 개념 지어 학습 틀^{The OECD Learning Framework 2030 : Work-in-progress}로 제시하였다.

교육 2030 프로젝트에 제시된 역량의 의미와 특징을 DeSeCo 프로젝트와 비교하면 다음과 같다.

'DeSeCo'와 '교육 2030'에서 제시한 역량의 의미와 특징¹⁵⁾

구분	DeSeCo 프로젝트		교육 2030 프로젝트
역량의 목표	개인과 사회의 '성공'(success)	⇨	개인과 사회의 '웰빙'(well-being)
역량의 정의	특정 맥락의 복잡한 요구를, 지식과 인지적·실천적 기능뿐만 아니라 태도·감정·가치·동기 등과 같은 사회적·행동적 요소를 동원함으로써 성공적으로 충족시키는 능력		복잡한 요구를 충족시키기 위해 지식, 기능, 태도와 가치를 동원하는 능력 · 지식: 학문적, 간학문적, 인식론적, 절차적 · 기능: 인지적·메타인지적, 사회적·정서적, 신체적·실천적 · 태도와 가치: 개인적, 지역적, 사회적, 글로벌적
역량의 특징	'핵심'(key) 역량 · 경제적 활동에 중요한 역할을 하고, 개인적이고 사회적 유익을 야기할 수 있는 것 · 특정 분야만이 아니라 삶의 광범위한 맥락에 걸쳐 적용될 수 있는 것 · 모든 개인에게 중요한 것		'변혁적'(transformative) 역량 · 학생들이 삶의 모든 영역에서 적극적인 참여를 통해 더 나은 방향으로 영향을 미치려는 책임 의식 · 학생들이 혁신적이고 책임감 있으며 의식적인 사람이 되는 데에 필요한 것
역량의 범주	· 여러 도구를 상호작용적으로 사용하기 · 이질적인 집단에서 상호작용하기 · 자율적으로 행동하기		· 새로운 가치 창출하기 · 긴장과 딜레마 조정하기 · 책임감 갖기
역량의 핵심	성찰(reflectiveness)		학생 행위 주체성(student agency)

---

13) '웰빙'은 우리말로 바꾸기 어렵다. 교육 2030 프로젝트에서 well-being이라는 용어를 사용했을 때, 우리나라에서는 '안녕', '행복', '잘 사는 것' 등으로 번역했으나 의미가 달라서 요즘은 외래어로 '웰빙'이라고 쓰고 있다.

14) OECD는 이 학습 틀을 다른 용어로 학습 나침반(Learning Compass)으로도 표현하고 있는데, 이는 하나의 답을 구하기보다는 학습자가 자기 삶의 방향성을 탐색한다는 의미를 강조하기 위한 것으로 볼 수 있다. OECD(2018). The Future We Want. The Future of Education and Skills: Education 2030

15) 이상은(2018). OECD 교육 2030 참여 연구: 역량의 교육정책적 적용 과제 탐색. 한국교육개발원. p93.

OECD가 역량을 규명하고, 교육에 적용하기 위한 방안을 제시하였듯이 최근 UNESCO 국제미래교육위원회가 발간한 '교육 2050: 함께 그려보는 우리의 미래' 보고서에서도 미래 교육의 방향을 이렇게 강조하고 있다.[16]

"인류가 직면한 복잡한 문제 및 도전 과제들과 관련된 심화 지식을 만들고 적용하기 위한 광범위한 역량을 기르는 데 우리의 집단적 노력을 집중하자는 것이다."

2015 개정 교육과정

우리나라의 역량 교육은 OECD 역량 교육 프로젝트의 영향을 많이 받았다. 역량 교육에 대한 최초의 관심은 OECD DeSeCo 프로젝트가 발표된 직후였다. 2007년 대통령자문교육혁신위원회에서는 '학습사회 실현을 위한 미래교육 비전과 전략: 교육비전 2030'을 발표하였다. '교육비전 2030'에서는 우리나라가 미래사회에 필요한 역량을 교육하는 것에 대한 대비가 되어 있지 않으며, 학교에서 무엇을 가르쳐야 할지에 대해 심각한 논의가 필요하다고 주장하였다. 보고서에서는 미래사회에 요구되는 역량을 창의력, 문제해결력, 의사소통능력, 예술적 감성, 사회성이라고 보았으며 이를 키우는 교육이 필요함을 제기하였다.

'교육비전 2030'이 제시한 역량 기반 교육 정책은 2015 개정 교육과정을 통해 국가교육과정으로 고시되었다. 2015 개정 교육과정은 학생들이 교과와 창의적 체험활동 등 학교생활 전반에 걸쳐 '핵심역량'이 반영된 능력을 기르는 데 목표를 두었다.

2015 개정 교육과정은 '창의융합형 인재'를 양성하기 위해 추구하는 인간

---

16) 유네스코 국제미래교육위원회(2022). 함께 그려보는 우리의 미래: 교육을 위한 새로운 사회계약. 유네스코한국위원회. p72.

상을 네 가지(자주적인 사람, 창의적인 사람, 교양있는 사람, 더불어 사는 사람)로 제시하였다. 또한 이러한 인간상을 구현하기 위해 중점적으로 기르고자 하는 핵심역량을 자기관리 역량, 지식정보처리 역량, 창의적 사고 역량, 심미적 감성 역량, 의사소통 역량, 공동체 역량으로 설정하였다.

2015 개정 교육과정의 6개 핵심역량[17]

핵심역량	내용
자기관리 역량	자아정체성과 자신감을 가지고 자신의 삶과 진로에 필요한 기초 능력과 자질을 갖추어 자기 주도적으로 살아갈 수 있는 역량
지식정보처리 역량	문제를 합리적으로 해결하기 위하여 다양한 영역의 지식과 정보를 처리하고 활용할 수 있는 역량
창의적 사고 역량	폭넓은 기초지식을 바탕으로 다양한 전문 분야의 지식, 기술, 경험을 융합적으로 활용하여 새로운 것을 창출하는 역량
심리적 감성 역량	인간에 대한 공감적 이해와 문화적 감수성을 바탕으로 삶의 의미와 가치를 발견하고 향유하는 역량
의사소통 역량	다양한 상황에서 자신의 생각과 감정을 효과적으로 표현하고 다른 사람의 의견을 경청하며 존중하는 역량
공동체 역량	지역·국가·세계 공동체의 구성원에게 요구되는 가치와 태도를 가지고 공동체 발전에 적극적으로 참여하는 역량

역량 교육의 접근 방법은 핵심역량을 별도로 가르치는 것이 아니라 교과 교육과정에서 교과역량을 기르면 핵심역량이 길러지도록 하였다. 따라서 교과역량에는 총론에서 제시한 6가지 핵심역량을 기반으로 학생이 해당 교과에서 반드시 학습해야 하는 교과 특수적 역량을 포함하였다.[18]

---

17) 교육부(2015). 초·중등 교육과정 총론
18) 김경자 외(2015). 2015 개정 교육과정 총론 시안 최종안 개발 연구. 교육부. p23.

2015 개정 교육과정 교과역량(일부)[19]

교과	교과역량
국어	비판적·창의적 사고 역량, 자료·정보 활용 역량, 의사소통 역량, 공동체·대인관계 역량, 문화 향유역량, 자기성찰·계발 역량
사회	창의적 사고력, 비판적 사고력, 문제해결력 및 의사 결정력, 의사소통 및 협업 능력, 정보 활용 능력
수학	문제해결, 추론, 창의·융합, 의사소통, 정보처리, 태도 및 실천
과학	과학적 사고력, 과학적 탐구능력, 과학적 문제해결력, 과학적 의사소통능력, 과학적 참여와 평생 학습 능력

2015 개정 교육과정은 무엇보다 미래사회의 변화에 대응하기 위한 국가 수준의 노력이라고 평가할 수 있다. 미래사회에 필요한 핵심역량이 무엇인지 제시하여 교육이 지향하는 방향을 명확하게 제시하였기 때문이다. 다만 2022 개정 교육과정 적용을 앞둔 현시점에서 살펴보면 2015 개정 교육과정에서 추구했던 역량 교육은 학교 현장에 정착하지 못했다. 국가 수준의 교육과정에서 의도한 역량 기반 교육이 실제 학교 수준의 교육과정으로 실현되지 않았기 때문이다.

강력한 국가교육과정 체제를 가진 우리나라에서 역량을 명시적인 교육목표로 도입하였음에도 불구하고 학교 현장에서 실행되지 못한 까닭은 무엇일까?

첫째, 역량의 필요성에 대한 교육 주체의 공감대가 형성되지 못하였기 때문이다. 교육과정에 역량을 왜 도입해야 하고 어느 방향을 지향할 것인지 지향점에 대한 사회적 공감대가 형성될 시간이 부족하였다. 일부 전문가를 제외하고 초, 중, 고 현장의 교사들 대부분이 2015 개정 교육과정이 고시된 이

---

19) 이광우 외(2015). 2015 개정교과교육과정 시안 개발 연구 I . II . 한국교육과정평가원

후에 역량 교육을 들어봤을 정도로 일선 학교에서 역량은 생소한 개념이었다. 실제 교사의 57% 정도만이 개정 교육과정 연수에 참여한 경험이 있다고 한다.[20] 교사가 별도의 역량에 대한 학습 경험 없이 개정 교육과정으로 가르쳤다는 의미이다.

둘째, 역량의 개념과 관계가 명확하지 않았기 때문이다. 2015 개정 교육과정에서는 핵심역량이나 교과역량을 목록 수준에서 선언적으로 제시하였다. 6가지 핵심역량이 각각의 교과역량과 어떤 관계가 있는지가 모호하다. 더구나 학교급별, 학년(군)별 역량의 위계도 제시하지 않았다. 언덕 위의 깃발처럼 모든 교과 교육을 통해 달성할 수 있는 지향점 정도로만 제시한 것이다. 교과 교육만 열심히 하면 역량은 자동으로 길러질 수 있다고 생각한 건 아닐까?

셋째, 지식 중심인 교과 교육의 변화를 체감할 수 없었기 때문이다. 2015 개정 교육과정에서는 교과 성취기준에 역량이 잘 드러나도록 진술하기 위해 '내용 요소 + 기능'의 형태로 나타내었다. 그러나 핵심 개념 중심으로 구성된 내용 체계표는 교육과정 개발자의 의도가 교과 교육과정에서 제대로 구현되지 않아 '지식' 중심의 교과 설계처럼 보여졌다. 또한 '기능'은 핵심 개념을 중심으로 내용 요소를 수행하는 종속적인 역할 정도로 인식되었고, '태도와 가치'는 내용 체계표에 명시되지 않았다. 역량을 구성하는 하위 요소인 '지식, 기능, 가치 태도'가 교과 교육의 내용 체계표로 인해 분리되고 위계가 생긴 것이다. 개정 교육과정에서 제시한 핵심 개념이나 일반화된 지식은 전이 가능한 지식이자 역량의 가장 중요한 요소이지만, 이해가 부족한 교사는 여전히 지식 중심의 교과 교육으로 받아들였다.

더구나 역량 교육을 도입한 개정 교육과정의 교과서와 기존 교과서가 차

---

20) 이상은(2018). 앞의 책 p93.

이가 별로 없다는 점은 현실적인 문제를 유발하였다. 개정 교육과정의 교과서는 교과 단원 목표에서 역량을 제시하고 있을 뿐 교과 내용 중심의 기술은 기존 교과서와 크게 달라지지 않았다. 교과서라는 매체 특성상 수업의 자료로서 내용 중심으로 서술할 수밖에 없다는 한계는 인정하지만, 대부분의 교사가 교과서로 교육과정을 가르치는 우리나라 현실에서 교과서의 변화가 없는 개정 교육과정은 무늬만 바뀐 교육과정이 되었다.

2022 개정 교육과정

교육부는 최근 2022 개정 교육과정을 고시하였다. 2022 개정 교육과정은 2024년 초등 1·2학년에 우선 적용하고, 2025년 중학교 1학년과 고등학교 1학년을 시작으로 2027년까지 연차적으로 확대된다.

2022 개정 교육과정은 우리나라가 OECD의 '교육 2030 프로젝트'에 회원국으로 참여하였기 때문에 세계의 역량 교육 동향을 반영하려는 의지를 총론에 나타나 있다. 2022 개정 교육과정에서는 OECD '교육 2030 프로젝트'에서 제시한 학습자 주도성Students agency와 변혁적 역량transformative competencies을 교육과정에 반영하였다고 밝히면서, 교육과정 개정의 필요성과 역량의 개념을 다음과 같이 제시하고 있다.[21]

> "지식·정보의 폭발적 증가에 따라 단편적 지식의 습득보다 학습한 내용을 삶의 맥락에서 적용하고 복잡한 문제를 해결하는 역량이 중요해졌고, 당면한 사회적 변화에 능동적으로 대응할 수 있도록 모든 학생의 소질과 적성을 바탕으로 미래 핵심역량을 키우는 교육 혁신이 필요하였다."

---

21) 교육부(2021). 2022 개정 교육과정 총론 주요사항(시안). p2.

2022 개정 교육과정에서는 '미래사회가 요구하는 역량 함양이 가능한 교육과정'을 교육과정 개정의 가장 우선적인 중점으로 정하였다. 이는 2015 개정 교육과정에서 제시된 역량 교육의 부족한 부분을 보완한 것으로 보인다. 특히 여러 교과를 학습하는 데 기반이 되는 언어, 수리, 디지털 소양 등을 기초소양으로 정하고 교과에 반영하도록 강조한 점이나, 교과 교육 방향과 성격에 대한 개념적 틀에 기초하여 핵심역량을 체계화한 점은 2015 개정 교육과정의 선언적인 역량 제시 방식에서 진일보하였고 볼 수 있다.

2022 개정 교육과정에서 제시한 핵심역량을 2015 개정과 비교하면 거의 변화가 없다. 핵심역량을 교육과정에서 추구하는 인간상을 구현하기 위해 학교 교육의 전 과정을 통해 중점적으로 기르고자 하는 능력으로 정의하면서 6개 역량으로 제시하였다. 다만, 의사소통 역량이 협력적 소통 역량으로 바뀌었다. 교육과정 총론에 협력적 소통 역량은 '다른 사람의 관점을 존중하고 경청하는 가운데 자신의 생각과 감정을 효과적으로 표현하며 상호협력적인 관계에서 공동의 목적을 구현하는 능력'으로 정의되어 있다. 이렇게 바뀐 까닭은 PISA의 측정 영역에 협력적 문제해결력이 강조되는 것처럼 타인을 존중하고 상호협력할 수 있는 시민의식의 중요성이 강조되었기 때문이다.

한편 교과역량은 교과 교육을 통해 학생들이 갖추기를 기대하는 능력으로 정의하였으며 교수·학습 과정에서 지식·이해, 과정·기능, 가치·태도 세 요소 간의 통합적 작동을 통한 학생의 수행으로 나타난다고 밝혔다.

2015 개정 교육과정에 비해 2022 개정 교육과정은 단순한 역량 교육의 강조가 아니라 어떻게 하면 역량을 키울 수 있을 것인지에 초점을 맞추었다. 총론에서 제시한 교육과정 구성의 중점에서는 '교과 교육과정에서는 깊이 있는 학습을 통해 역량을 함양할 수 있도록 교과 간 연계와 통합, 학생의 삶과 연

계된 학습, 학습에 대한 성찰 등을 강화한다.'라고 밝히고 있다.[22] 특히 내용 체계와 성취기준을 비교하면 그 차이를 알 수 있다. 2015 개정 교육과정에서는 영역, 핵심 개념, 일반화된 지식, 내용 요소, 기능 등을 전 교과 공통으로 동일하게 제시했었다. 2022 개정 교육과정에서는 교과별로 본질과 얼개가 드러나는 핵심 아이디어를 선정하고 이를 '지식·이해', '과정·기능', '가치·태도'로 구성하여 교과별로 구현 방식을 다양화할 수 있도록 하였다. 이 중에서 '이해'는 단순 지식이 아니라 깊은 이해[Deep learning]를 의미하며, '과정'은 절차적 지식에 해당한다고 볼 수 있다. 내용 체계에 '가치·태도'를 포함한 것은 역량의 특성인 총체성을 반영하기 위한 노력으로 보인다.

3 역량 교육을 바라보는 시선

역량 교육이 걱정된다

최근 역량 교육이 중시되면서 이를 우려하는 목소리도 높아지고 있다. 박제원은 「환상에 사로잡힌 미래교육의 불편한 진실」[23]이라는 책을 통해 우리나라 교육 당국이 외국의 역량 교육을 무비판적으로 받아들여 지식을 기억하는 학습의 중요성을 놓치고 있다고 비판하였다. 영국의 영어교사 출신인 데이지 크리스토둘루[Daisy Christodoulou]는 「아무도 의심하지 않는 일곱 가지 교육

---

22) 교육부(2022). 초·중등학교 교육과정 총론. p5.
23) 박제원(2021). 환상에 사로잡힌 미래교육의 불편한 진실. EBS BOOKS

미신」[24]이라는 책을 통해 교육계에서 보편적으로 믿고 있는 '지식보다 역량이 중요하다'라는 명제가 틀렸다고 밝히고 있다. 그는 사실적 지식과 교과 내용 자체가 중요한데도 불구하고 듀이[Dewey]와 같은 진보주의 학자들이 지식의 전수가 오히려 지식을 이해하는 데 방해가 된다는 관점을 가져서 활동만 있고 배움이 없는 교육이 생겨났다고 한다.[25] 이들의 주장을 살펴보면 역량 교육이 필요 없다는 것이 아니라 지식 교육 없는 역량 교육은 안 된다는 것이다. 지식의 유용성만 강조하고 지식의 전수라는 교육의 본질을 놓치면 안 된다는 주장이다. 다시 말하면 역량 교육을 정책적으로 접근하는 현재 방식이 문제라고 해석된다.

한편 국가교육과정에서 역량 중심 교육과정으로 개발하는 경우 생길 수 있는 문제점을 제기하는 의견도 있다. 마크 프리슬리[Mark Priestley]는 역량 교육이 강화되면 외부로 드러나는 수행에 지나치게 초점을 맞출 위험성을 갖고 있다고 한다. 즉 역량이라는 개념을 미래사회에 필요한 수행 능력으로 해석한다면 내적인 사고를 소홀히 하고 학습자의 수행 능력의 도달이나 소유 여부를 평가하고 수정하는 교육에 몰두할 가능성이 높다는 것이다. 또한 학생들이 역량을 발휘해야 할 미래사회의 복잡한 문제는 늘 새롭고 특수한 것이라서 주요 역량을 다 갖추었다 하더라도 특정 과제를 잘 수행할 수 있다고 보장할 수 없다는 것이다.[26]

히어쉬[Hirsch]는 역량을 발휘하기 위해서는 전문적 지식이 기반이 되어야 한

---

24) 데이지 크리스토둘루(2018). 아무도 의심하지 않는 일곱 가지 교육 미신. 페이퍼로드
   이 책의 원제목은 「Seven Myths about Education」이며 2013년 출간되었다.

25) 이 책은 영국 교육을 토대로 작성되었기에 우리나라 교육을 중심에 놓고 생각하기에는 무리가 있다. 강력한 국가교육과정 체계하에 모두가 같은 내용을 가르쳐야 하는 우리나라와 학교 수준의 교육과정의 자율성이 강한 영국의 교육 역사와 환경, 정책은 많은 부분에서 차이가 있기 때문이다.

26) Mark Priestley 외(2013). Reinventing the Curriculum: New Trends in Curriculum Policy and Practice. Bloomsbury

다고 주장한다. 역량은 영역에 따른 특수성을 갖고 있기 때문에 특정 교과에서 길러진 역량이 다른 교과에서는 활용될 수 없다고 본다. 그는 프랑스가 1989년 초등교육에 학생 중심, 역량 중심으로 패러다임을 전환한 후 20년 종단 연구 결과 학력이 엄청나게 저하한 사례를 들면서 공동체 중심, 지식 중심의 교육과정으로 가야 한다고 주장하였다.[27]

이들의 주장을 살펴보면 국가에서 교육과정을 개발할 때 역량 중심 교육을 지나치게 강조하면 안 된다는 것이다. 즉 역량은 확실히 습득한 지식과 기능의 기반 위에서 발휘할 수 있는데 역량 중심 교육이 오히려 지식 교육을 배척하거나 소홀히 하고 수행 능력만을 강조하면 이는 학력의 심각한 저하를 가져다줄 수 있다는 주장이다.

역량 중심 교육에 대한 비판은 우리 교육계에서도 곰곰이 새겨들을 필요가 있다. 우리 교육계는 대체로 유행을 따르는 경향이 강하다. 특히 학교 현장에서는 새로운 교육 담론이나 교수·학습 방법을 무조건적으로 받아들이고 용어에 매몰되는 경향이 있다. 특히 위에서부터 내려오는 교육 정책과 결부되었을 때는 더 심했다.

1990년대 중반 열린 교육이 도입되었을 때 멀쩡하던 교실 벽을 허물었던 적도 있었고, 협동학습이 유행할 때는 5명으로 모둠을 편성했다고 지적받는 경우도 있었다. 최근에도 KBS에서 '거꾸로 교실의 마법'이라는 프로그램을 방영한 뒤 Flipped Learning, Blended Learning이 크게 유행했다. 거꾸로수업을 한다고 일부러 학생을 반으로 나누어 일부는 선생님이 올린 동영상 강의를 보고 나머지 학생들은 선생님이 내어준 과제를 해결하는 경우도 있었다. 또 유대인들의 토론 방식인 하브루타Havruta도 대유행했다. 당시 EBS에서

---

27) E. D. Hirsch Jr.(2016). Why Knowledge Matters: Rescuing Our Children from Failed Educational Theories. Harvard Education Press

방영한 '왜 우리는 대학에 가는가'에서 나온 장면, 오바마 미국 대통령 기자회견에서 질문하지 못해 질문 기회를 중국 기자에게 빼앗기는 영상은 우리에게 충격을 주었다. 이 프로그램은 질문 교육과 더불어 하브루타에 관심을 폭발시켰다. 그러나 유대인 가정의 자유로운 대화인 하브루타가 우리 교육에는 질문 수업과 토론 교수법으로 들어와서 정해진 절차에 따라 말할 기회가 주어지는 수업으로 변질되는 경우도 있었다. 창의력 교육이 중요하다고 할 때나 영재교육이 강조될 때 수많은 과학 교구들이 창의력 교재 혹은 영재교육 교재로 둔갑하여 모두가 똑같은 키트를 조립하게 한 적도 있었다.

2010년경 STEAM 교육이 마치 교육 혁명인 것처럼 유행할 때도 있었다.[28] 당시 교육부에서는 STEAM 교육을 미래사회 인재를 양성하기 위해서는 필수적인 교육이라고 정책을 홍보하면서 강하게 밀어붙였다. 물론 과학과 중심의 프로젝트 수업이 활성화되는 계기가 되었지만, 교실에서는 과학과 수업에 노래로 동기 유발하면 예술Arts을 포함한 STEAM 수업이라고 하는 등 요즈음 말로 '웃픈(웃기고 슬픈)' 현상도 벌어지곤 했다. 당시 STEAM 교육의 모태인 STEM 교육을 배우러 현장 교사들과 영국에 다녀온 적이 있다. 영국에서 우리는 지금까지 알고 있던 STEAM 교육을 보지 못했다. 그저 과학이나 수학의 원리를 이해하기 쉽도록 가르치려고 노력하는 일부 영국 교사와 과학재단의 노력을 보았을 뿐이다. 그들은 STEM 교육에 전혀 얽매이지 않았으며, 그저 학생들이 과학 실험을 통해 원리를 탐구하고, 원리가 실제 기술에 어떻게 활용되는지를 알 수 있도록 연구하고 가르치는 본연의 일을 하고 있었다. STEAM 교육이 다소 잠잠해지자 메이커 교육, 소프트웨어 교육이 유

---

28) STEM 교육은 과학(Science), 기술(Technology), 공학(Engineering), 수학(Mathematics)을 통틀어 과학 기술 분야에서 학문 간 통합적 접근 교육을 통해 융합적 사고와 실생활 문제해결력을 가진 창의적 인재를 양성하는 것을 목적으로 한다. 우리나라에서는 STEM에 예술(Arts)을 붙여 융합인재교육(STEAM)이라는 이름으로 한국과학창의재단에서 연구하고 교육부에서 정책적으로 추진하고 있다.

행했고 최근에는 이세돌과 알파고의 바둑 대결 이후 인공지능[AI] 교육이 강조되고 있다.

　이러한 교육의 유행은 몇 가지 공통점이 있다.

　첫째, 미래사회의 불확실성에 대비한 인재를 키우기 위해서는 기존의 교육으로 안 된다고 주장한다. 불확실성은 늘 새로운 대안을 찾게 한다. 유행의 속성도 이와 같다. 마치 기존 교육으로는 우리나라가 도태되고 당장 큰일이 생길 것처럼 말하면서 새로운 교육 방법이 지금까지 우리가 몰랐던 아주 좋은 해결책이니 빨리 확산해야 한다고 주장한다. 교육 정책이 여기에 동조하게 되면, 이는 자녀의 진로와 관련하여 학부모의 불안감과 연결된다. 그럴싸한 미래 교육으로 포장된 교육은 선출직 교육 관료, 교육 연구기관, 사교육이나 교구 업체의 요구와 결합하게 되어 폭발적으로 확산하게 된다.

　둘째, 외국의 이론에 의존하는 경향이 있다. 우리 교육계는 외국의 연구 성과나 학자의 주장을 근거로 내세우면 쉽게 받아들이는 경향이 있다. 우리나라와 교육 환경이나 역사가 다름에도 불구하고 외국에서 성공한 사례는 우리에게도 가능할 것이라는 생각이다. 관련 문헌을 통한 선행 연구는 연구의 기본이지만 우리의 실행 연구가 부족한 상황에서 도입된 외국 이론은 본질은 없고 용어에 매몰되어 형식 위주로 흐르고 유행이 식으면 흔적만 남게 된다.

　셋째, 교수·학습 방법의 형식적인 변화만 남는다. 대부분의 교육 유행은 교육과정의 개정 없이 교육부나 시·도교육청의 교육 정책에 의해 실행되었다. 교육 유행에 따른 교육 정책은 학교 현장에 실행하고 있음을 나타내는 서류만 남겨 놓았다. 교사들의 입장에서는 기존 교육과정 운영에 추가되는 업무 정도로 인식되었고 이는 자발적 실천을 담보하지 못했으며 결국 수업 방법 측면에서 형식적 변화만 남게 되었다.

역량 교육도 이와 유사한 부분이 있다. 현장에서의 필요성보다 세계적인 교육의 추세를 국가교육과정에 반영한 위에서부터 내려오는 방식이라고 볼 수 있다. 체계적인 역량 교육 연구가 부족한 상황에서 국가교육과정에 도입한 상황이라 할 수 있다. 다만 기존의 교육 유행과 다른 점은 역량 교육이 교육 운동이나 교수·학습의 층위가 아니라 교육과정의 층위라는 것이다. 더구나 국가 수준에서 추구하는 인간상에 도달하기 위해서 역량 교육을 도입하였기 때문에 교육과정의 목표라고 보아야 한다. 다만 학교 현장의 필요에 의해서 연구되고 개발한 것이 아니기 때문에 실제 역량 교육이 이루어지지 않을 가능성은 여전히 높고, 이전의 교육 유행처럼 남을 가능성도 있다. 따라서 역량 중심 교육에 대해 우려하고 비판하는 의견을 교육과정의 개발뿐만 아니라 전개의 장인 학교 구성원들도 알고 대처해야 한다.

지식보다 역량이다

"오늘날의 지식이 미래에는 필요 없는 지식이 될 수 있다."
"인공지능이 지식을 대체하기 때문에 창의력과 감성을 길러야 한다."

역량 교육이 도입될 때 자주 들었던 말이다. 가끔 새로운 주장은 정당성을 얻기 위해 기존의 틀을 깨고 배척하려 한다. 지식 교육의 문제점을 나열하며 역량 교육의 필요성을 강조하는 경우를 많이 볼 수 있다. 이러한 주장은 역량 교육과 지식 교육을 이분법으로 나누고, 지식 교육은 지양해야 할 과거의 주입식 교육, 혹은 강의식 수업인 것처럼 생각하게 한다. 우리나라에서는 이런 주장이 제법 잘 통한다. 사회 구성원 대다수가 기존 교육으로 미래사회를 대비하기 어렵고 무엇보다 지금까지의 교육을 지식 중심 교육으로 인식하고 있기 때문일 것이다.

그렇다면 우리가 하는 교육이 지식 중심 교육일까? 여기서 지식이란 무엇인지 다시 생각해볼 필요가 있다. 인지과학의 연구에 의하면 지식에는 무엇을 알고 있는지에 해당하는 '사실적 지식'과 '개념적 지식'이 있고, 어떻게 할 수 있는지 아는 것에 해당하는 '절차적 지식'과 '메타인지 지식'이 있다.[29] OECD '교육 2030 프로젝트'에서는 지식을 학문적, 간학문적, 인식론적, 절차적 지식으로 제시하고 메타인지는 기능으로 분류하였다.

한편 역량 교육의 필요성을 지식 교육에 대비하여 주장하는 경우에는 지식을 주로 사실적 지식과 개념적 지식만으로 일컫는 경우가 많다. 예를 들면 지식과 같은 정보는 언제 어디서든지 찾을 수 있기 때문에 미래 교육은 지식의 소유 여부가 아니라 지식을 활용할 수 있도록 교육해야 한다는 주장이다. 여기서 의미하는 지식은 '물은 100℃에서 끓는다'와 같은 사실적 지식과 '끓는 점'이라는 개념 정도이다.

이는 우리나라 교육의 고질적인 문제점인 입시와 관련이 깊다. 선발의 개념을 내포한 입시는 측정 가능한 것만 평가할 수밖에 없었다. 이에 가장 적합한 건 사실적 지식과 개념적 지식을 알고 있는지 확인하는 선다형이나 단답형과 같은 객관식 평가였다. 이러한 평가는 지식에 대한 깊이 있는 학습보다 많은 양을 암기하고 문제를 반복적으로 풀어보는 것이 효과적이다. 학교 교육 또한 교과서에 제시된 사실적 지식과 개념적 지식을 빠짐없이 가르치는 것이 중점이었고, 학습지나 문제지를 통해 지식의 소유 여부를 확인하고 '오답 노트'와 같이 틀리지 않도록 훈련하였다. 지금까지 우리 교육은 지식 중심 교육이 아니라 사실적, 개념적 지식 중심의 얕은 교육이라고 해야 하지 않을까?

---

29) Anderson et al.(2001). A taxonomy for learning, teaching, and assessing: A revision of Bloom's taxonomy of educational objectives. New York: Longman.

역량과 지식은 어떤 관계인가? 지식 없는 역량은 있을 수 없다. 공통 역량이든 핵심역량이든 역량을 발휘해야 하는 상황에서 관련 지식 없이 할 수 있는 것은 아무것도 없다. 우리 삶에서 무언가를 하는데 지식 없이 할 수 있는 일이 있을까? 운전을 예로 들어보자. 단순히 차를 운전하는 기능이라고 생각할 수 있지만, 운전을 하려면 차의 구동 원리에 대해 이해해야 하고 교통 법규에 대한 지식이 있어야 한다. 또한 도로에서 내가 원하는 목적지까지 갈 수 있는 기능도 필요하고, 교통 법규를 지키면서 생명이 다치지 않도록 안전 운전을 하려는 태도나 가치, 의지를 갖고 있어야 한다.

실제 역량 교육 연구자들도 역량의 기반은 지식임을 강조하고 있다. 대표적인 역량 연구 단체인 CCR[Center for Curriculum Redesign]에서도 21세기 교육의 목표를 지식, 기술, 인성, 메타학습으로 제시하였다. 이미 우리나라 교육과정에서도 역량은 지식, 기능, 가치·태도를 총동원하는 능력이라고 밝히고 있다.

그렇다면 역량과 기능, 가치 및 태도는 어떤 관계일까?

블룸[Bloom]이 교육의 목표를 인지적, 심동적, 정의적 영역으로 구분하여 제시한 후 지식, 기능, 가치·태도의 구분은 고정불변의 절대적 진리로 통한다. 그러나 머리로 이해하는 것은 지식이고 몸으로 행동하는 것은 기능이라고 잘라서 구분할 수는 없다. 곱셈을 예로 들어보자. 더한 횟수가 배라는 곱셈 원리는 알고 있는데 실제 계산을 하지 못하는 학생이 있다면 교사가 교과 평가에 '곱셈을 이해하지만 곱셈을 하지 못함'이라고 적을 수 있는 것인가 하는 문제이다. 브루너[Bruner]는 지식과 기능의 구분에 이렇게 의문을 제기하며 학생의 이해와 수행을 구별하는 것은 그릇된 구별이라고 하였다. 무엇을 가르쳐야 하는지 교수의 목표로서 지식과 기능의 구분은 가능했고 도달점에 대한 평가의 기준으로서 구분은 효과적이었다. 그러나 학습의 결과로서 알고 있는 것과 할 수 있는 것의 구분은 실제로 명확하지 않은 경우가 많고 실제 삶에서는 구분이 어렵다.

지식과 기능은 마치 셈과 여림의 개념처럼 두 가지 속성을 동시에 포함하되 많고 적음이 다를 뿐이다. 지식과 기능은 하나의 선분 위에 있는 능력이기에 가치·태도라는 방향성이 주어져야 크기에 방향을 더해 역량이 되는 것이다.[30] 지식과 기능이 명확한 경계 짓기가 불가능한 것처럼 가치·태도 또한 분리할 수 없다.

결국 역량을 발휘하기 위해서는 지식, 기능, 가치·태도라는 기반이 있어야 한다. 역량은 지식, 기능, 가치·태도를 모두 총동원하기에 지식 교육은 역량 교육의 필수 조건인 것이다.

역량이 학력을 떨어뜨린다

지금까지 우리의 학력관은 대부분 표준화된 시험의 결과였다. 기초학력 진단 평가나 학업성취도 평가, 학기말 고사와 같은 시험 성적이 곧 학력이었다. 기초학력 진단 평가의 경우, 일정 점수를 정하고 도달하지 않은 학생을 원인과 상관없이 부진 학생으로 판단하고 있다. 대입 학력고사가 대학에서 수학할 능력을 갖고 있는지 평가하는 수학능력평가로 바뀌었어도 수능 점수가 곧 학력이었다. 이처럼 지금까지 학력은 측정을 통한 분별과 선발의 도구였다. 지식의 실제성과 유용성을 강조하는 교육으로 인해 일제고사가 없어진 지 꽤 오랜 시간이 지났지만, 여전히 표준화된 시험과 성적은 향수로 남아 회귀를 노리고 있다.

최근 교육부에서 맞춤형 학업성취도 자율평가를 하겠다고 발표했다. 맞춤형 학업성취도 자율평가는 초3 이상 전체 학년으로 점차 확대하며 국어, 수학, 영어, 사회, 과학 과목에 한해, 마치 구글^{Google}에서 시행하는 공인 교육

---

30) 정기효(2021). 어떻게 배움의 주인이 되는가. 비비투. p96.

전문가^{Google Certified Educator} 평가처럼 컴퓨터 기반 평가를 한다고 한다.[31] 자율평가는 실제 맥락에서의 문제해결력과 정보처리 역량, 의사소통 역량 등 미래사회 역량을 측정할 수 있도록 기술 공학적 도구를 활용한 컴퓨터 기반 평가를 공교육에서 최초로 도입하였다고 한다. 그동안 인지적 평가에만 제한되던 학업성취도 평가를 비인지적 부분까지 확대하려는 시도에서 긍정적이라 할 수 있다. 물론 학교 현장에서는 일제고사의 부활로 바라보는 시각이 있고 처음 접하는 형태의 평가라 여러 어려움이 예상된다.

그럼에도 불구하고 기존의 학력을 바라보는 시각에 변화를 줄 수 있다는 점에서 고무적이다. 이 평가의 취지를 살펴보면 역량을 측정하겠다고 밝히고 있지만 이름은 학업성취도 평가로 지었다. 학력을 학습을 통해 성취한 결과로 보는 측면에서는 역량을 학력과 동등한 개념으로 본 것이다. 의도하든 의도하지 않았던지 교육부에서 제시한 맞춤형 학업성취도 자율평가는 역량이 곧 학력이 될 수 있다는 새로운 학력관을 제시하고 있다.

학력이란 무엇인가? 국립국어원 표준국어대사전에서는 학력이란 '교육을 통하여 얻은 지식이나 기술 따위의 능력, 교과 내용을 이해하고 그것을 응용하여 새로운 것을 창조하는 능력'이라고 정의한다. 결국 학력은 교육의 최종 결과이다. 더구나 새로운 학력관에 대한 연구에서는 학력을 '전인적인 발달 결과'로 재개념화하고 역량을 갖추어야 전인적인 발달로 이어질 수 있다고 주장한다.[32] 국가교육과정에서 추구하는 인간상에 도달하기 위해 갖추어야 하는 것이 역량이라고 한다면 학력과 역량은 교육의 최종 결과라는 점에서 그 의미가 중복된다.

역량 교육이 학력을 떨어뜨린다는 생각 역시 일부는 맞고 일부는 틀리다.

---

31) 구글 공인 교육 전문가 평가는 응시자가 노트북을 이용해서 수행하는 모든 장면을 기록해서 인공지능으로 평가한다고 한다. 평가 결과도 다음 날 바로 알 수 있고 응시자에 대한 피드백도 포함되어 있다.

32) 성열관 외(2017). 새로운 학력 개념 정립 및 구현 방안. 전국시도교육감협의회 연구용역

학력을 표준화 시험 점수라고 보는 입장에서는 수행을 강조하는 역량 교육보다 암기와 문제 풀이가 성적 향상에는 더 효과적이라 생각할 수 있다. 그러나 학력의 본질적인 측면을 고려하면 역량을 키워야 학력이 향상될 수 있고, 더 높은 수준의 학력을 갖게 될 수 있다.

한편 역량 교육 연구자들은 역량의 특징을 크게 4가지로 제시한다.[33]

첫째, 역량은 학습 가능하며 발달적이다. 역량은 환경과 상호작용하는 경험을 통해서 습득 가능하며, 교육을 통해 발달하므로 학습이 필요하다는 것이다.

둘째, 역량은 수행으로 나타난다. 수행은 인간이 가진 능력을 적용하는 역량의 발휘 과정이면서 동시에 이 과정을 통해 역량을 쌓아나가는 학습의 과정이다. 수행으로 나타나기 전에 인간의 여러 능력은 잠재적인 상태로 존재하지만 특정한 상황의 수행 과정을 통해 발휘되며, 수행 과정을 통해 내적인 역량은 다른 형태로 변형되고 발전할 수 있다는 것이다.

셋째, 역량은 총체성을 띤다. 역량은 특정 상황 속에서 지식, 기능, 가치 및 태도와 같이 인간이 지닌 여러 특성이 복합적이고 역동적으로 관련을 맺고 발휘된다. 과제 상황을 파악하고, 상황에 적절하다고 판단되는 지식, 기능, 전략, 가치 등을 선택하여 활용하는 인지적이고 반성적 성찰 능력이며, 과제 수행 상황에서 개인이 가진 지식, 기술, 태도가 통합되어 나타나는 것이다.

넷째, 역량은 개인적인 능력이면서 동시에 개인 간 상호작용이 강조된다.

역량이 수행으로 나타나고 교육을 통해 발달하는 개념이라면 학력처럼 평가도 가능해진다. 역량의 정도를 정성적으로라도 측정할 수 있다면 당연히 역량에 대한 평가 역시 가능하다. 그렇다면 특정 시기에 발현되는 역량의 정도를 학력이라고도 할 수 있을 것이다. 앞으로 연구를 통해 학력이 가진 교육

---

33) 김경자 외(2017). 역량 함양을 위한 교육과정 설계: 이해를 위한 수업. 경기:교육아카데미

의 결과를 평가하는 측면과 역량이 가진 미래사회를 살아갈 힘을 측정하는 측면의 접점을 좁혀야 한다.

4 역량 교육이 어려운 까닭

역량 교육을 막는 입시 괴물

우리나라 최고의 베스트셀러는 '수학의 정석'이다. 출간한 지 50년 동안 4,600만 부가 팔렸다. 지금까지 팔린 책을 모두 쌓으면 에베레스트산의 156 배가 된다고 하니 우리나라 입시 교육의 상징이라 할 수 있다. 그동안 대학 입시 제도를 수시로 바꾸었지만, 입시를 위한 교육은 공교육이든 사교육이든 더 강화되었다. 아직도 서울대에 몇 명을 진학시켰는지를 학교와 교육청의 경쟁력이라고 홍보하는 현실에서 여전히 교육은 대학 입시를 준비하는 역할에 충실하고 있다.

결국 학교 교육은 짧은 시간에 많은 문제를 틀리지 않고 정답을 찾는 능력을 길러주는 것이 핵심이었다. 수업은 교과서의 내용 중 중요한 내용과 덜 중요한 내용으로 구분하여 가르치지만, 학생들은 시험에 나올만한 것과 나오지 않는 것으로 구분하여 학습하고 있다. 학습자가 무엇을 배웠고 어떤 것을 할 수 있는지가 중요한 게 아니라 내신 시험과 수능을 잘 준비하게 시키는지가 교육의 역할이 된 것이다. 이러한 현실에서 역량 교육 역시 입시의 거대한 장벽을 넘기 어렵다. 아무리 역량 교육이 미래사회를 살아갈 수 있는 힘을 기를 수 있다고 외치더라도 당장 대입에 도움이 되지 않는다면 학부모와 학생의 외면을 받게 된다.

OECD 36개 나라 대부분 우리나라의 수능과 마찬가지로 국가에서 표준화한 대학 입학 시험을 치르고 있다. 국가 표준화 대입 시험이 없이 고교 내신 성적만으로 대학에 진학하는 회원국은 노르웨이와 캐나다 정도에 불과하다. 우리나라처럼 대입 시험이 선다형인 경우는 많지 않다. 미국의 SAT·ACT, 일본의 센터시험이 대표적인 선다형 시험이고 튀르키예, 칠레 정도이다. 그러나 이들 나라도 우리처럼 오로지 객관식 선다형으로만 시험을 구성하지 않는다. 대부분 선다형과 글쓰기가 혼합되어 있다. OECD 국가 대입 시험의 주류는 선다형이 아닌 논술형이다. 프랑스의 바칼로레아^{Baccalaureate}를 비롯해 독일의 아비투어^{Abitur} 등이 가장 대표적인 논술 시험이다. 외국의 대학 입시에서 선다형보다 논술형이 많은 까닭은 선다형이 지식 습득 여부를 변별하기에는 효과적이지만 복합적인 성취 수준과 학습 능력을 평가하는데 적합하지 않기 때문이다. 다만 우리나라의 경우 대안 없이 논술형 시험을 의무화하면 논술 관련 사교육만 늘어날 것이다. 세계 최고의 교육 비법이 있다고 하더라도 학벌주의가 만연하고 대학이 서열화된 사회에서 선다형 입학시험을 준비하는 교육을 바꾸는 것은 불가능에 가깝다.

학벌과 대입 중심의 거대한 사회 구조와 입시 제도를 바꾸는 것은 사회의 몫이라 하더라도 역량 교육을 위해서는 학교부터 교육을 바꾸려 노력해야 한다. 우선 바꿀 수 있는 것부터 바꾸려는 노력이 필요하다.

첫째, 학교 구성원이 교육은 모두를 위한다는 인식을 공유해야 한다. 학교 교육이 소수의 상위 학생을 위한 게 아니라 모든 학생의 성장을 위한다는 인식을 가져야 한다. 경쟁과 선발이 상존한 학교에서 모두의 역량을 키우는 비법은 없다. 역량 교육을 위해서는 평가가 수업의 일부이자 모두의 성장을 위해서라는 인식이 확산되어야 변화의 동력이 생긴다.

둘째, 선다형 시험 경험을 줄여야 한다. 우리는 어릴 적부터 너무 많은 선다형 시험에 노출되어 있다. 일제고사가 아니더라도 유치원, 초등학교부터 주어진 보기에서 정답을 고르는 경험을 줄이고, 문제 상황을 인식하여 가장 합리적이고 타당한 답이나 해결방안을 찾는 경험을 늘려야 한다.

셋째, 역량 평가의 비율을 늘려야 한다. 역량 평가처럼 복잡한 과제를 제시하고 학습자가 수업을 통해 이해한 지식과 기능, 가치·태도를 총동원하여 수행할 수 있는 평가를 해야 한다. 역량이 평가에서도 좋은 결과를 얻을 수 있음을 깨닫게 해야 한다.

학교는 n개의 공부방

학교는 마치 아파트 같다. 아파트는 옆집에서 어떤 일이 일어나는지 잘 모른다. 오히려 관심을 불편하게 여긴다. 학교도 이와 같다. 밖에서 보면 학교는 마치 유기체처럼 서로 같은 목적을 향해 나아가는 것처럼 보인다. 그러나 안으로 들어오면 각자의 공간에서 자신만의 수업을 하는 곳임을 금방 알 수 있다. 주거와 직무의 성격이 다를 뿐 아파트나 학교나 같은 공간에 있지만, 따로 살아가고 있다. 교사들은 정해진 시간과 장소에서 국가에서 가르치라고 정한 교육과정을 자신만의 방법으로 가르친다. 교사들끼리 교육에 대해 소통하지 않고 수업을 공개하는 것을 꺼린다. 학교는 학원의 강의실처럼 무수히 많은 공부방이 모여 있지만, 각각 고립된 공간이라 볼 수 있다.

우리나라의 교사 문화를 연구한 논문을 살펴보면 대부분 개인주의와 고립주의를 중요한 특성으로 언급하고 있다. 「한국의 교육 생태계」의 저자 이혁규는 근대 공교육 체제의 작동 방식을 생각해보면 이는 얼마간 이해 가능하다고 한다. 표준적인 교과서, 표준적인 교사를 상정하는 교육에서는 교사들 간의 상호 소통은 그다지 중요하지 않다. 마치 포드 자동차 회사의 컨베이어

벨트 시스템이 각각의 분업화된 조립 공정으로 구성되고 해당 작업 공정 구역마다 표준화된 노동자가 투입되는 것처럼 교사들은 소통 불가능하게 칸이 막힌 각자의 교실에서 표준적인 지식을 표준적인 방식으로 전달하면 그만이라고 한다.[34] 이 말은 교사가 표준적인 노동자, 자동화 업무를 하는 노동자라는 의미는 아니다. 교사가 학생을 가르치는 행위, 즉 학생의 습득 과정을 이해하는 일은 다른 직업과 구별되는 전문적인 일이다. 다만 공교육에서는 교사가 교육하는 환경과 가르치는 내용이 지나치게 표준화되어 있어 교사 간에 서로 소통하거나 협력할 필요성을 크게 느끼지 않게 한다.

학교의 개인주의, 고립주의 문화는 상호 소통이 필요 없는 표준화된 업무를 요구하는 교육 환경과 전문직으로서의 교직 특성, 그리고 최근 워라밸을 중시하는 문화가 더해져 고착되고 있다. 이는 역량 교육의 실현에 있어 방해 요소로 작동한다. 역량 교육은 학교 구성원 모두가 학습공동체가 될 때 가능하다. 자발적인 역량 연구를 통해 우리 학교에 입학한 학생들이 졸업할 때까지 어떤 역량을 갖게 할지 설계하고 이를 학교교육과정에 반영할 때 역량 교육은 가능해지기 때문이다.

역량은 몇몇 교사들 혹은 특정 학년에서만 집중적으로 교육할 수 없다. 역량의 특성을 기존 국가교육과정과 어떻게 연계할 것인지를 연구하여 학교교육과정으로 설계하고 학교 구성원이 함께 실행해야 한다. 이는 역량 교육이 교수·학습 방법의 층위가 아니라 교육과정의 층위이고, 교육 내용이 아니라 교육의 목적이기 때문이다.

건들지 못하는 교과의 벽

흔히 교육의 3요소를 교사, 학생, 내용으로 구분한다. 교육은 가르치는 교

---

34) 이혁규(2015). 한국의 교육 생태계. 교육공동체 벗. p100.

수자, 배우는 학습자, 가르치고 배울 내용, 이렇게 3가지가 반드시 있어야 한다. 학교 교육에서 교사가 학생에게 가르치는 내용, 즉 교육 내용은 인류가 후손들에게 전수할 가치가 있는 지식이나 기능을 모아 놓은 것으로 학문이라고 한다. 공교육에서는 교육 내용을 '교과'라고 부른다. 일반적으로 교과가 곧 학문 자체라 보기도 하고, 학문을 가르치기 위해 선별한 지식만 모아 놓은 거라고도 본다.

학교 교육에서 교과가 갖는 힘은 막강하고 절대적이다. 학교 교육 시수의 약 90%가 국어, 수학, 영어, 사회와 같은 교과 교육이고 나머지 10%가 창의적 체험활동과 같은 비교과 교육이다.[35]

역량 교육의 측면에서 보면 교과 중심의 학교 교육은 몇 가지 문제점이 있다.

첫째, 교과에서 배우는 내용이 분절적이다. 역량은 복잡한 삶의 맥락에서 요구되는 문제를 지식, 기능, 가치·태도를 총동원하여 해결하는 능력이다. 우리는 실제 삶의 문제를 해결하거나 학문을 탐구할 때 특정 교과역량만을 사용하지는 않는다. 기본적으로 해당 문제에 대한 전문적인 지식과 관련 지식이 있어야 하고 이를 응용하거나 적용할 줄 알아야 한다. 또한 문제 해결에 필요한 기능을 가져야 하고, 주체적으로 해결하거나 협력하는 태도 등을 갖고 있어야 한다. 즉 다양한 교과에서 배운 것을 총동원할 수밖에 없다.

학교 교육을 통해 복잡한 문제 해결의 경험을 주기 위해서는 교과를 통합하여 수업할 필요성이 있지만, 실제 학교 현장에서 교과 통합 교육은 시스템적으로 조직되지 않아 그저 교사들의 의지와 역량에 맡겨져 있다. 교과 교사의 입장에서는 교과서 진도 나가기도 빠듯하고 교과별로 평가하는 시스템에

---

35) 학년(군)별 차이는 있으나 초 5, 6의 경우, 총 2,176시간 중 교과 시수가 1,972시간이고 창의적 체험활동 시수가 204시간으로 학교 교육 활동의 약 90%가 교과 시수이다.

서 굳이 다른 교과와 통합하여 일정과 내용을 조절하는 어려움을 감수하면서까지 운영할 필요성을 못 느낀다. 결국 학생들이 교과 수업을 통해 배우는 건 분절된 각 교과의 지식과 기능뿐이다.

역량 교육을 위해서 초등학교 저학년과 같은 통합교과를 확대할 필요가 있다. 현재 초등학교 1~2학년은 제4차 교육과정부터 통합교과 교육과정을 도입하고 있다. 통합교과는 학생의 생활사 중심으로 주제를 통합하여 편성하고 있다. 학교에서 무엇을 가르쳐야 하는가에 관한 답이 교과라면, 통합교과는 학교에서 무엇을 어떻게 가르쳐야 하는가에 관한 답이 될 수 있다. 따라서 3~4학년에서도 국어, 수학, 영어를 제외한 나머지 교과를 삶의 문제 해결을 위한 교육 내용으로 묶어 '탐구'(사회, 과학), '예술'(음악, 미술)처럼 분과 교과와 연계하여 운영할 필요가 있다. 그리고 5~6학년에서는 중학교의 교과와 연결하되 교과군 중심으로 다시 재구성할 수 있다. 현 교육과정의 교과군은 교과 수를 줄여 학생들의 과도한 학습 부담을 줄이고자 하였으나 교과 전공자들의 강력한 반대로 인해 편제의 유연성만 남아 있다. 형식만 남은 교과군을 실제 운영까지 확대하면 교과 간 통합교육이 가능해질 수 있기 때문이다.

둘째, 교과 수업이 분절되어 있다. 국가교육과정은 학교급별 최소 수업일 수, 학년 군별 총수업 시간 수, 교과별 시간 배당 기준까지 상세히 정하고 있다. 초등학교는 각 교과별로 연간 34주를 기준으로 수업 시수까지 정하고 있다. 예를 들어 국어는 주당 6시간씩 34주를 편성해야 교육과정에서 제시하는 연간 204시간을 수업할 수 있다. 교육과정에서 요구하는 최소 수업일 수는 190일이고, 이를 주 단위로 환산하면 38주가 된다. 4주의 여유가 있어 보이지만 창의적 체험활동 시간을 운영하면 빈틈이 없다.

학교에서는 이 시간 기준을 맞추기 위해 학급별로 시간표를 짜고 있다. 월요일 1교시는 국어, 2교시는 수학, 3교시는 사회 수업처럼 요일별로 교과를

1시간 단위로 나누어 정하고 있다. 수업 종이 치면 덜 배웠더라도 다른 교과의 수업을 준비해야 한다. 간혹 2시간을 묶어서 하는 블록수업을 하기도 하지만 이는 한 교과의 수업을 충실히 하기 위해서이지 교과 통합과는 거리가 멀다. 중학교는 교과별로 교사가 달라 통합교과 시간표를 만들기 어렵다. 초등학교 또한 예체능 교과는 대부분 교과 전담 교사가 수업을 맡고 있어 현실적으로 교과 통합이 쉽지 않다.

2022 개정 교육과정에는 '학교 자율시간'이 도입된다. 학교 자율시간은 학기별로 1주일간 교육과정에 제시되어 있는 교과 외에 새로운 과목이나 활동을 개설할 수 있다.[36] 한 학기 기준 시수를 17시간에서 16시간으로 줄였기에 확보할 수 있는 시간이다. 그렇다고 교과의 내용이 줄어들지는 않을 것이다. 각 교과는 어떻게 해서라도 분량을 유지하기 위해 노력하고 있기 때문이다. 핀란드의 시행착오 시수처럼 학교 자율시간이 더 확대되고 초등학교에서 통합교과 운영 시수가 고정되어야 분절적인 교과 수업의 시간표를 보다 유연하게 만들 수 있다.

셋째, 초등교사의 교과 전문성 부족이다. 초등학교는 담임교사가 거의 모든 교과를 가르친다. 교과별로 지녀야 할 전문성을 골고루 갖기 어려운 구조이다. 일반적으로 교과 전문성은 해당 교과의 내용을 잘 알아야 하고, 교과의 역사나 배경도 이해해야 하며 다른 교과와의 관련성도 알고 있어야 한다. 초등교사 한 명이 평균적으로 6~7개 교과를 가르치는 현실에서 각 교과에 대한 전문성을 기대하는 것 자체가 모순이다.

초등교사 양성 기관인 교육대학교의 교육과정을 살펴보면 대체로 교양, 교육학, 교과 교육학, 교과 내용학 등으로 구성되어 있다. 특정 교과만 4년 동안 공부하는 사범대학교 학생에 비하면 해당 교과 전문성은 부족할 수밖

---

36) 초등학교에서는 과목과 교육 활동을, 중·고등학교에서는 과목으로 운영할 수 있다.

에 없지만 다른 교과에 대한 이해도는 월등히 높은 편이다. 이것이 초등교사의 교과 전문성이라고 할 수도 있을 것이다.

교과역량은 교과 지식에 대한 깊은 이해를 토대로 발휘할 수 있다. 교과 전문성이 부족한 초등교사가 교과역량을 가르치기는 쉽지 않다. 그러나 초등교사가 가진 전문성, 즉 다양한 교과에 대한 폭넓은 전문성은 통합적 사고를 필요로 하는 역량 교육에는 더 적합한 측면이 있다. 따라서 교육대학교에서는 여러 교과를 다양하게 경험하는 것에서 나아가 교과와 교과 간의 연계를 토대로 역량 교육에 적합한 통합적 사고를 기르는 통합 교육에 대한 전문성을 키워야 한다. 이는 교육청의 초등교사에 대한 연수나 정책 방향 설정에도 고려해야 한다.

경험 없는 역량 교육

우리나라 최초로 역량 교육을 국가 수준에서 적용하겠다고 발표한 지 8년이 지났다. 교육부는 최근 발표한 2022 개정 교육과정 총론에서도 개정의 중점이 '미래사회가 요구하는 역량 함양이 가능한 교육과정'이라고 밝혔다. 시·도교육청의 비전에서도 '미래를 살아가는 힘', '삶의 힘', '역량 함양' 등 '역량'이라는 표현이 안 들어간 교육청이 없을 정도로 역량 교육 추진의 강한 의지를 담고 있다. 이에 비해 역량 교육을 하기 위한 교육부의 체계적인 로드맵이나 시·도교육청의 관련 세부 계획은 거의 없다. 학교 현장에서 느끼기에는 마치 광고용 문구 '카피'와 같은 느낌이다.

그렇다면 우리는 역량을 교육할 역량을 갖고 있을까? 역량 교육 연구는 소수의 학자들에 의해서 대학을 중심으로 하고 있다. 다만 이러한 연구 대부분이 OECD와 같은 외국의 연구를 분석하는 문헌 연구 수준에 머물러 있어 실제 우리나라 학교 교육에 적합한 역량 교육의 학습 틀 Frame Work 을 제시하지 못하고 있다. 시·도교육청 역시 지역 교육 현안에 매몰되어 역량 교육의 현장 적용 방안을 내놓지 못하고 있다.

무엇보다 교육 주체들의 역량에 대한 인식이 부족하다. 역량의 개념과 필요성, 역량을 함양할 수 있는 교육과정의 의미 및 실행 방법에 대해 교사가 가진 무관심, 반감, 혼란 등은 역량 기반 교육과정을 주제로 한 선행 연구에서 자주 언급하고 있다. 이러한 교사들의 인식은 역량 및 역량 함양 방법에 대한 학습(연수) 기회 부족, 교육 정책 입안 과정에서의 교사 소외, 교육 정책이 지나치게 빠르게 변화함에 따라 '새로운' 교육정책에 대해 현장에 만연한 거부감 등에 기인하는 것으로 분석된다.[37] 결국 단기간에 하향식으로 추진하는 역량 교육은 설익은 감의 떫은맛만 현장에 남기고 있다.

서점에 가면 교육 관련 책 중 베스트셀러는 교사 저자들이 많다. 그런데 내용을 살펴보면 수업 방법이나 학급 경영과 관련된 책들이 대부분이다. 교육과정이나 교육 철학에 대한 글이 거의 없다. 왜 그럴까? 우리 교육은 전통적으로 무엇을 가르칠까보다 어떻게 가르칠까에 중심을 두었기 때문이다. 교육 이론은 저명한 대학 교수가 제공하고, 국가에서 가르칠 내용과 가르칠 방법, 심지어 학습지까지 제공해줬기 때문이다. 국가가 교사에게 요구하는 건 정해진 교육 내용을 효율적으로 잘 가르치는 역할이었다.

주어진 교육과정은 교사에게 교육과정을 개발할 기회를 주지 않았다. 최근 교사들의 교육과정 재구성 역량이 늘어났음에도 불구하고, 교육과정 개발 역량은 늘어나지 않았다. 학교에서 어떤 학생을 기르고 어떤 학습 경험을 만들 것인지를 담은 교육과정을 개발한 경험이 교사에게 없었다.

가장 큰 문제는 우리 모두 역량을 교육한 경험이 없다는 것이다. 대학의

---

37) 이윤복 외(2016). 역량 기반 교육과정 실행에 대한 교사들의 경험과 인식 탐구. 중등교육 연구. 64(4). pp1047~1074.

학자도, 교육 정책가도, 현장 교사도 실제 역량을 교육한 경험이 거의 없다. 이런 상황에서 교육부가 역량 교육을 선언만 하고 실행은 학교가 알아서 하게 하면 안 된다. 학교 밖에서는 역량을 교육할 수 있도록 지원 체제를 갖추고, 학교 내에서는 학교 교육을 통해 실현 가능한 방안들을 강구해야 한다. 교육부에서는 역량 교육의 필요성을 알리고 대학, 관련 교육기관과 협력하여 우리나라 교육과정에 적합한 역량 교육 방안을 제시해야 한다. 교원 양성 기관과 연수 기관은 예비교사와 현직교사의 역량 교육을 편성하고 시·도교육청은 학교가 역량을 교육할 수 있도록 여건을 갖추고 역량을 교육한 경험을 갖도록 해야 한다.

누구나 강조하지만 아무도 경험하지 못한 역량 교육이 경험이라는 큰 벽을 넘기 위해서는 역량을 교육할 역량을 지금부터 차곡차곡 쌓는 게 중요하다.

5 학교에서 역량을 교육하려면

역량 교육이 가능한 학교

미국의 사회학자인 코헨^{Cohen}은 학교 조직을 '조직화된 무질서 조직'이라고 하였다. 그는 학교 조직이 일반적인 조직과 달리 조직의 목표가 모호하고 불분명한 기술을 사용하며 구성원의 참여가 유동적이라고 보았다. 여기서 '목표의 모호성'은 학교 조직의 목표가 추상적인 단어나 어구로 진술되어 있고 그 뜻이 모호하여 분명한 방향을 제시하지 못하고 있음을 말한다. '불분명한 기술'은 교육 목표를 달성하는데 이용하는 기술도 분명하지 않음을 의미한다. 교육 행정가, 장학사들이 사용하는 기술이 명확하지 않음을 지적한다. 또한 교사가 가르치는 방법도 교수 이론에 근거한다고 하지만 자신의 과거 경험으로 습득한 노하우나 필요에 따르기 때문에 저마다 적용하는 기술과 방법이 다르다는 것이다. 끝으로 '유동적인 참여'는 학생, 교사, 학교 관리자 등 학교의 구성원이 고정적이지 않고 일정 기간 머물다가 떠나기 때문에 중요한 의사 결정에 일관성이 없고 누가 참여하냐에 따라 결정이 달라질 수 있음을 설명한다. 이처럼 학교는 조직의 체계를 갖춘 것 같지만 목표나 방법적 기술, 참여의 측면에서 매우 혼란스러운 무정부 상태라고 개념화하였다.

국가 수준에서 도입한 역량 교육이 교육부의 바람과는 달리 학교 현장에 정착하지 못하는 까닭도 이러한 학교의 조직적인 특성과 관련이 있다.

교육과정의 자율화와 분권화를 강조한 6차 교육과정 이후 대부분의 학교에서는 학교 교육의 목표와 추진 과제를 학교교육과정에 담고 있다. 그러나 이러한 목표를 살펴보면 거의 모든 학교가 대동소이한데 국가 수준에서 추구하는 인간상을 가져오거나 시·도교육청의 목표를 옮겨 적고 있다. 학교교육과정을 캐비닛 교육과정[38]이라고 부를 정도로 학교 구성원조차 학교의 목표가 무엇인지 알지 못하고 있다.

현재 국가교육과정의 목표는 학생들이 핵심역량을 갖추어 국가가 추구하는 인간상에 도달하게 하는 것이다. 다만 국가 수준에서 정한 목표 역시 학교 조직의 목표처럼 개념이 모호하고, 추구하는 인간상, 핵심역량, 학교급별 목표, 교과 목표 등의 연계성이 부족하다. 또한 역량 교육의 측면에서도 초, 중, 고 학교급별로 도달해야 하는 역량의 목표도 없다. 학년별로 교과 학습을 열

---

38) 학년 초 업무 담당자가 학교교육과정을 만들어 교직원에게 배부하면 캐비닛에 넣고 나오지 않는다고 해서 문서화된 학교교육과정을 캐비닛(Cabinet) 교육과정이라고도 부른다.

심히 해서 교과역량을 기르면 총괄적으로 핵심역량이 길러진다는 설계 역시 역량 교육의 핵심을 학교에 맡긴 것이다. 학교가 자율적으로 운영할 수 있는 여건이나 수업시수가 극히 제한된 상황에서 교과 통합이 필요한 역량 교육의 몫을 단위 학교에만 맡겨서는 어렵다는 건 누구나 예상할 수 있다.

이와 같은 우리나라의 현실을 고려하면 학교에서 역량 교육을 하는 것은 많은 어려움이 따르고 엄청난 도전이 될 것이다. 그럼 무엇부터 준비해야 할까? 무엇보다 역량 교육이 가능한 학교를 만들어야 한다.

우선 전문적 학습공동체를 할 수 있는 여건을 만들어야 한다. 학교 구성원이 연구에 전념할 수 있는 학교 시스템을 만들고 교육의 계획부터 실행, 결과, 성찰까지 모두가 공유하고 참여할 수 있도록 해야 한다. 전문적학습공동체는 민주적 학교 문화를 바탕으로 한다. 역량은 정해진 것이 아니라 학교와 학년(군)의 특성에 따라 요구되는 역량을 같이 협의하고 결정해야 한다. 따라서 학교 문화 자체가 민주적으로 바뀌어 가야 한다.[39]

다음으로 교사의 행정업무 경감이 필요하다. 행정업무의 과다는 교사 본연의 업무라고 할 수 있는 학생과의 관계 형성, 수업 및 평가를 위한 고민과 연구에 투자할 시간을 줄어들게 만든다. 교사의 행정업무 과다는 역량 함양 교육과정에서는 더 큰 걸림돌이 될 수 있다. 학생의 역량 함양을 위한 장기적인 계획과 목표를 설정하고, 이를 위한 수업과 평가를 설계하기 위해서는 관련 연구 및 협의 시간이 더 필요하기 때문이다.

역량 교육 설계

학교에서 역량 교육은 어떻게 설계할까? 국가에서 하는 역량 교육과정 개

---

39) 홍원표 외(2011), 역량기반 교육과정의 현장 적용 방안 연구: 캐나다 퀘벡의 사례를 중심으로, 교육과정연구, 29(1), pp67~86.

발과 학교 수준에서 역량 교육을 설계하는 것은 다르다. 국가 수준에서 역량 교육과정을 개발할 때는 총론 수준에서 역량의 개념과 구현 방안을 명확히 하고, 각론 수준에서 교과의 핵심 개념, 내용, 주제를 어떻게 선정하고 조직할지에 중점을 둔다. 반면 학교 수준에서는 국가교육과정의 내용을 어떻게 실천할지 세부 방안을 설계한다.

OECD에서는 '교육 2030 프로젝트'를 통해 여러 나라의 교육과정 문서를 비교·분석하여 학교에서 역량 설계 시 고려해야 할 '과정 설계^{Process Design}' 원리를 제시하였다.[40]

- **교사 행위주체성** teacher agency
  교사가 교육과정을 효과적으로 전달하기 위해 자신의 전문적인 지식, 기능, 전문성을 활용할 수 있는 권한을 가질 수 있어야 한다.

- **실제성** authenticity
  학습자는 자신의 학습 경험을 실제 세계와 연결시킬 수 있어야 하며, 자기 학습의 목적의식을 가져야 한다. 이것은 학문-기반 지식의 습득과 함께 간학문적이고 협력적인 학습을 요구한다.

- **상호연관성** inter-relation
  학습자에게 하나의 주제 혹은 개념이 어떻게 여러 학문 내 및 학문 간을 가로지르는 여러 주제나 개념들, 그리고 나아가 학교 밖의 실제 삶과 연계되고 관련될 수 있는지를 발견할 수 있는 기회가 주어져야 한다.

- **유연성** flexibility
  '교육과정'이라는 개념이 "미리 정해지고 정적인" 것으로부터 "융통성 있고 역동적인" 것으로 발전되어야 한다. 학교와 교사들은 개인의 학습 필요뿐만 아니라 진화하는 사회적 요구를 반영할 수 있도록 교육과정을 업데이트하고 조정할 수 있어야 한다.

- **참여** engagement
  교사, 학생, 그리고 기타 관련 이해 당사자들이 실행을 확실히 하기 위해서는 교육과정 개발 초기부터 관여해야 한다. 보다 효과적인 교육과정의 실행은 교사와 같은 이해 당사자들이 그 설계 단계부터 참여해서 그 내용에 친숙할 수 있다면 훨씬 수월할 수 있다.

---

40) 이상은(2018). 앞의 책. pp97~98.

학교가 이러한 과정 설계의 원리를 고려하여 역량 교육을 제대로 하려면 체계적인 전략이 필요하다. 우리 학교의 사례를 들어 하나의 방안을 제시하면 다음과 같다.

첫째, 역량 교육에 대한 자체적인 연구를 바탕으로 왜 해야 하는지에 대한 구성원의 동의를 얻는 것이 우선이다. *(교사의 행위 주체성, 참여)*

둘째, 학교에서 교육할 역량의 개념과 핵심역량의 하위 요소를 정해야 한다. 역량은 개념이 모호하고 불명확하다. 우리 학교에 입학한 학생들이 졸업할 때 어떤 역량을 갖게 할지 정교화하고 구체화할 필요가 있다. 가르치기 위해서 교육 목표를 지식, 기능, 가치·태도로 나누었다면 역량을 교육하기 위해서는 역량의 하위 요소와 기준을 정해야 한다. 역량이 가지는 총체성을 고려하더라도 학년의 연계를 위해서 역량의 계열성^{Sequence}과 범위^{Scope}를 '우리 학교 역량 지도'와 같은 형태로 설계하는 게 효과적이다. *(유연성)*

셋째, 학교의 상황에 맞는 역량 교육 방법과 평가 방안을 설계해야 한다. 교과 중심의 현 교육과정에서는 교육 내용이 이미 정해져 있다. 따라서 주어진 교육 내용을 역량 교육에 활용하는 방법을 구안해야 한다. 역량은 일회성 체험으로 길러지지 않는다. 각 학년에서 언제, 어떤 교과와 연계할지 혹은 교과 간 연계는 어떻게 할지, 비교과 교육은 어떻게 활용할지 상세히 설계해야 한다.

정해진 교과 교육만 하기에도 빠듯한 상황에서 선택할 수 있는 대안은 몇 가지 없다. 현재의 교육과정에서는 기존 교과는 개념 기반 학습을 중심으로 운영하면서 필요에 따라 범교과 프로젝트 수업을 통해 핵심역량을 함양하는 것이 현실적이다. *(실제성, 상호연관성)*

역량을 어떻게 평가할 것인가는 교육의 설계만큼 중요한 문제다. 그러나 역량 평가 방안은 교육부나 연구기관에서도 아직 제시하지 못하고 있다. 다만 학교 현장에서 수행평가의 경험이 많이 쌓여 있고, 2015 개정 교육과정에서부터 교육과정-수업-평가의 일체화를 강조하였기에 전혀 불가능한 것은 아니다. 역량으로 교육과정을 재구성한 프로젝트 수업과 연계하여 수행에 대한 관찰 평가, 포트폴리오, 학교 자체 역량 기준을 활용한 평가 기준표^{Rubric} 등을 활용하면 역량을 평가할 수 있다. 물론 교과역량에 대한 평가와 병행할 수 있다면 더 효율적이겠지만.

깊고 넓은 교육

초등학교 5학년 2학기 사회과는 우리나라 역사를 다룬다. 학생들은 한 학기 동안 고조선부터 한국 전쟁까지 중요한 역사적 사건과 인물, 문화유산 등을 배운다. 반면 중학교에서는 3학년 1년 동안 선사시대부터 현대 사회까지 배운다. 중학생이 1년 동안 배우는 한국사를 초등학생은 한 학기에 배운다. 실제 5학년을 가르치는 교사들은 한 학기 내내 교과서 진도를 나가기 위해서 진땀을 뺀다.

왜 이런 현상이 발생했을까? 물론 사회과 내 일반사회, 지리, 역사 영역의 치열한 다툼의 산물인 교육과정 분배 때문에 생긴 구조적 문제이기는 하지만 사회 교과만의 문제는 아니다. 거의 모든 교과에서 중·고등학교에서 배우는 내용을 압축해서 초등학교 교육과정에 담고 있다. 여기에는 우리가 상식이라고 하는 어떤 사회적 통념이 작용하고 있다. 하나는 "초등학교에서 배우는 내용은 수준이 낮기 때문에 양이 많아도 괜찮다."는 통념이다. 다른 하나는 "어릴 때일수록 다양한 경험을 해야 한다."는 통념이다. 이러한 사회적 통념은 초등교육에 대한 전문성 부족에서 기인한 것으로 중등 교과 전공자들의 요구가 그대로 반영되었기 때문이다.

우선 전자의 통념에 대해 생각해보자. 우리가 어린 자녀나 학생들에게 무엇인가를 가르치고자 할 때, 압축하고 요약해서 알려줬는지 아니면 그들이 이해하도록 쉽게 풀어서 알려줬는지 생각해보면 답을 알 수 있다. 오히려 학년이 낮을수록 좁은 내용을 알기 쉽게 충분히 풀어서 가르쳐야 배움이 일어날 수 있다.

후자의 통념도 마찬가지이다. 다양한 경험은 어릴 때 더 많이 해야 하는 것이 아니라 평생 해야 한다. 여기서 다양한 경험은 주어진 경험이 아니라 스스로 찾아가는 경험이어야 하며, 꽤 오랜 시간 공들인 목적을 가진 경험이 되어야 한다. 초등학교 때 다양한 경험을 하게 하는 것은 어쩌면 중, 고등학교 때 입시 준비로 경험을 할 시간이 부족하기 때문인지 생각해볼 필요가 있다. 아일랜드는 전환학년제를 중학교 과정을 마치고 실시하고 있고, 덴마크의 애프터스쿨은 중학교 또는 고등학교 과정을 마치고 다양한 사회적 경험을 하도록 운영하고 있다.

사회에서는 한 분야에 깊이 있는 지식을 갖춘 'I자형 인재'를 요구하는데 초등교육은 폭넓고 얕은 지식을 가진 '一'자형 인간을 양성하고 있는 건 아닌지 고민해야 한다.

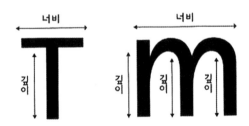

IBM의 짐 스포러Jim Spore   는 미래의 인재상으로 지식의 폭이 넓고 깊은 'T자형 인간T-shaped person'이라는 용어를 만들었다. T자형 인재는 넓은 영역의 지식 기반을 갖추고 하나의 특정 영역에서 전문성을 깊이 있게 갖춘 인재를 의

미한다. 최근에는 미래사회에 대비하기 위해서는 깊이 있는 전문성을 갖추어야 한다는 의미에서 'M자형 인간M-shaped person'이라는 용어로 이 모델을 확장하였다.[41]

그렇다면 폭넓은 지식 기반을 갖추고 다양한 영역에서 전문성을 깊이 있게 갖춘 M자형 인간으로 키우기 위해서는 어떻게 교육해야 할까? 2022 개정 교육과정 총론의 개발 과정을 살펴보면 여기에 대한 고민이 녹아 있음을 알 수 있다.

2022 개정 교육과정에서는 교과 교육을 통해 깊이 있는 학습, 교과 간 연계와 통합, 삶과 연계한 학습, 학습 과정에 대한 성찰(메타 학습)이 일어나도록 개발하였다고 한다.[42]

첫째, 깊이 있는 학습은 학습자가 학습 자료를 스스로 자신의 것으로 만들고 배운 것을 새로운 상황에 적용할 수 있도록 소수의 핵심 내용을 깊이 있게 배우는 것을 의미한다. 교과 교육에서 학생이 단편적인 사실을 피상적으로 많이 알도록 하는 것보다 '핵심적인' 내용을 깊이 있게 가르쳐야 한다는 주장은 역량을 중심으로 교육과정을 설계한 미국, 캐나다, 호주 등 여러 나라에서 교과 교육 내용을 선정·조직하는 주요 원리가 되고 있다.[43]

둘째, 교과 간 연계와 통합은 학습자가 여러 교과의 지식과 기능을 서로 관련지어 습득하고 이를 적용하여 문제를 해결하도록 하는 것이다.

셋째, 삶과 연계한 학습은 학생이 실생활 맥락 속에서 교과의 핵심 내용을 활용할 기회를 제공하는 것을 의미한다. 학생들이 몰입할 수 있는 상황과 실제에 가까운 맥락이 주어져야 학생들의 사고와 탐구가 전이될 수 있는 기반

---

41) CCR based on spohrer

42) 온정덕(2021). 2022 개정 교과 교육과정 개발 기준 마련 연구. 교육부. pp30~33.

43) OECD, 2018: 3; Ontario Ministry of Education, 2018: 14. 온정덕(2021). 2022 개정교과교육과정 개발 기준 마련 연구에서 재인용

이 마련된다.

넷째, 학습 과정에 대한 성찰(메타 학습)은 새로운 상황과 문제에 자신이 학습한 것을 적용하면서 어떻게, 왜, 그리고 언제 이 지식을 적용해야 하는지를 아는 것을 의미한다. 이러한 성찰은 학습자가 자신의 '학습에 대해 학습'하는 과정으로, 학습자의 역량 계발에 기반이 되는 소양이라고 볼 수 있다

한편, 2022 개정 교육과정에서는 역량의 함양을 강조하면서 새롭게 '개념적 이해conceptual understanding'를 강조하였다. 지식과 기능을 재료로 사용해서 '깊이 있는 이해' 혹은 '개념적 이해'에 이르렀을 때 전이 가능한 지식과 역량을 갖출 수 있으며 이것이 역량의 발휘에 핵심적 역할을 할 것이라고 본다.

개념 기반 학습은 주제, 사실, 기능을 기반으로 개념적 사고를 형성하도록 한다. 개념 기반 학습이라고 해서 사실적 지식과 기능을 경시하는 건 절대 아니다. 다만 지식과 기능이 더 높은 수준의 지식을 형성하기 위해 재료로 쓰인다는 차이가 있다. 개념을 연결 고리로 삼아 귀납적 수업 방식으로 탐구적 수업을 통해 일반론(일반화된 지식)과 원리를 도출하게 된다. 결국 깊이 있는 학습은 깊이 있는 이해를 조건으로 하며 이는 'M자형 인간'을 키우는 역량 교육의 기반이 된다.

개념 기반 학습은 교수·학습 방법에 있어서 탐구 수업의 강화로 이어질 것이다. 다만 복합적인 문제의 해결이라는 실제성의 문제에서는 프로젝트학습이 효과적일 수 있다. 프로젝트학습은 탐구 수업을 통한 '개념적 이해' 즉, 교과의 핵심 개념에 대한 이해를 적용할 수 있는 기회를 제공할 것이며 이는 지식의 유용성을 높이는 동시에 학습자의 강력한 학습 동기와 몰입을 지원할 수 있기 때문이다.

역량 교육을 어떻게 설계할까?

도영록

저자 도영록은 13년 차 경력의 교사입니다. 2016년부터 프로젝트 수업에 관심을 가지고 학년 선생님들과 함께 실천해왔습니다. 학습공동체 활동으로 프로젝트 수업을 이어가고 싶어 2018년 구미봉곡초등학교로 왔습니다. 3년간 5학년 담임교사로 20여 차례 프로젝트 수업을 실천하였고, 2021년부터 연구부장으로 학교교육과정과 경북미래학교 업무를 하고 있습니다.

1 '6년의 배움' 준비

구미봉곡초 역량 교육과정의 시작

구미봉곡초등학교는 24학급 규모의 크지도 작지도 않은 학교이다. 학교 앞은 아파트와 빌라, 학교 뒤는 낮은 산과 논으로 둘러싸여 있다. 우리 학교는 2015년 9월, 경상북도교육청으로부터 창조학교로 지정되면서 조금씩 변화를 맞이하였다. 학년 단위 학습공동체 활동을 기반으로 교과서 중심 수업을 학생 활동 중심 프로젝트 수업으로 바꿔가며 학교 혁신을 시도하였다. 2019년부터 경북미래학교로 지정되어 미래 초등교육 모델을 개발하는 학교로서 역할을 하고 있다.

우리 학교는 교사들의 자발적인 노력을 바탕으로 시작한 다른 지역의 혁신학교와 달리 교육청의 기획에 의해 학교 혁신을 시작한 위로부터의 혁신학교 모델이다. 처음 창조학교 지정에 대한 구성원의 동의를 얻는 것도 어려웠고, 창조학교 지정 후 학교의 교육 철학을 공유하는 과정도 쉽지 않았다. 어떠한 보상도 없이 창조학교를 할 수 있는 자발성이 없었기 때문이었다. 2016년 2월, 창조학교에 대해 생각이 다른 교사들은 학교를 떠났고 새로운 학교의 변화를 기대하는 선생님들이 찾아왔다. 이후 교육청의 지원과 학교 구성원의 노력으로 이제는 지역의 미래 교육을 선도하는 경상북도의 대표 혁신학교로 자리매김하게 되었다.

2016년부터 2020년 코로나19 대유행 이전까지 우리 학교가 이루었던 학교 혁신은 다음과 같다.

담임교사 업무 제로(ZERO)

우리 학교는 학교 구성원을 수업팀과 업무팀으로 나누어 담임교사가 행정 업무 없이 오로지 교육과정과 수업, 학급 운영에 전념할 수 있게 하였다. 학교의 모든 업무는 교감, 교과전담 교사, 비교과 교사, 교무행정사로 구성된 업무팀이 담당하고 있다. 또한 교과전담 시간을 학년별로 묶어서 교과전담 교사가 수업할 때, 담임교사는 동학년 학습공동체를 하도록 했다,

프로젝트 수업을 통한 수업 혁신

학생의 자발성을 키우고 삶과 연계한 학습이 가능하도록 프로젝트 수업을 도입하였다. 학년별로 월 1회 프로젝트 수업을 계획하여 전체 교과 수업시수의 50% 이상을 프로젝트 수업으로 운영하였다. 주제 중심으로 교육과정을 재구성하여 학생들이 목표 설정부터 계획 수립, 실행, 결과 나눔의 과정을 지속적으로 학습하게 하였다.

교육과정 중심 학교 문화

학년 교육과정에 대한 전문성을 가질 수 있도록 담임교사는 3년 동안 같은 학년을 지도하는 학년 중임제를 시행하였다. 또 교육과정과 프로젝트 수업을 공유하고 학교의 중요한 일을 민주적으로 논의하는 교사 다모임을 월 1회 정기적으로 운영하였다.

업무 경감

학교의 모든 행사는 학년 교육과정을 중심으로 실행하고 교육과정 운영과 관계없는 행사는 과감히 폐지하였다. 업무의 효율성을 높이기 위하여 구글 워크스페이스를 활용하는 등 디지털 업무 환경을 조성하였다.

위로부터의 학교 혁신이 어느 정도 성공할 수 있었던 까닭은 첫째, 외적 보상이 없었기 때문이다. 연구학교에서 흔히 받을 수 있는 승진 점수와 같은 외적 보상이 없었기 때문에 순수히 학교 혁신을 이루고자 하는 교사들이 모일 수 있었다. 둘째, 학교 관리자의 헌신과 변혁적 리더십이 있었다. 학교장은 매일 아침 솔선수범하여 교문 앞에서 학생들을 맞이하였고 어려운 사건 해결이나 상담에 늘 주도적으로 참여했다. 또 수업에 도움이 필요할 때는 아낌없이 지원해주는 모습을 보였기에 학교 구성원들이 잘 따를 수 있었다. 셋째, 업무팀과 수업팀 사이에 신뢰가 있었다. 수업팀은 학교 업무를 도맡아 희생하는 업무팀에게 항상 감사하는 마음이 있었고, 업무팀은 수업팀이 학교에서 가장 중요한 일을 하고 있다고 생각하였다. 이런 문화가 있어 학교 구성원 중 어느 한 사람도 제 역할을 제대로 하지 않는 사람이 없었다. 넷째, 학습공동체 활동으로 함께 성장할 수 있었다. 대부분의 교육 활동이 학년 단위 학습공동체가 함께 기획하여 운영하는 것이다. 교사들은 그 과정을 함께하며 성장할 수 있었다. 물론 희망하지 않았음에도 전입한 교사도 있었고, 그들은 일정 기간 성장통을 겪기도 하였다. 그러나 학습공동체가 있었기에 결국 주도적으로 교육과정을 설계하고 운영할 수 있는 교사로 성장할 수 있었다.

우리 학교에도 변곡점이 찾아왔다. 코로나19로 인해 거리두기와 원격 수업이 시작되면서 프로젝트 수업처럼 협력하고 활동이 많은 수업을 운영하기 어려워졌다. 또 초창기 학교의 변화를 주도했던 선생님들이 만기가 되어 다른 학교로 이동하고 새로운 구성원들로 바뀌었다. 방역을 위한 교육 활동의 제한과 구성원의 변화는 기존의 학교 철학과 운영 방향을 유지하기 어렵게 했다. 우리 학교가 앞으로 나아가야 할 방향을 다시 고민해야 할 필요가 있었다.

2020년 12월, 교감 선생님 제안으로 학교교육과정을 주도적으로 이끌어 갈 교사들을 모아 T/F팀을 구성하였다. 첫 모임을 할 때까지 미래 교육을 실천하고 있는 학교 이야기가 담긴 책을 정해서 읽고 오기로 했다.[1]

T/F 첫 모임은 학교 근처의 카페였다. 모임의 시작은 먼저 우리 학교 이야기로 풀었다. 각자 학교에 근무하면서 느낀 점과 앞으로 학교가 가야 할 방향을 이야기했다. 여기서 나눈 이야기를 간추리면 다음과 같다.

우리 학교에 대한 성찰

· 우리 학교 프로젝트 수업의 개념에 대한 구성원의 합의가 필요함.

· 학교가 선생님들의 자율성을 존중하지만 때로는 무엇을 해야 할지 방향을 잡기 어려울 때가 있음. 가고자 하는 방향에 대한 구체적인 가이드가 필요함. 학교교육과정에 대한 일관성이나 체계성이 필요함.

· 프로젝트 수업과 지식 중심 교육의 균형점을 찾을 필요가 있음.

· 학교의 가치, 철학을 지속적으로 공유하고 소통하기 위한 방법을 찾아야 함.

· 월 1회, 총 수업 시수의 50%를 프로젝트 수업으로 채우다 보니 학생의 결손을 꼼꼼하게 지도할 여유가 없음. 채워야 할 것과 덜어내야 할 것을 고민할 필요가 있음.

· 기본을 충실하게 하지 못한다는 느낌이 있음.

· 구성원의 변화가 생기는 시점이기 때문에 학교 철학이 이어질 수 있을지 걱정이 됨. 구성원이 바뀌는데도 불구하고 학교의 가치가 이어질 수 있는 시스템을 구축하는 것이 필요함.

· 학년별 개성이 강하기 때문에 배움의 측면에서는 6년간의 학교 경험이 무질서할 수 있음. 학생의 학습 경험을 교육과정의 측면에서 체계화할 필요가 있음.

· 프로젝트 수업을 통해 기르고자 한 것이 학습자의 주도성이라면 역량의 측면에서는 부분적이며, 한쪽으로 치우쳐 있음.

---

[1] 함께 읽은 도서는 '미래형 교육과정을 디자인하다(김현섭, 장슬기 저)'이다.

이러한 학교 성찰은 수업 혁신의 방법으로 프로젝트학습을 정한 이후 지속적으로 학교 안팎에서 제기된 비판과 일맥상통했다.

첫째, 교육 내용이 없다는 비판이었다. '활동만 있고 배움은 없더라'라는 이야기가 가장 많았다. 초등학생들이 익혀야 할 핵심 개념이나 지식에 대한 고민 없이 재미있는 활동만으로 채워지는 수업이 많다는 것이었다.

둘째, 학년별 연계가 부족하다는 것이었다. 학생들의 배움을 위해서는 초등학교 1학년부터 6학년까지 프로젝트학습의 체계적인 배움 로드맵이 있어야 하는데, 없다는 것이다.

셋째, 보여주기식 수업이 많다는 것이다. 실제 전시회를 기획한다거나 또는 결과물을 그럴듯하게 보여주기 위해 학생들의 흥미와 수준을 고려하지 않은 채 진행하기도 했다.

넷째, 학생들의 기초적인 능력이 부족하다는 것이다. 학생들이 학습을 위한 문해력이나 디지털 사용 능력 등이 부족하다는 의견이 나왔다.

다음은 모임에서 나온 우리 학교가 추구해야 할 미래 교육과정에 대한 의견이다.

미래 교육과정에 대한 의견

· 단순히 지식을 전달하는 예전의 교육과정에서 벗어나 학생들이 탐구를 할 수 있게 도와주는 교육과정이 필요함.
· 학생들을 바라보고 그들의 삶을 함께하는 노력, 학생의 눈으로 바라보는 시도가 필요함. '미래사회에 적합한 인재를 양성'이라는 말이 불편함. 기계나 AI가 줄 수 없는, 사람이 줄 수 있는 것이 무엇인지 고민해 보아야 함. 철학을 튼튼하게 공유하는 것과 공부가 필요함.
· 교실에서 수업을 하다 보면 우리 반의 수업, 가르치는 행위 그 자체에 매몰될 수 있는 위험이 있음. 학교교육과정의 전체 구조와 맥락을 볼 수 있는 눈이 필요함. 그러한 점에서 미래 교육은 현재 교육의 문제점을 개선해 나가는 것이 되어야 함.

- 미래 교육, 역량 교육은 결과적인 측면을 강조하는 것 같음. 공교육은 특별한 누군가를 위한 것이 아니기 때문에 기본적인 소양을 함양하는 것이 중요함. 기초, 인성교육이 함께 가야 함.
- 미래를 정확히 예측할 수 없기 때문에 과거와 현재의 모순을 살펴보고 이를 개선하는 것이 미래 교육의 방향임. 우리 학교에서 하는 프로젝트 수업처럼 스스로 계획하고 실천하고 공유하고 반성하는 과정이 삶의 힘과 개인의 주체성을 키워 줄 수 있다고 생각함. 하지만 수업을 하다 보면 기초가 부족하다는 생각을 가지게 됨. 이에 대한 보완이 필요함.
- 교사가 학생의 역량을 길러주기 위해서는 교사도 역시 역량을 갖춘 사람이 되어야 함. 교사도 학생과 같이 성장해야 함.
- 미래 교육은 정답이 없는 것이기 때문에 우리가 합의하고 스스로 찾아 나가는 것이 필요함. 다양한 구성원이 생각을 하나로 모으는 것은 불가능함. 최소한의 방향성을 맞춰가는 것이 필요함.

사실 첫 모임은 '코로나19 때문에 제대로 하기 어려운 프로젝트 수업을 어떻게 할까?'가 주제였는데 읽어온 책 때문인지 앞으로 교육과정을 어떻게 할 것인지로 주제가 넓어졌다. 현재의 대외적인 환경의 변화를 고려하고, 우리 학교에 입학한 학생들이 졸업할 때 어떤 배움을 갖게 할 것인지가 나타난 학교교육과정을 마련해야 한다는 생각을 공유하였다. 그래서 모임의 이름을 '6년의 배움'으로 정하였다.

'6년의 배움' T/F 첫 모임은 선생님들의 생각을 깊이 있게 나눌 수 있는 소중한 시간이었다. T/F의 과제를 완수하기 위해 주 1회, 가급적 쾌적한 환경에서 모임을 하기로 약속하였다. 그리고 모임을 통하여 우리 학교가 생각하는 '6년의 배움'에 대한 합의를 도출하고 범주와 위계를 갖춘 미래형 교육과정의 틀을 만들기로 했다. 학교교육과정을 함께 만드는 일이기에 T/F는 누구든지 참여할 수 있도록 문을 열고 합의한 사항을 공유하기로 하였다.

'6년의 배움' T/F 첫 모임

2 '6년의 배움' 설계

우리 학교만의 역량 - 기초소양과 핵심역량

T/F 모임에서 생각을 나누면서 우리 학교의 교육 철학과 방향을 확실히 하고, 학교교육과정의 범위와 위계를 새롭게 설정할 필요가 있다는 공감대가 마련되었다. 이를 실현할 방법으로 학교교육과정을 역량 중심으로 체계화하자고 교감 선생님이 제안하였다. 1장에서 서술한 것과 같이 역량은 이미 국가교육과정의 기본 설계에서 중요하게 다뤄지고 있으며, 세계적인 교육 추세이다. 우리 학교도 창조학교 때부터 학교교육과정에 핵심역량을 신장하는 역량 중심 교육과정을 편성·운영한다고 명시하고 있었다. 사실적 지식과 기능만을 학습하는 교육이 아닌 학생들이 실제로 할 수 있는 능력을 기

르는 교육과정을 운영하고 있었지만, 프로젝트 수업으로 자기 주도적 학습 능력을 신장한다는 것 외에는 특별한 역량 교육과정 운영 방안이 없었다. 학교교육과정을 새롭게 편성하기 위해 역량의 측면에서 체계를 만들 필요가 있었다.

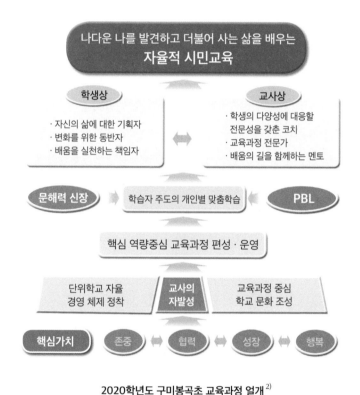

2020학년도 구미봉곡초 교육과정 얼개 [2)]

제안의 주요 내용은 다음과 같다.

---

2) '6년의 배움'을 시행하기 전인 2020학년도의 교육과정 얼개를 살펴보면 역량의 측면에서 자기 관리 역량에 중점이 있음을 살펴볼 수 있다.

'6년의 배움'의 방향성에 대한 제안

· 학교의 핵심역량을 정의하고 PBL(Problem Based Learning)을 통해 적용한다.
· 기존 수업 시수의 50%를 프로젝트 수업으로 채운다는 정량적인 접근 대신 프로젝트 수를 적정화하고 학습의 질과 연계성을 고려한다.
· 학교 수준 교육과정은 역량 설정 → 하위 요소 설정 → 학년 수준의 계열화를 통해 지침의 성격을 가지도록 한다.
· 학년, 학급 수준 교육과정은 핵심역량과 성취기준을 고려한 PBL 설계 - 실행 - 평가를 하도록 한다.

이 제안은 한국교육과정평가원의 '2015 개정 교육과정의 핵심역량 함양을 위한 초중학교교육과정 설계 방안 연구'에서 제시한 핵심역량 함양을 위한 학교교육과정 설계 절차와 유사하다. 1단계와 2단계는 6년의 배움 T/F에서 정리하여 지침의 성격으로 제시하고 3단계는 학년 전문적 학습공동체에서 학교의 핵심역량과 국가교육과정을 고려하여 PBL을 설계하는 절차이다. T/F 모임에서는 교감선생님의 제안을 받아들였고, 먼저 역량을 연구한 후 우리 학교만의 역량을 선정하기로 하였다.

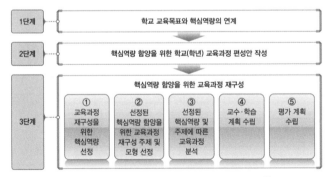

핵심역량 함양을 위한 학교교육과정 설계 절차[3]

---
3) 한국교육과정평가원(2017). 2015 개정 교육과정의 핵심역량 함양을 위한 초·중학교교육과정 설계 방안 연구

국가교육과정에서는 자기관리 역량, 지식정보처리 역량, 창의적 사고 역량, 심미적 감성 역량, 의사소통 역량(2022 개정 교육과정에서는 협력적 소통 역량), 공동체 역량의 6가지 핵심역량을 제시하고 있다. 하지만 6가지 핵심역량을 자세히 살펴보면 학교교육과정 설계에 그대로 받아들이기에는 다소 어려움이 있다는 것을 알 수 있다.

우선 6가지 핵심역량이 동일한 층위라고 할 수 있는지 의문이 생긴다. 대표적으로 지식정보처리 역량은 핵심역량이라고 정의하기보다 다른 역량의 하위 역량이나 디지털 관련 소양으로 분류하는 것이 적합하다. 창의적 사고 역량 또한 비판적 사고나 탐구 능력, 문제 해결력과 같은 미래사회에 필요한 다양한 고차적인 사고 능력을 포함한다고 보기 어렵다.

핵심역량을 교육과정 편성에 활용하기에는 역량 간의 경계도 다소 모호해 보인다. 대표적인 예는 의사소통 역량이다.[4] 국가교육과정에서는 의사소통 역량을 다양한 상황에서 자신의 생각과 감정을 효과적으로 표현하고 다른 사람의 의견을 경청하며 존중하는 역량으로 설명하면서 그 하위 요소를 언어적 표현 능력, 타인 이해 및 존중 능력, 갈등 조정 능력으로 설정하고 있다.[5] 여기에서 타인 이해 및 존중 능력이나 갈등 조정 능력은 자기관리 역량이나 공동체 역량과 연계되는 것이 바람직하다.[6] 또한 의사소통 역량은 국어 교과뿐만 아니라 모든 교과와 프로젝트학습에 녹여 키우는 것이 더 효과적일 수 있다.

결국 역량 함양을 위한 학교교육과정을 설계하기 위해서는 학교 구성원 간의 공통된 이해와 학교 구성원의 요구가 반영된 역량 선정이 우선이었다. '6년의 배움' T/F모임은 한 달간 다섯 번의 모임을 통해 우리 학교의 역량을

---

4) 2022 개정 교육과정에서는 의사소통 역량이 '협력적 소통 역량'으로 변경되었다.

5) 교육부(2015). 2015 개정 교육과정 총론 해설서

6) 이찬승. 교육을 바꾸는 사람들 https://21erick.org/column/356/

정의할 수 있었다. 기존의 학교 철학에서 학습자의 주도성을 중요시하고 학습의 과정에서 경쟁보다 협력을 강조했기 때문에 자기 관리 역량과 공동체 역량은 그대로 가져가기로 하였다. 또 미래사회에서 요구되는 다양한 사고 능력을 종합적으로 고려한 고차적 사고 역량, 인지적인 부분에만 중점을 두는 것을 경계하고 균형 있는 역량 발달을 도모하기 위한 심미적 감성 역량까지 네 가지 역량을 핵심역량으로 설정하였다.

또한 핵심역량의 신장에는 기초 기본 교육이 필수적으로 함께 가야 함을 강조하기 위해 기초소양을 새롭게 설정하기로 하였다. 앞에서 서술한 것과 같이 프로젝트 수업을 진행하면서 가장 어렵고 고민이 되는 부분은 학생들의 학습 격차를 해결하는 일이었다. 프로젝트 과정에서 기초적인 소양이 부족한 학생들은 과제를 해내지 못하거나 흥미를 갖지 못하는 경우가 많았다.[7] 이는 결국 의미 있는 배움을 생성하는 수업이 어려운 원인이 되었다.

교사들은 프로젝트 과제를 어려워하는 학생을 위해 다양한 방법으로 도움을 주려 애쓰지만 밑 빠진 독에 물 붓는 것과 같은 좌절로 돌아오는 경우가 많았다. 쉬는 시간에 화장실도 다녀오지 못할 정도로 한 명, 한 명 피드백을 주려고 노력했지만 30여 명의 학급 학생들에게 줄 수 있는 개별적인 도움은 한계가 있었다. 방과후 교과 보충 프로그램으로도 간극을 메우기에는 어려웠다. 매년 교육과정 평가회에서 이런 고민을 중요하게 다뤘지만 뾰족한 수가 없었다. 이런 경험은 학습에 필수적인 기초소양을 갖추는 것이 무엇보다 중요함을 깨닫게 했다. 매년 개별적인 진단과 처방으로 해결하는 것이 아닌 체계적이고 지속적으로 이어지는 지도가 필요했다. 그래서 어떤 학습에서든

---

7) 듀이의 '민주주의와 교육'에서는 '흥미'라는 단어를 어원적으로 볼 때, '사이에 있는 것', 즉 거리가 있는 두 사물을 관련짓는 것을 뜻한다고 한다. 학생이 현재 가지고 있는 힘과 교사의 목적 사이에는 간극이 있다. 이 간극의 크기에 따라 흥미가 달라진다. 즉, 흥미는 현재 진행 중인 활동이 앞으로 예상할 수 있는 결과에 도달할 수 있다고 생각하는가에 달려 있다. 다시 말해, 이 둘 사이를 연관 짓기 어려운 학습 과제는 학생이 흥미를 갖기 어렵다는 의미이다.

기반이 되는 기초소양으로 문해력, 수리력, 디지털 소양을 선정하고 이를 지도하기 위한 체계를 마련하기로 하였다.

문해력은 글을 읽고 쓰는 능력, 현상을 이해하는 능력이다. 프로젝트 수업을 해보면 학생들에게 글이나 영상, 그림 등으로 학습 내용을 제시했을 때 어떤 내용인지 이해하지 못할 때가 많다. 이해가 안 되니 깊이 있는 탐구나 학습은 불가능했고, 배움이 생기지 않았다. 프로젝트 수업이든, 기억 학습이든 학생이 무엇인가를 이해하고 배우려면 문해력이 가장 바탕이 되고 꼭 필요하다는 생각을 하였다.

수리력은 실생활의 다양한 문제 상황에서 수학 지식을 이해하고 활용할 수 있는 능력을 말한다. 요즘 학생들은 학원을 많이 다녀 계산은 곧잘 한다. 하지만 정확한 원리나 개념을 물으면 설명하지 못하는 경우가 많다. 프로젝트를 수행할 때나 일상생활에서도 수학 원리를 활용해야 하는 문제 해결은 어려워하지만, 학습지 문제는 잘 해결하는 편이다. 수학을 가르칠 때 단순히 계산을 잘하는 것을 넘어 개념과 원리를 정확히 이해하고, 그것을 실제 상황과 연결 지을 수 있도록 가르칠 필요에 모두 공감하였다.

디지털 소양은 디지털 도구를 효과적으로 사용하여 삶의 다양한 문제를 해결해 나가는 능력을 말한다. 코로나19로 인해 원격 수업을 하면서 학생들의 디지털 기초소양이 심각하게 부족함을 알게 되었다. 정보를 수집하고, 지식을 쌓아 문제를 해결하며 표현하기 위해서는 디지털 소양을 하나하나씩 가르칠 필요가 있다.

처음에는 핵심 기초역량이라는 이름으로 다른 하나의 핵심역량을 신설하는 것으로 설계하였다. 하지만 핵심역량과 성격이 다른 요소를 같은 층위에 두기보다는 별도의 계열로 설정하는 것이 좋겠다는 의견을 받아들여 기초소양이라는 새로운 갈래를 설정하게 되었다.

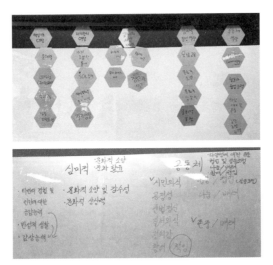
핵심역량과 하위 역량을 설정하기 위한 작업

비전문가들이 자의적으로 해석하여 역량을 설정한 것에 대해 비판적인 목소리가 있을 수도 있다. 그러나 우리 학교에서 설정한 4가지 핵심역량은 국가교육과정이 추구하는 인간상인 자주적인 사람(2022 개정 교육과정에서는 자기주도적인 사람), 창의적인 사람, 교양 있는 사람, 더불어 사는 사람과 맞닿아 있다. 이후 교육부에서 2022 개정 교육과정 총론 시안을 발표하면서 언어 소양, 수리 소양, 디지털 소양의 3가지 기초소양과 6가지 핵심역량을 반영하겠다고 했을 때, '6년의 배움'의 기본 설계와 거의 같아서 모임의 구성원들도 매우 놀랐다.

학교의 기초소양과 핵심역량을 정하였지만 각각의 역량에 대한 정의와 하위 요소를 명확하게 설정하지 않으면 학교교육과정에만 존재하는 추상적인 개념이 되기 쉽다. 그래서 역량의 정의와 하위 요소를 설정하기 위해 우리 학교의 경험을 되짚어보기로 하고 지난 학년도에 학년별 교육 활동 중에서 기초소양과 핵심역량과 관련된 활동을 정리하였다. 이를 토대로 논의한 끝에 핵심역량의 하위 요소를 도출해 낼 수 있었다.

핵심역량 하위 요소를 도출하기 위한 학년별 활동 정리[8]

	구미봉곡초등학교 핵심역량 하위요소			
	핵심기초 역량	자기관리 역량	지식정보처리 역량	창의적 사고 역량
1학년				
2 학 년	- 지적 호기심 - 문식력: 음독의 묵독화, 구어를 문어(문장 어절 단위) 쓰기 - 수리력: 수 감각, 기초 연산(두 자리 수 덧셈, 뺄셈, 곱셈구구)	- 성장 마인드셋 (growth mindset) - 기본 학습 습관 - 기본 생활 습관: 놀이를 통한 건강 관리 - 자신감: 자기 생각과 감정 표현 - 자기 조절: 만족지연 (마쉬멜로우 이야기), 자기통제, 절제	- 사실적 이해력 - 매체 활용 능력 - 절차적 사고력	- 인식적 호기심 - 문제 발견 - 배경 지식 - 독창성 - 끈기
3 학 년	- - - -	- 자기 결정과 자기통제 - 자신에 대한 이해와 성찰 - 기본생활습관 - 기본학습습관 - 건강관리	- 정보 수집 - 정보 분석 및 평가 - 정보 선택 및 활용 - 매체활용능력 - 정보윤리	- 인지적, 정의적, 환경적 측면을 통합해서 생각 - 창의적 사고 - 비판적 사고
4 학 년	- 문해력 - 기초 연산 - 적응 및 자신감	- 정리 정돈 - 시간 관리 - 학습 습관 - 감정 조절	- 정보 수집 - 정보 분석 및 평가 - 정보 선택 및 활용 - 매체활용 능력	- 독창성 - 유통성 - 융통성 - 정교성
5 학 년	- 문해력 - 수리력 - 자기 주도 학습 능력 - 감성	- 감정조절 - 자기통제	- 문제인식 - 문제 해결 방안 탐색 - 해결 방안의 실행 및 평가 - 매체 활용 능력 - 지식 정보의 수집 분석 및 활용 능력	- 유창성 - 독창성 - 정교성 - 융통성 - 과제집착력
6 학 년	- 문식성 - 언식성 - 수리력 - 도해력	- 자아 정체성 인식 - 자기 조절 및 통제 - 기본 생활 습관 - 기본 학습 습관 - 긍정적 인식	- 논리적 사고 - 문해 해결적 사고 - 탐구적 사고 - 비판적 사고 - 반성적 사고 - 정보에 대한 조사 및 선별 능력	- 특정 분야에 대한 전문적 지식 및 기능 - 과제 집착력 - 정교성 - 유창성 - 융통성 - 독창성

---

8) 핵심역량의 하위 요소를 추출하기 위해 지금까지 했던 학년 프로젝트 수업의 성취기준과 주요 내용, 해당 학년 학생의 발달적 특성 등을 분류하여 정리한 표이다. 여러 번 수정 작업을 거치면서 현재는 일부 내용이 삭제되었다. 구글 도구를 활용하여 하나의 파일에 함께 작업할 수 있었던 점이 효과적이었다.

구미봉곡초등학교 핵심역량 하위요소

	심미적 감성 역량	의사소통 역량	공동체 역량
1학년			
2학년	- 미적 감각 - 문화적 다양성 및 감수성 - 감상 능력 - 의미있고 행복한 삶의 추구와 향유 - 오감 교육: 놀이를 통한 오감 체험	- 경청 - 상황 파악 능력 - 공감적 이해: 다름에 대한 인정 - 담화 이해 및 구성 능력	- 책임 의식 - 윤리성: 질서 규칙에 대한 타율적 준수 - 정서적 안정감 - 놀이를 통한 협력적 의사소통
3학년	- 문화(개인, 타인, 사회적 현상) 적 소양(지식) - 문화적 상상력 (관찰, 탐구, 경험, 공감적 이해) - 문화적 표현 - 다양한 가치에 대한 개방적 태도 반성적 성찰 - 의미있고 행복한 삶의 추구와 향유(정서적 안정감)	- 의사소통 도구 및 맥락에 대한 이해(지식) - 의사소통 과정에서 의미 수용과 평가(기능) - 의사소통 과정에서 의미 생산과 표현(기능) - 의사소통의 점검과 조정(기능) - 의사소통 과정에서 참여자에 대한 존중(태도) - 의사소통에서의 적극성과 책임감(태도)	1) 개인적 가치(자신과의 관계) 2) 사회적 가치(타인과의 관계) 3) 사회관습적 가치(사회 공동체와의 관계) 4) 인류적 가치(자연초월적 관계)
4학년	- 문화적 소양 - 문화적 상상력 - 다양한 문화의 가치 존중 - 행복한 삶의 추구	- 의사소통 도구 및 맥락에 대한 이해(지식) - 의사소통 과정에서 의미 수용과 평가(기능) - 의사소통 과정에서 의미 생산과 표현(기능) - 의사소통의 점검과 조정(기능) - 의사소통 과정에서 참여자에 대한 존중(태도) - 의사소통에서의 적극성과 책임감(태도)	- 규칙 준수 - 통일 - 문화적 다양성
5학년	- 다양한 가치에 대한 존중 - 타인에 경험 및 인간에 대한 공감 능력 - 의미 있고 행복한 삶의 추구와 향유	- 타인 이해 및 존중 - 갈등 조정 능력 - 경청 → 공동체 역량과 구분이 모호함. 공동체 역량과 핵심기초 역량으로 나누어 분산하면 좋겠음.	- 준법 정신 - 참여와 책임의식
6학년	- 문화적 감수성 - 다원적 가치 - 존중공감 - 상상력	- 의사소통 도구 및 맥락에 대한 지식 이해 - 의사소통 과정에서 의미 수용과 평가 - 의사소통 과정에서 의미 생산과 표현 - 의사소통 과정에서 참여자에 대한 존중	- 윤리의식 - 준법정신 - 시민의식(세계시민성)

'6년의 배움' T/F의 논의 결과는 겨울방학과 2020학년도 종업을 맞이하는 날 교사 다모임을 통해 발표하였다. 이는 학교교육과정의 방향을 미리 안내하여 다음 학년도 학년 교육과정 설계에 반영할 수 있도록 하기 위함이었다.

역량 중심 학교교육과정 체계(안)

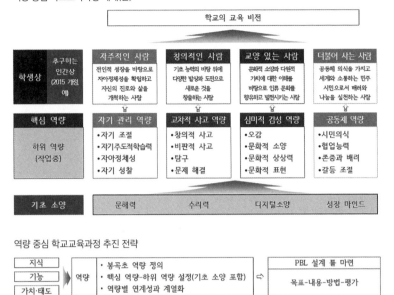

역량 중심 학교교육과정 추진 전략

역량 교육과정 체계 및 전략 (2021년 1월) [9]

학교교육과정의 위계와 범위 - 역량 배움 지도

　우리 학교의 핵심역량과 역량의 하위 요소를 설정한 후, 핵심역량을 녹여
낼 수 있는 학교교육과정의 틀을 만들기 시작했다. 학교의 핵심역량을 선정
했지만 이를 함양하기 위해 학년이나 학급에서 무엇을 해야 하는지에 대한
안내가 필요하였다. 이 지점에서 많은 고민이 있었는데 안내가 어느 정도 수
준에서 이루어져야 하는지 판단하는 게 쉽지 않았다. 학교교육과정이 너무

---

9)　이 그림에서는 〈부록〉에 나타나지 않은 하위 역량과 기초소양이 보인다. (자기 관리 역량 - 자기 성찰, 고차적
　사고 역량 - 비판적 사고, 심미적 감성 역량 - 오감 및 문화적 표현, 공동체 역량 - 시민의식) 이 영역은 후에 6년
　의 배움을 체계화하는 과정에서 다른 역량과 통합하거나 삭제한 부분이다. 예를 들어 공동체 역량의 시민의식,
　기초소양의 성장 마인드 등은 공동체 역량이나 자기 관리 역량이 길러졌을 때 나타나는 결과적인 모습으로 판
　단했기 때문에 삭제하게 되었다.

구체적이면 교사의 선택권을 침해하고 자율적인 교사 교육과정 실현이 어려워진다. 하지만 반대로 목록 수준으로만 제시하면 설계된 학교교육과정에 대한 구성원들의 이해 차이로 의도한 바가 실현되기 어렵다.

많은 논의 끝에 기존 학교 교육 활동을 관련 있는 핵심역량 별로 정리하고, 이를 1~6학년까지 체계적으로 정리하여 역량 배움 지도를 만들기로 하였다. 지도는 목적지에 도달할 수 있도록 안내하는 역할을 하지만 반드시 하나의 길을 강요하지 않는다. 우리 학교의 역량 배움 지도 역시 핵심역량을 함양할 수 있는 방향을 제시하지만, 학년의 자율성을 해치지 않도록 길을 안내하는 역할을 할 수 있도록 제작하였다. 또한 각각의 핵심역량이 가지고 있는 고유의 특성이 다르므로 그 특성에 맞추어 활동을 계열화하였다. 예를 들면 고차적 사고 역량은 학년 활동의 수준이 심화될 수 있도록 하였고 공동체 역량은 활동 범위를 점차 넓혀가도록 정하였다. 역량 배움 지도의 제작은 겨울방학 동안 주 1회씩 모여 작업하고 2021학년도 교육과정 준비 주간에 선생님들께 안내하기로 하였다.

기초소양 또한 무엇을 어떤 방법으로 길러주어야 할지 안내가 필요했다. 3가지 기초소양 중 문해력은 교내 자발적인 교사 모임인 문해력 동아리의 도움을 받았다. 문해력의 요소를 한글 해득, 사실적 이해 및 표현, 추론적 이해 및 표현, 평가적 이해 및 표현으로 나누고, 이를 학년별 성취 수준으로 제시하였다. 다만 학년별 성취 수준은 최소한의 정보만 남겨놓은 것이기 때문에 학년에서 수업을 통해 제대로 구현하기 위해서는 학교 구성원 전체의 이해 수준이 높아져야 했다. 문해력 동아리에서 활동하는 선생님들이 각 학년에서 교육과정에 반영하도록 노력하고 교사 다모임이나 연수를 통해 이를 지속적으로 공유하기로 하였다.

수리력은 다른 핵심역량에 비해 고민할 수 있는 시간적 여유가 다소 부족했고 또한 구성원들의 공부와 역량이 부족했기에 제대로 된 성과를 낼 수 없었다. 아쉽지만 부족한 부분이 있음을 인정하고 장기적인 관점에서 관심을 가지고 수리력 교육과정 체계를 만들어가기로 하였다. 수학과는 다른 교과에 비해 학습의 계열성이 무척 강한 교과이다. 한 학년에서 결손이 있으면 이후의 학년에서 학습이 제대로 이루어질 수 없다. 수리력을 길러주기 위해서는 일단 계열성이 강한 학습 요소를 정해 해당 학년에서 필수적으로 달성할 수 있도록 노력하기로 하였다. 또한 단순히 원리를 이해하고 계산을 잘하는 것을 넘어 실제 문제 상황 속에서 수학적 사고를 활용할 수 있는 활동을 학년 교육과정에 반영하기로 하였다.

코로나 상황과 원격 수업은 디지털 소양의 중요성을 더욱 강하게 느끼게 하였다. 4차 산업혁명이니 인공지능 시대니 하는 이야기를 접어두고라도 디지털 강국의 디지털 네이티브라고 불리는 세대이지만 실상은 본인 학급 SNS에 로그인하는 것조차 어려워하는 경우가 많다. 디지털 기기를 가까이하고 이를 활용하는 시간이 폭발적으로 늘어난 세대이지만 이를 생산적으로 활용하는 것에는 특별한 교육이 필요하다는 의견에 모두 공감하였다. 하지만 전체적인 학습량에 대한 고민을 하지 않을 수 없었다.

학년과 학급에서 해야 할 과업의 양이 너무나도 많았다. 한정된 수업 시수를 통해 길러주고 성취해야 할 기준이 자꾸 늘어나면 어느 것 하나 제대로 할 수가 없다. 교사 또한 모든 분야에 능통할 수 없다. 이에 디지털 소양은 디지털 역량이 강한 전담 교사를 두고 꾸준히 연습해야 할 부분은 학급에서, 다소 전문적인 부분은 전담 교사가 지도할 수 있도록 두 가지 운영 전략을 구성했다. 정보 윤리나 기초 컴퓨터 도구 활용과 절차적 사고는 학급에서 성취 수준을 정해 꾸준히 지도하고, 프로그래밍이나 AI 학습은 전담 교사가 창의적 체험활동 동아리 활동 시간과 실과 수업 시간을 이용하여 지도하기로 하였다.

6년의 배움 얼개

　　2020학년도 겨울방학 동안 정리한 역량 배움 지도는 〈부록〉과 같다. T/F 모임의 결과를 2021학년도 교육과정 준비 주간에 선생님들께 안내하였다. 학년에서는 각 핵심역량 함양을 중점으로 하는 프로젝트 수업을 1가지씩 설계·운영하도록 하였다. 또 심미적 감성 역량 함양에 도움을 주기 위해 예술교과 집중이수제[10]를 도입하였고 자기 주도적 학습을 위해 5, 6학년은 학생 생성 교육과정[11]을 여름 창의체험도전주간에 운영하도록 권장하였다. 또 학교교육과정의 공유 및 소통을 위해 매월 2주 수요일은 수업 다모임을, 4주 수요일은 소통 다모임을 진행하기로 하였다.

---

10)　예술 교과 집중이수제: 심미적 감성 역량 강화에 도움을 주기 위해 음악, 미술 수업에 분야별 전문 강사를 초빙하여 실시하는 협력수업. 우리 학교는 국악(3~4학년), 회화(3학년), 서예(4학년), 조소(5학년), 디자인(6학년) 5가지 영역에서 연간 30시간씩 집중이수제를 실시하고 있다.

11)　학생 생성 교육과정: 학생이 주도적으로 자신의 배움을 계획하고 실행하며 성찰하는 교육과정. 이를 통해 학생의 교육과정 결정 및 선택권을 보장하고 학습자 주도성(student agency)을 키울 수 있는 기회를 제공할 수 있다. 경상북도교육청은 2022학년도부터 3~6학년 학생들을 대상으로 학교 자율시간 15차시 내외를 확보하여 학생 생성 교육과정을 운영하도록 권장하고 있다.

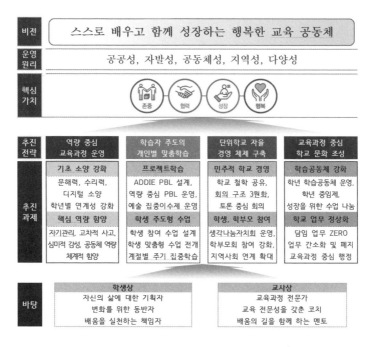

비전	스스로 배우고 함께 성장하는 행복한 교육 공동체			
운영 원리	공공성, 자발성, 공동체성, 지역성, 다양성			
핵심 가치	존중	협력	성장	행복

추진 전략	역량 중심 교육과정 운영	학습자 주도의 개인별 맞춤학습	단위학교 자율 경영 체제 구축	교육과정 중심 학교 문화 조성
추진 과제	**기초 소양 강화** 문해력, 수리력, 디지털 소양 학년별 연계성 강화	**프로젝트학습** ADDIE PBL 설계, 역량 중심 PBL 운영, 예술 집중이수제 운영	**민주적 학교 경영** 학교 철학 공유, 회의 구조 3원화, 토론 중심 회의	**학습공동체 강화** 학년 학습공동체 운영, 학년 중임제, 성장을 위한 수업 나눔
	핵심 역량 함양 자기관리, 고차적 사고, 심미적 감성 공동체 역량 체계적 함양	**학생 주도형 수업** 학생 참여 수업 설계 학생 맞춤형 수업 전개 계절별 주기 집중학습	**학생, 학부모 참여** 생각나눔자치회 운영, 학부모회 참여 강화, 지역사회 연계 확대	**학교 업무 정상화** 담임 업무 ZERO 업무 간소화 및 폐지 교육과정 중심 행정

바탕	**학생상** 자신의 삶에 대한 기획자 변화를 위한 동반자 배움을 실천하는 책임자	**교사상** 교육과정 전문가 교육 전문성을 갖춘 코치 배움의 길을 함께 하는 멘토

2021학년도 구미봉곡초 학교운영방침 얼개[12]

---

12) ADDIE 모형은 교육적 요구를 분석(Analysis)하여 해결 대안을 찾아내고, 이를 실행하기 위한 교육과정을 설계 (Design), 개발(Development), 실행(Implementation)하고 그 결과를 평가(Evaluation)하는 체제적 교수·학습 설계 모형이다. 우리 학교는 ADDIE모형을 기반으로 프로젝트 수업을 설계하고 있다.

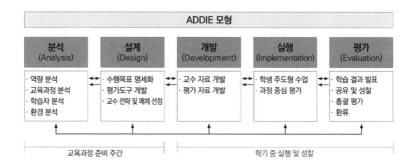

ADDIE 모형				
분석 (Analysis)	**설계** (Design)	**개발** (Development)	**실행** (Implementation)	**평가** (Evaluation)
·역량 분석 ·교육과정 분석 ·학습자 분석 ·환경 분석	·수행목표 명세화 ·평가도구 개발 ·교수 전략 및 매체 선정	·교수 자료 개발 ·평가 자료 개발	·학생 주도형 수업 ·과정 중심 평가	·학습 결과 발표 ·공유 및 성찰 ·총괄 평가 ·환류

교육과정 준비 주간   학기 중 실행 및 성찰

그리고 학교교육과정 운영 결과나 교육 활동을 학부모나 학교 외부에 쉽게 공유할 수 있게 '봉곡초.com'이라는 인터넷 사이트를 운영하기로 하였다. 이미 우리 학교의 교육과정 운영 자료를 얻고자 하는 문의는 많이 있었다. 하지만 기존에 만들어오던 프로젝트 사례집은 한글 문서나 PDF 파일로 만들어 접근성이 떨어졌고 사진이나 동영상, 서식 같은 멀티미디어 자료를 공유하기 어려웠다. 그래서 여러 사람이 협업하여 쉽게 제작할 수 있고 모바일로도 편하게 볼 수 있게 반응형 웹 디자인을 제공하는 구글 사이트에 학교교육과정 운영 결과를 탑재하였다. 또한 인터넷 주소창에서 쉽게 접근할 수 있게 '봉곡초.com'이라는 한글 도메인을 구입하여 매칭하였다. 여기에 프로젝트 수업 결과와 학교 교육 활동 소식지인 월간 봉곡, AI 교육 선도학교와 학교 공간 혁신 자료를 탑재하고 외부에 공유하기로 하였다.

프로젝트 수업 사례   월간 봉곡

구미봉곡초등학교 교육활동 공유 사이트 '봉곡초.com'

'6년의 배움' 도입으로 우리 학교 교육이 전환점을 맞이하게 된 것은 확실했다. 다만 구체적인 자료도, 사례도 살펴보기 힘든 역량 교육에 대하여 학교 구성원들이 많이 어려워했다. 우선 역량이 너무 추상적인 개념이다 보니 역량이 무엇인지, 역량 교육과정은 기존의 교육과정과 무엇이 달라야 하는지 혼란스러워했다. 역량을 중점으로 하는 프로젝트 수업을 어떻게 설계해야 하는지, 기존의 프로젝트 수업과 무엇이 달라야 하는지에 대한 의문을 해소하지 못했다. 역량 함양을 위해 무엇을 어떻게 해야 하는지, 평가는 어떻게 해야 하는지, 참고할 수 있는 사례가 딱히 없어 더욱 명확한 지침을 주길 바라는 선생님이 많았다. 역량에 대해 제대로 알게 된 다음 역량 교육과정을 시작해야 한다는 의견이 계속 나왔고 심지어 보여주기 위한 형식적인 교육과정이라는 비판도 있었다.

2021학년도가 시작된 이후에도 '6년의 배움' T/F 모임을 한 달에 한 번씩 운영했지만, 방학 중 모임처럼 밀도 있는 논의를 하기 어려웠다. 또 장시간 모임을 운영하면 학년 학습공동체 운영에 지장을 줄 수 있어 의미 있게 모임을 진행할 수 없었다. 그렇지만 교사 다모임을 통해 학년의 수업 사례와 고민을 매월 공유하였고, 2015 개정, 2022 개정 교육과정 개발 책임자인 온정덕 교수를 초청하여 역량 교육에 대한 이해를 높이는 기회를 가졌다.[13]

---

13) 2021.7.7. 경북열린교육교과연구회의 주관으로 역량 교육과정 연수인 역량 토크 콘서트를 구미봉곡초등학교에서 개최하였다. 이 연수는 당시 구미봉곡초에서 만들어가고 있던 역량 교육과정을 소개하고, 온정덕 교수가 역량의 특성과 교육 방법에 대해 안내하여 역량 교육과정에 대한 이해를 높이는 계기를 만들었다. 이 연수는 https://youtu.be/R20qDTTZ_RM에서 다시 볼 수 있다.

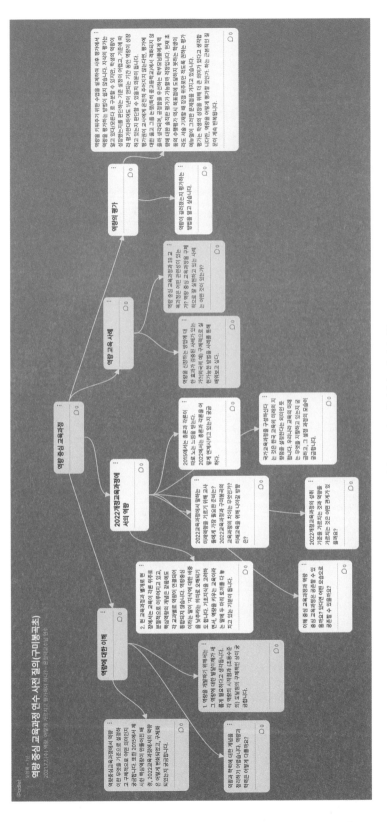

역량 토크 콘서트 전 선생님들의 질의 내용

역량의 특성과 역량 교육 방법(온정덕 교수)

· 역량은 학습 가능하며 발달적이다.

· 역량은 총체성을 띤다.

· 역량은 수행으로 나타난다.

· 역량은 개인적인 능력이면서 동시에 개인 간 상호작용이 강조된다.

· 역량을 갖춘 사람은 변화하는 상황과 요구에 유연하게 대응할 수 있으며, 이와 같은 역량의
  성격을 전이(transfer)라는 용어로 표현한다. 이러한 능력을 갖추어 주기 위해서는 많은 내
  용을 전달하는 것에 머무르지 않고 학생들에게 실제로 문제를 해결하고 과제를 수행할 수
  있는 경험을 제공해야 한다.

· 역량 개발 과정에서의 교육 내용

 - 개인이 살아가는 삶 속에서 다양한 경험을 통해 구성하고 발전시켜 나갈 수 있는 생성적
   성격을 띠어야 한다.

 - 새로운 상황이나 문제에서 유용하게 적용할 수 있도록 전이 가능한 지식을 포함해야 하
   고 이는 사고 기능과 탐구, 문제해결 과정을 통해 학습되어야 한다.

 - 지식과 기능을 획득하는 과정에서 가치와 태도를 형성할 수 있도록 이를 교육 내용으로
   삼아야 한다.

· 역량은 학생들의 수행을 통해 드러나므로 수행평가가 강조된다.

· 팀티칭, 협력학습, 블록타임, 지역사회 연계 등의 노력은 모두 학생들의 의미 있는 학습
  (authentic learning)을 위한 도구이다.

 2021년 여름방학에는 다시 주 1회씩 '6년의 배움' T/F 모임을 했다. 모임
에서는 핵심역량이 가진 추상성을 극복하기 위해 하위 역량을 구성하는 요
소를 구체적으로 세분화하는 작업을 하였다. 역량을 세분화한 잣대가 있어
야 이러한 역량이 각 학년의 교육 활동을 통해 골고루 다루어질 수 있고, 역
량이 길러졌는지 평가할 수 있다. 이 작업을 위해 IB^International Baccalaureate 의
ATL^Approaches To Learning 을 번역하여 참고했다. IB의 ATL은 학생들이 더 나은 학
습자가 되는 데 도움이 되는 다양한 기술이다. 사고하는 기술, 사회적 기술,
의사소통 기술, 자기관리 기술, 조사 기술의 다섯 가지 영역에서 학습에 필요

한 기술을 제시하고 있다. 역량은 수행의 과정에서 드러나고 이는 기능의 형태로 보일 때가 많다는 점, ATL 영역이 우리 학교의 핵심역량과 유사하다는 점 등을 고려했을 때 이를 잘 활용하면 핵심역량을 직관적이고 구체적으로 설명할 수 있는 잣대를 만들 수 있다고 생각했다. 그리하여 각 핵심역량의 하위 역량별로 학생들이 달성해야 할 역량의 성취 수준을 나타내는 역량 잣대를 2~3가지씩 설정하였다.

구미봉곡초 역량 배움 지도 - 역량 잣대(1차)

핵심역량	자기 관리 역량		
하위 역량	자기 조절	자기주도적 학습력	자아정체성(자아성찰)
역량 잣대	- 시간을 효율적으로 관리하기 - 과제를 효율적으로 관리하기 - 자신의 학습을 위한 환경 만들기	- 학습 목표 달성을 위한 전략을 수립하고 실천하기 - 학습의 과정과 결과를 효과적으로 정리하기 - 자신의 학습 전략을 성찰하고 개선하기	- 자신의 감정을 이해하고 관리하기 - 자신을 객관적으로 바라보기 - 자신의 삶의 방향성 찾기

핵심역량	심미적 감성 역량		
하위 역량	문화적 소양	문화 향유	다양한 가치 존중
역량 잣대	- 오감을 이용하여 자연과 문화 경험하기 - 여러 가지 자료와 매체와 도구를 사용하여 감각 발현하기 - 예술 작품, 문화에 대한 배경 및 맥락에 대해 탐구하기	- 자신의 생각과 느낌을 가지고 작품 창작하기 - 작품의 가치를 발견하고 평가하기 - 예술, 문화와 관련된 경험을 통하여 새로운 문화를 공유하기	- 서로 다른 가치를 수용하고 존중하기 - 다양한 문화를 이해하고 존중하기

핵심역량	고차적 사고 역량		
하위 역량	창의적 사고	탐구(비판적 사고)	문제 해결(비판적 사고)
역량 잣대	- 새로운 아이디어와 질문 생성하기 - 다양한 관점에서 유연하게 생각하고 표현하기 - 기존 작품과 아이디어를 개선하거나 새로운 방식으로 활용하기	- 문제를 인식하고 관련 자료를 수집하기 - 수집된 정보를 분석하여 합리적 결론과 일반화 도출하기 - 다양한 관점에서 비판적으로 해석하고 이해하기	- 문제를 발견하고 문제의 원인을 분석하기 - 자료를 수집하고 지식과 기술을 결합하여 다양한 해결책 제안하기 - 합리적인 평가 기준을 세워 타당한 해결방안을 정하기

핵심역량	공동체 역량		
하위 역량	협업 및 갈등조절	나눔과 배려	참여와 책임
역량 잣대	- 언어적, 비언어적 의사소통 방식을 효과적으로 사용하기 - 다른 사람과 협업하기 - 갈등을 조절하고 해결하기(다른 관점과 아이디어 경청하기, 협상, 공정하게 결정하기)	- 타인이 성장할 수 있도록 기여하기 - 다른 관점을 인정하고 수용하기	- 공동의 문제에 주인의식 가지기 - 자신의 행동에 대한 책임감 가지기 - 규칙이나 역할 준수하기

여름방학 동안 작업한 역량 잣대는 핵심역량을 조금 더 세분화하여 구체적으로 제시하는 역할을 할 수 있었다. 하지만 각 학년 군에서 어떤 교육 활동이나 수행과제를 제시해야 하는지를 나타내기에는 다소 부족했다. 예를 들어 자기 관리 역량(핵심역량) - 자기 조절(하위 역량)의 '시간을 효율적으로 관리하기'라는 잣대를 각 학년 교육과정에 반영하는 상황을 살펴보자. 학년에서는 시간을 효율적으로 관리한다는 것이 어떤 의미인지, 목표 수준을 어느 정도로 설정해야 하는지, 어떤 방식으로 지도해야 하고 어떻게 평가해야 하는지 혼란이 올 수밖에 없다. 잣대에 대한 해석이 주관적이면 학년 간 연계를 확보하기 어려워진다.

이러한 어려움을 고려하여 2021학년도 겨울방학 동안 '6년의 배움' T/F 모임에서는 역량 잣대를 더욱 세분화하는 논의를 하였다. 기존의 역량 잣대를 역량 요소라는 이름으로 바꾸고 역량 요소별 잣대를 학년 군별로 세분화하여 제시하기로 하였다. 또한 도달을 알 수 있는 구체적인 성취 수준으로 나타내기 위하여 조건과 기능 및 태도를 포함하여 나타냈다. 다만 이 작업을 하면서 구성원들이 제시한 가장 큰 우려는 또 다른 성취기준이 만들어지게 될 수 있다는 점이었다. 국가교육과정을 소화하기에도 벅찬 마당에 프로젝트 수업도 하고 역량 잣대도 따로 가르치기에는 부담이 너무 크다는 의견이었다. 그래서 역량 잣대가 별도로 가르쳐야 하는 또 다른 성취기준이 되지 않도록 내용적인 부분은 역량 잣대에 포함하지 않는 것으로 하였다. 개발한 역량 잣대는 학기 초, 학년 교육과정을 계획할 때 프로젝트 수업을 하는 과정에서 다루게 되는 역량 잣대와 평소 교과 수업과 생활지도에서 다루게 되는 역량 잣대를 분류하게 하였다. 예를 들어, 3~4학년 군의 자기 관리 역량에서 '선택한 프로젝트의 목적과 역할을 인식하고 계획을 세워 실천할 수 있다.'라는 역량 잣대는 프로젝트 수업 과정에서 다루고, '시간을 정하여 수업에 필요한 학습

용구를 미리 준비할 수 있다.'라는 역량 잣대는 매일 생활지도하는 과정에서 강조하여 습관으로 기를 수 있다. 이를 통해 수업과 생활지도의 지향점을 분명히 할 수 있었다. 국가교육과정의 범위 내에서 학교교육과정을 통해 역량을 함양하는 최선의 전략이라고 판단했다.

기초소양 또한 학년 또는 학년 군별 도달 정도를 명확히 알 수 있도록 다시 정리하였다. 제시하는 내용이 너무 많거나 적지 않게 적정화하여 하나의 표로 나타냈다. 새롭게 정리한 역량 잣대는 〈부록〉을 참조하였으면 한다.

3 '6년의 배움'
교수·학습 방법

배움과 삶의 연계 - PBL에서 PBL로

'6년의 배움' T/F 모임에서는 우리 학교의 핵심역량을 설정한 후 개념을 정의하고 이를 실질적으로 교육과정에 반영할 수 있도록 체계화하고 구체화하였다. 하지만 역량이 학생들의 수행을 통해 드러나므로 우리 학교의 프로젝트 수업이 지향하는 바를 명확하게 정리하는 것 또한 해결해야 할 과제였다. 역량이 실제적인 문제 상황을 해결해 가는 과정에서 길러질 수 있다는 점을 고려했을 때 기존의 프로젝트 중심의 PBL^{Project Based Learning}보다 문제 해결 중심의 PBL^{Problem Based Learning}이 적합하다는 판단을 하였다.[14] 유네스코 2050 교

---

14) 문제 중심 학습(Problem Based Learning)은 크게 보면 프로젝트학습(Project Based Learning)에 속한다. 둘 다 학생이 스스로 학습을 계획·실행하고, 교사는 안내자의 역할이 강조된다는 공통점이 있다. 다만 문제 중심 학습이 프로젝트학습과 다른 점은 교사가 학습 내용을 가르쳐주기 전에 먼저 문제를 제시하여 학생들이 이를 해결하는 과정에서 학습이 일어날 수 있게 한다는 것이다.

육보고서에서도 문제 제기식 교육[Problem-posing education]으로 학습자의 문제 인식과 문제해결 능력을 의도적으로 육성할 것을 제안하고 있다. 문제 기반 학습법이 지식의 필요성을 약화시키지 않으면서 오히려 지식을 살아있는 역동과 적용의 장에 놓아준다고 보고 있다.[15)]

프로젝트 수업을 처음 학교 차원에서 도입했던 시기에는 선생님들이 프로젝트 수업을 보다 많이 할 수 있도록 양적 확대가 필요했고, 자유로운 시도를 허용해야 했다. 또, 학년 특성이나 교과, 주제에 따라 다양한 프로젝트 수업이 필요했기에 특정한 프로젝트학습 방법을 학교에서 정하지 않았다. 다년간의 노력으로 프로젝트 수업이 정착되고 양적, 질적인 측면에서 많은 성장을 거두었다. 하지만 교사 주제망 중심의 프로젝트가 주가 되면서 학생의 흥미나 자발성을 불러일으키지 못할 때가 많았고, 학년 간 연계성이 부족한 문제점이 있었다.

2022학년도를 준비하기에 앞서 문제 중심 학습[PBL]에 대한 학교 구성원들의 이해를 높이기 위해 관련 도서를 겨울방학 동안 읽어 올 수 있도록 배부하였다.[16)] 2022학년도 교육과정 준비 주간 첫날, 장경원 교수를 초청하여 문제 중심 학습에 대한 연수 시간을 가졌다.

문제 중심 학습(PBL)에 대한 이해와 실천(장경원 교수)

· 문제 중심 학습은 학습자들에게 실제적인 문제를 제시하여, 학생들이 제시된 문제를 해결하기 위해 학습자들이 협력하여 문제를 분석하고 개별학습과 협력학습을 통해 문제 해결 방안을 도출하는 과정에서 학습이 이루어지는 교수·학습 방법이다.

---

15) 유네스코한국위원회(2021). 유네스코 2050 교육보고서 p59.

16) 함께 읽은 도서는 'PBL로 수업하기(최정임, 장경원 공저)', '알고 보면 만만한 PBL 수업(장경원 외 6명 공저)'이다.

· 문제 중심 학습의 주요 특성
  - 문제 중심 학습에서는 문제로부터 학습이 시작된다.
  - 문제 중심 학습은 학습자 중심의 학습 환경이다. 문제 중심 학습에서는 교수자의 강의를 통해 지식이 전달되는 것이 아니라 학습자의 활동을 통해 학습이 진행된다.
  - 문제 중심 학습에서는 그룹 활동을 중심으로 학습이 진행된다.
  - 문제 중심 학습에서는 자기 주도적 학습을 통해 새로운 지식을 습득한다.
  - 문제 중심 학습에서는 교수자의 역할이 '지식 전달자'에서 '학습 진행자 또는 촉진자'로 전환된다.
· 문제 중심 학습에서의 문제는 비구조성, 실제성, 관련성, 복잡성의 성격을 갖고 있다.

바람직한 문제	바람직하지 않은 문제
· 다양한 해결방안이나 전략이 제시될 수 있는 문제 · 실세계에서 발생하는 문제 · 학습할 질문을 학생들이 생성할 수 있는 문제 · 학생들의 경험과 연계된 문제 · 협력학습이 필요한 과제	· 한 가지 해답만 있는 문제 · 주요 개념이나 내용의 제목을 그대로 붙인 문제 · 학습할 질문을 교수자가 제시한 문제 · 학습자의 경험과 동떨어진 문제 · 혼자서도 해결할 수 있는 과제

· 문제 중심 학습을 시작하기 전에 학습자들에게 문제 중심 학습을 소개하고 연습 기회를 제공해야 한다.
· 교수자는 학습자들의 문제 해결 과정을 지켜보면서 필요한 경우에 질문을 제공한다.
· 학습자들이 문제 해결안을 발표한 후에는 교수자가 주요 내용을 종합 정리해야 한다.
· 같은 문제라도 정보의 양을 다르게 제공하는 것으로 다양한 연령의 학습자에게 제시할 수 있다.

깊이 있는 학습 - 개념 기반 학습

역량 교육과정에서 교육 내용은 전이 가능한 지식을 중심으로 설계해야 한다. 전이는 지식의 구조를 고려해볼 때, 사실적 지식을 기반으로 개념이나 일반화, 원리와 같은 수준의 내용을 다룰 때 발생한다. 모든 정보가 우리의 손끝에 있는 이 세대에서 우리는 가르침이 사실적 지식수준을 넘어 학생들

이 지식, 기술, 이해와 지성으로 무장한 적응력 있고 개념적인 사고가 될 수 있도록 해야 한다.[17]

　개념 기반 학습은 학생들이 전이 가능한 개념 이해를 형성하는 것에 초점을 두는 학습 방법이다. 오래전부터 지식 위주의 교육보다 지식과 기능을 넘어 배운 정보들을 연결하고 패턴을 찾는 개념적인 이해로 이끌어야 다양한 상황과 맥락으로 전이가 일어날 수 있다고 하면서 개념 기반 학습을 강조하고 있다. 2022 개정 교육과정에서도 같은 맥락으로 역량의 함양과 함께 개념적 이해를 강조하고 있다.

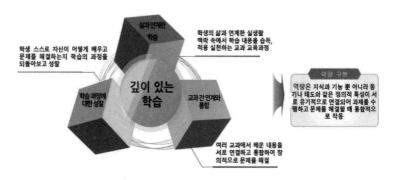

2022 개정 교육과정 - 교과 교육과정 개발의 지향점[18]

　우리 학교는 아직 개념 기반 학습을 전면 도입하지 않았다. 일부 학년 공동체에서 개념 기반 학습의 필요성을 느껴 함께 연구하고 수업에 적용하고 있다. '6년의 배움'이 한층 더 발전하기 위해서는 '깊이 있는 학습'이 필수적으로 이루어져야 한다. 교과를 융합한 프로젝트학습으로 역량 교육을 하는 것과 동시에 분절적으로 지도할 수밖에 없는 교과 학습에서는 '깊이 있는 학습'

---

17)　Carla Marschall 외(2021). 생각하는 교육과정과 수업을 위한 개념 기반 탐구학습의 실천. 학지사
18)　교육부. 2022 개정 교육과정 총론 시안. p33.

을 이끄는 개념 기반 탐구학습으로 역량의 기반을 다지는 것이 필요하다. 우리 학교 '6년의 배움'의 다음 과제는 개념 기반 학습에 대한 학교 구성원의 이해를 높이고 함께 실천하는 일이 될 듯하다.

4 함께 만들어가는 학교교육과정 '6년의 배움'

교사 다모임을 통해 만들어지는 학년 간의 연계성

우리 학교는 매월 2, 4주 수요일에 전 교원이 모이는 교사 다모임을 운영한다. 2주 수요일에는 학년별 프로젝트 수업의 결과나 계획을 공유하는 수업 다모임을, 4주 수요일에는 학교의 중요한 결정 사안을 의논하거나 연수, 친목의 시간을 가지는 소통 다모임을 하고 있다. 우리 학교의 교사 다모임은 우수 사례로 소문이 나서 최근 많은 학교에서 참관을 오고 있다.

학교의 역량 교육과정을 만드는데 교사 다모임은 큰 비중을 차지한다. 학년별로 한 달에 한 번씩 전체 교사들 앞에서 학년 교육 활동을 소개하는 일은 부담스러운 일이다. 하지만 대부분의 교육 활동이 학년 공동체를 중심으로 자율적으로 이루어지는 우리 학교의 특성상 교사 다모임은 자율과 의무 사이의 균형을 맞춰주는 역할을 한다. 또 학년의 교육 활동을 소개하고 듣는 시간을 가짐으로써 자연스럽게 함께 공부하고 성장하는 교육과정 중심의 학교 문화를 만들어가는 역할을 하고 있다.

역량 교육의 측면에서 보면, 교사 다모임은 학년 간 연계성을 높이는 큰 역할을 하고 있다. 다른 학년의 교육 활동을 들으면 자연스럽게 자기 학년의 교육 활동과 비슷한 점과 다른 점을 확인할 수 있다. 이를 토대로 이전 학년의 교육 활동을 심화, 발전시키기도 하고 다음 학년 교육 활동의 토대 마련에 초점을 맞추기도 한다. 또한 역량 배움 지도에 제시된 성취 수준을 어떻게 교육 활동에 녹여내야 할지 함께 고민하고 성찰할 수 있는 연구의 장이 되기도 한다. 다음은 교사 다모임에서 교사들이 실제로 이야기한 내용이다.

A교사: 학년 초 3학년에서 학생들이 한 문장 쓰는 것을 어려워한다는 고민을 말씀하셨습니다. 그래서 2학년에서는 올 한 해 문장 쓰기 활동에 더욱 중점을 두고 지도하기로 하였습니다. (문해력 연계)

B교사: 5, 6학년 프로젝트 수업 사례를 볼 때 4학년에서 크롬북 사용법과 기초 타자, 기본적인 구글 도구 활용법을 익혀서 올려야 된다는 생각이 들었습니다. (디지털 소양 연계)

C교사: 탐구의 가장 기초적인 단계는 관찰이라고 생각하기 때문에 3학년에서도 관찰 프로젝트를 계획하였습니다. 2학년의 관찰 프로젝트와 3학년의 관찰 프로젝트의 차이점은 주제와 수업 활동이 확장된 것입니다. 2학년 프로젝트는 '감각'을 체험하는 것에 목적이 있습니다. 3학년의 관찰 프로젝트는 대상과 범위를 더욱 확장해서 과학적 도구를 활용한 관찰을 익히게 됩니다. (고차적 사고 역량 연계)

구미봉곡초 교사 다모임(수업)

우리 학교의 역량 교육과정인 '6년의 배움'을 설계하기 위해 지난 2년간 많은 노력을 기울였다. 다만 아직 완성되었다고 하기는 어려운 수준이다. 앞으로 교사 다모임을 통해 학교 구성원들이 함께 연구하고 실행하며 성찰하는 시간을 지속적으로 가진다면 분명히 괄목할 만한 수준의 역량 교육과정이 만들어질 수 있으리라고 기대한다.

'6년의 배움'의 의의

● '해봤다'를 넘어 '할 수 있다'에 도달하는 교육과정

학교나 학원, 가정에서 하는 다양한 체험학습은 학생들에게 경험의 폭을 넓혀줄 수 있다. 코로나 팬데믹의 영향으로 할 수 없었던 현장학습이나 각종 캠프가 최근 서서히 열리고 있다. 문제는 체험학습이 '해봤다'에 그치고 만다는 점이다. 물론 체험학습이 학습자의 흥미를 유발하고 몰입의 계기를 마련하는 경우도 있지만, 대부분 깊이 있는 학습으로 이어지지 못하고 파편화된 하나의 추억으로 남고 있다.

학교 교육에서도 이와 비슷한 경우가 많다. 학습자는 다양한 이유로 온전한 배움을 갖지 못하고 있다. 학교가 학습을 충분히 익힐 수 있는 시간이나 기회를 제공해 주지 못하거나, 학습자가 학습 내용을 이해하지 못한 채 다음 단계로 넘어가기도 한다. 학습 내용을 토대로 심화하는 학습이 아닌 단절된 일회성 학습 경험으로 그칠 때도 있다. 지식과 기능, 가치·태도의 총체적인 발달을 추구하지만 실제로는 단순 지식을 암기하는 학습에 머물 때도 있다. '해보고' 넘어가게 되는 학습 경험이 누적되면 학습자는 학습 의욕을 잃고 무기력해진다.

'6년의 배움'에서는 학습에 필수적인 기초소양을 바탕으로 지식, 기능, 태도가 실제 생활에서 통합적으로 발현할 수 있는 핵심역량을 기르는 것을 추구한다. 이를 통해 학습자가 실제 문제 상황에서 '할 수 있는' 역량을 길러주고자 한다. 아직 많은 단계와 과제가 남아있지만, 체계적이고 실제적인 학습을 통해 학생들이 불확실한 미래사회를 슬기롭게 헤쳐 나갈 수 있는 역량을 길러 줄 수 있는 학교교육과정이 될 수 있을 것이다.

● 학습자 경험의 총체를 생각하는 교육과정

역량은 단시간에 길러지는 것이 아니다. 역량의 발달이 긴 시간 동안 체계적이고 지속적으로 지도해야 함을 고려한다면 역량 교육에서 학년 간의 연계성은 반드시 담보되어야 한다. 4~5년마다 근무지를 옮기고 매년 다른 학년, 다른 교과 지도를 맡아야 하는 공교육 교사는 해당 학년도의 교육과정을 넘어선 고민을 하기 어렵다. 이는 학년 간의 교육 중점이나 방법을 분절적으로 만든다.

교과 교육이 분절적으로 이루어지는 것을 극복하기 위해 교육계에서는 최근 몇 년간 주제 중심 교육과정 재구성이나 교사 교육과정을 강조하였고, 이로 인해 교사의 교육과정 재구성 능력도 향상되었다. 하지만 학년 간의 분절성을 극복하기 위한 시도나 노력은 아직 미비한 실정이다.

우리 학교의 역량 교육과정 '6년의 배움'은 학생의 입학에서부터 졸업까지 6년간 학생이 하게 될 학습 경험의 총체를 고려하는 학교교육과정이다. 학교 구성원들의 노력과 합의로 만들어진 교육과정은 학년의 연계성 부족과 분절적인 교과 교육의 한계를 넘어 구성원이 바뀌더라도 이어질 수 있는 방향성을 제공할 것이다.

● 교육과정 설계자로의 학교, 교사 위상 변화

아직도 학교 현장에는 교과서와 교육과정을 동일시하는 인식이 사라지지 않고 있다. 이는 배움과 삶이 연계된 교육을 만들어 가는데 가장 큰 걸림돌이며 심지어 공교육에 대한 불신을 키우는 역할을 한다. 나름 의욕을 가지고 열심히 하는 교사들도 교과서 진도 때문에 고민하는 경우가 많다.

우리나라는 이미 제6차 교육과정부터 '주어지는 교육과정'의 틀을 벗어나 '만들어가는 교육과정'으로 방향을 전환하였다. 뛰어난 관리자나 교육과정 업무 담당자가 기획하여 제시한 교육과정이 아무리 잘 만들어졌더라도 이를 수행하는 교사가 공감하지 않거나 이해가 부족하면 학습 현장에서 의미 있게 다루어지기 어렵다. 의미 있는 학습이 이루어지기 위해서는 교사들이 직접 교육과정 설계자로의 위상을 가져야 한다.

우리 학교 '6년의 배움'은 학교 구성원들이 함께 고민하고 노력하여 만들어진 교육과정이며 교사 다모임을 통해 지속적으로 성찰하고 수정, 보완해 나가는 교육과정이다. 학교교육과정 설계자에 의해 실현되는 교육은 학생들의 삶의 힘을 길러주는 실질적인 배움을 갖게 할 수 있을 것이다.

기초소양을 어떻게 키울까?

삶을 바꾸는 힘, 문해력

김다혜

저자 김다혜는 구미봉곡초에서 2학년 담임을 맡고 있는 22년 차 교사입니다. 대구교육대학교 교육대학원에서 아동문학을 강의하며 아동문학 평론을 쓰고 있습니다. 교내 문해력 동아리 '도담도담' 활동을 3년째 이어오고 있습니다. 문학과 연계된 국어 수업에 관심을 두고 교사 동아리 '책걸음'에서 옛이야기와 그림책을 나누고 있습니다.

1 공부하다

문해력의 실마리를 찾아가다

2020년 3월, 문해력 동아리 첫 모임 주제는 '문해력이 무엇인가?' 하는 것이었다. 그동안 우리는 '무엇을' 가르치는지보다 '어떻게' 가르칠 것인가에만 초점을 맞추어 논의해왔다. 본질적인 내용에 대한 고민 없이 이루어지는 수업은 늘 교사를 의문에 빠뜨린다. 그래서 이번에는 '무엇을' 부터 함께 이야기해보기로 했다.

선생님들의 생각은 다양했다. 온작품 읽기, 문학교육, 글쓰기 교육, 교육과정, 수업 설계 및 실천, 프로젝트, 특수교육, 발달심리학, 인지과학 등 각자의 관점에서 문해력을 바라보고 있었고, 이해의 깊이도 서로 달랐다. 이 간극을 좁히는 가장 좋은 방법은 함께 공부하는 것이었다.

언어학에서 바라보는 언어 습득 및 발달 과정을 살펴보고, 국어 교과에서 보는 문해력 교육은 무엇인지 교육과정 분석을 통해 문해력 관련 내용을 찾아보았다. 또한 특수교육에서 실천하는 기초학습 기능 및 보조 도구, 인지과학에서 바라보는 언어 습득 및 언어 학습 등을 서로 발표하고 토의했다.

그 과정에서 왜 학생들이 읽어도 읽지를 못하는지 그 문제의 원인이 보이기 시작했다. 문해력에 관한 다양한 연구를 교실에서 활용할 수 있게 교육과정을 재구성한다면 문해력 교육을 교실에서 실천할 수 있을 거라는 생각이 서서히 생겨났다.

문해력이란?

문해력은 단순히 읽고 쓰는 능력이 아니다. 우리가 정의한 문해력은 언어를 기반으로 한 하나의 지적 능력 또는 사고 기능이다. 쉽게 말해 글을 이해하고 표현하는 사고의 과정으로 본 것이다. 글을 읽고 이해하는 학습의 과정과 기능이 중요하다는 것은 2022 개정 교육과정에서도 확인할 수 있다.

2022 개정 교육과정에서 언어 소양은 '언어를 중심으로 다양한 기호, 양식, 매체 등을 활용한 텍스트를 대상, 목적, 맥락에 맞게 이해하고, 생산·공유, 사용하여 문제를 해결하고 공동체 구성원과 소통하고 참여하는 능력'을 의미한다.[1] 이해, 생산 및 공유, 문제 해결, 소통과 참여 같은 훨씬 더 확장된 의미로 언어 소양(문해력)을 해석하고 있다. 이는 문해력을 학습 및 역량 함양의 기반이 되는 지적 능력으로 해석한다고 볼 수 있다. 우리가 정의한 문해력의 개념과도 같은 관점을 가지고 있어 반가웠다.

문해력을 하나의 사고 기능으로 보기 시작하니, '학생들은 어떤 사고 과정을 통해 글을 이해할까?', '글을 읽고 이해한다는 것은 무엇을 의미할까?'라는 질문과 마주하게 되었다.

● **읽기의 과정**

글자를 소리 내어 읽지 못하는 학생들은 저학년에서도 일부를 제외하고 거의 없다. 그러나 읽어도 무슨 내용인지 이해하지 못하는 학생들은 의외로 많다. 학생들이 읽지 못하는 이유는 생각보다 간단하다. 어떻게 읽고 사고하여 이해하는지 그 과정이나 방법에 교사가 무관심했기 때문이다.

독자는 글을 읽으며 정보를 기억한다. 그러나 모든 정보를 기억할 수 없다. 정보의 관계를 파악하여 덩어리 짓고, 요약하는 등 사실적 이해의 과정을 거친다. 또한 추론적 이해의 과정을 통해 글 속에 내포된 의미를 고민하고, 결국에는 자신의 관점을 가지고 글을 평가하는 평가적 이해에 이른다. 이

1) 교육부(2021). 2022 개정 교육과정 총론 주요사항(시안). (2021.11.24) p13.

과정이 온전히 이루어졌을 때, 글을 이해하는 것이다.

　이처럼 읽기의 과정은 다양한 기능이 통합적으로 이루어진 결과이다. 따라서 우리는 읽기의 과정 및 기능을 세분화하였다. 사고 구술(think-aloud[2])을 통한 읽기 활동 과정은 아래 표와 같이 정리할 수 있다. 이는 국어과 교육과정에도 명시되어 있다.

사고 구술(think-aloud)을 통해 밝혀낸 읽기의 과정

- 글에 담긴 내용을 확인하고 기억하는 것 (사실적 이해: 내용 확인)

- 내용과 내용의 관계를 연결 짓는 것 (사실적 이해: 내용 간 관계 확인)

- 글 전체의 구조를 파악하고 요약하는 것 (사실적 이해: 구조 파악하기, 요약하기)

- 글 속에 숨겨지거나 감추어진 의미를 찾아내는 것 (추론적 이해)

- 글 속의 내용을 나름대로 평가하는 것 (평가적 이해)

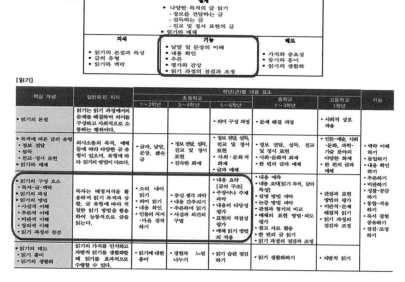

국어과 교육과정에서 정의하는 읽기의 과정 및 방법 (2009, 2015 개정 교육과정)

---

2)　천경록(2002). 읽기 교육 방법과 사고구술. 한국초등국어교육학회 21권. 2002.9. pp41~67.

문해력 교육을 위해 사실적, 추론적, 평가적 이해를 조금 더 깊이 공부하기 시작하였다. 특히 각각을 구성하는 하위 기능이나 과정은 무엇인지 정리할 필요가 있었다. 이를 위해 다양한 연구 자료와 교육과정 자료를 분석하고 나름대로 체계화하였다.

● **사실적 이해, 추론적 이해, 평가적 이해**

2009, 2015 개정 교육과정의 국어과 내용 체계표 및 각종 연구 자료에서 정의한 읽기 과정을 기반으로 다시 교육과정 성취기준과 교과서를 분석하였다. 성취기준의 세부 내용, 교과서에 드러난 구체적인 활동과 질문을 정리하여 사실적-추론적-평가적 이해의 3수준으로 분류하였다. 다음으로 각 수준에서 활동의 공통점을 중심으로 사실적-추론적-평가적 이해의 하위 요소를 설정하였고, 하위 요소 간 위계를 세워나갔다.

< **사실적 이해** >

사실적 이해란 글 속에 명시적으로 드러나 있는 내용상의 정보와 구조 사이의 정보를 있는 그대로 정확하게 이해하는 능력이다. 사실적 이해는 글을 이해하는 가장 기초적이고 중요한 기능이라 할 수 있다. 글의 내용을 정확하게 이해한 독자는 이해한 내용을 바탕으로 텍스트의 이면에 있는 정보를 추론하고, 텍스트의 내용을 비판적으로 생각할 수 있기 때문이다.

우리 학교는 사실적 이해에서 요약하기를 목표로 두고, 기본적인 세부 내용의 확인(정보 확인)부터 글 안에서 세부 내용의 관계를 연결 짓고(관계 확인), 글 전체의 구조를 파악(구조 확인)하도록 하였다.

사실적 이해의 하위 요소

정보 확인	단어, 구, 문장	- (이야기) 이야기에는 누가 등장하나요? : - (설명글) 이 글에서 설명하는 것은 무엇인가요? :

관계 확인		범주		위계	인과
		유의	반의	종속	
	단어	조마조마하다 ⇄ 불안하다	조마조마하다 ↔ 안정적이다	(상위어-하위어) 부정적인 감정 어휘 (조마조마하다, 불안하다)	
	구			(중심어-수식어) 노란 머그컵	
	문장	그리고 ~	그러나 ~	중심-세부 문장	~해서, ~한다면

구조 확인	문단, 글	분류 기준을 정하여 종류를 나누어 설명	분석 전체를 여러 부분으로 나누어 설명	비교 대상들의 공통점으로 설명	대조 대상들의 차이점으로 설명
				공통점 | 농구 | 축구	차이점 | 농구 | 축구
		원인-결과	문제-해결	열거	서사 (순서)

중심 내용 파악	문단, 글	문단별 중심 문장 간 관계를 파악해서 중심내용 파악하기

요약	글	- 설명글: 무엇에 대해 어떻게 설명하는지 간단하게 요약하기 - 이야기글: 발단-전개-절정-결말/ 누가, 어디서, 무엇을 등 사건 간단 요약하기

< 추론적 이해 >

추론적 이해는 글을 읽으면서 글에 명시적으로 제시되지 않은 의미를 파악하는 능력이다. 글쓴이가 의도적, 비의도적으로 생략한 내용을 독자는 끊임없이 짐작하고 추론하면서 읽어야 한다. 비명시적인 정보를 파악하기 위

해 가설을 설정하고 글의 정보를 활용하는 기능을 추론적 이해라고 한다. 글에 제시된 명시적인 정보를 이해하는 사실적 이해 능력을 길러주면서 추론적 이해 능력도 함께 길러주어야 글의 의미를 깊이 이해할 수 있다.

추론적 이해는 추론의 대상과 방법 그리고 추론을 위해 활용할 수 있는 정보들을 세분화하였다. 또한 갈래별로 추론적 이해의 목표를 설정하였다. 예를 들어, 이야기 글에서는 '인물의 마음을 추론한다'로, 주장하는 글에서는 '글쓴이의 의도를 파악한다'로 목표를 설정하였다.

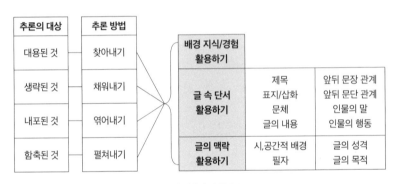

추론적 이해의 하위 요소

<평가적 이해>

평가적 이해는 글 전체를 평가하는 과정으로 가장 상위 수준의 능력이다. 비판적 읽기는 자신의 가치관이나 신념에 비추어 내용·조직·표현상의 정확성·적절성·타당성과 효용성을 판단하며 읽는 것을 말한다. 감상과 창의적 이해란 글을 읽고 정서적인 측면과 지적 측면의 느낌이나 생각을 가치 평가를 통해 내면화시키고, 나아가 독서 자료에 제시된 내용을 바탕으로 새로운 대안이나 문제 해결을 시도하는 독해 행위를 말한다.

평가적 이해는 비판적, 감상적, 창의적 이해로 세분화하고, 글의 갈래를 고려하여 평가적 이해 요소를 설정하였다. 특히, 감상적 이해에서는 개인 감상이 이루어진 후에, 개별적 감상을 함께 공유하는 집단 감상이 이루어질 수 있도록 구성하였다. 이를 통해 개인 감상은 더욱 깊어지고 넓어지게 된다.

평가적 이해의 하위 요소

	표현의 적절성	자료의 적절성	근거의 타당성	관점의 공정성
비판적 이해	표현이 적절한지	자료가 글의 내용에 적합한지	근거가 합리적이고 일관적인지	다른 관점이 무엇이 있는지
			필자가 지나치게 일반화한 것인지	여러 관점을 공정하게 다루고 있는지
			자기에게 유리한 것만 부각하는지	필자의 관점이 정당한지
감상적 이해	공감	내면화	표현	공유
	개인 감상 > 집단 감상 > 개인 감상			
창의적 이해	새로운 관점으로 읽기	문제 해결하며 읽기		
		나라면 어떻게 했을까?		

사실적 이해와 추론적 이해가 텍스트에 보다 깊이 빠져드는 구심적 이해라면 평가적 이해는 텍스트 밖으로 나와 텍스트를 세상과 연결하는 원심적 이해에 해당한다. 사실 독자의 머릿속에서 이해의 과정은 동시다발적으로 일어나기도 하고, 상호보완적으로 이루어지기도 한다. 추론적 이해를 통해 사실적 이해가 심화될 수 있고, 평가적 이해를 통해 추론적 이해가 심화되기도 한다.

우리만의 문해력 교육을 만들다

문해력 교육은 사고의 기능을 학습하는 것이므로 체계적, 명시적, 반복적인 교육이 중요하다. 체계적인 프로그램 개발을 위해 Dick & Carey의 체제적 교수 설계를 적용했다. 체제적 교수 설계는 학습 목표 및 관련 하위 기능들을 분석하여 교수·학습 방법을 구안하는 데 최적의 방법이다.

체제적 교수 설계 관점에서 설정한 각 학년의 목표는 다음과 같다. 1-2 학년 군은 기초 문식성 시기이므로 읽기 유창성을 기르되 읽기에 대한 흥미를 놓치지 않도록 하였다. 3-4 학년 군은 기초 독해기로 학습 독서가 가능할 수 있도록 읽기의 기초 전략을 익히고, 5-6 학년 군은 문제 해결, 비판적 읽기의 기초 기능을 다루기로 정하였다. 이를 위한 프로그램을 개발하기 위해서 교육과정 및 교과서를 분석하고, 교수 설계에 대한 연구를 이어 나갔다.

문식성 발달 단계(이경화 외, 2015)

학년 군	시기	특징
유치원 시기까지	발생적 문식성 시기	출생에서 유치원 시기까지 음성언어 발달 시기 문자 해독뿐 아니라 책 다루기, 글의 진행 방향 이해, 글자 기능 알기를 학습하는 시기
1-2학년군	기초 문식성 시기	문자를 정확히 읽고 쓸 수 있는 능력을 키우는 시기, 해독 능력과 유창성, 기초적인 읽기, 쓰기를 학습하는 시기.
3-4학년군	기초 독해기	읽기의 기초적인 전략을 익히고 활용하여 글을 읽고 읽기의 의사소통 과정을 이해할 수 있는 시기.
5-6학년군	독해 확장기	읽기의 문제 해결 과정을 이해하고, 글을 비판적으로 읽는 데 필요한 기초적인 능력을 기르는 시기.

체제적 교수 설계를 공부하면서 특정 교수·학습 목표를 성취하기 위해서는 다양한 하위 요소가 필요함을 알게 되었다. 하위 요소를 분석하여 단계적으로 접근하기로 하였다.

예를 들어 인물의 마음을 추론하는 수업을 살펴보자. 마음을 짐작하는 활동은 사실적 이해가 바탕이 되어야 가능한 추론적 이해이다. 사실적 이해가 완전하지 않은 상태에서는 어려운 일이다. 하지만 교과서에는 글쓴이의 마음을 짐작할 수 있는 말이나 행동을 찾아보기만 하고 마음을 짐작해보자고 한다. 학생이 잘 모르겠다고 하면, 교사는 '조금 더 고민해봐'라는 식의 피드백 아닌 피드백을 해줄 수밖에 없었다.

인물의 마음을 추론하기 위해서는 아래 그림과 같이 하위 요소의 학습이 필수적이다. 글의 이해는 음독의 자동화가 이루어진 상태에서 시작한다. 음독의 자동화가 이루어진 후, 이야기의 구성 요소를 파악하고 글의 내용을 요약할 수 있게 되면 비로소 인물의 감정을 추론할 수 있는 바탕이 마련된다. 또한 감정 어휘 학습도 부수적으로 이루어져야 한다.

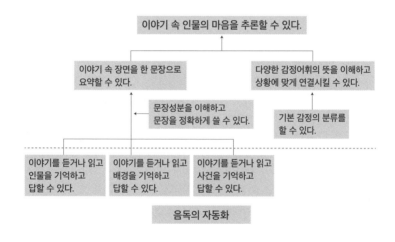

인물의 감정 추론과 관련된 하위 요소

체제적 설계의 관점에서 국어과 교육과정을 다시 살펴보았다. 교과서의 활동이 새롭게 보이고, 무언가 연결 고리들이 보이기 시작했다. 연결 고리들을 엮어 <부록1> 구미봉곡초등학교 역량배움지도(기초소양)를 만들었다.

<부록2> 기초소양별 역량 잣대 문해력 기초소양은 학년 간 공유를 위해 문해력 지도를 알아보기 쉽게 정리한 결과이다.

문해력 지도는 결코 새로운 것이 아니다. 대부분 기존의 교육과정이나 교과서에 구현된 활동을 어떤 방식으로 엮어낼 수 있는가에 초점을 맞추어 개발한 지도이다. 문해력 지도를 만들면서 전체 교육과정에 대한 조망과 핵심을 파악할 수 있는 힘이 생겼다. 이제껏 놓치고 있던 빈틈을 촘촘히 채워 실제 수업으로 옮기기 시작했다.

2 실행하다

문해력의 디딤돌을 놓다

모든 학년에서 동시에 일 년에 걸친 장기적인 문해력 프로그램을 설계하고 실천하기에는 부담이 되었다. 우선 한글 해득 중인 1학년을 제외하고 3~6학년들은 학년별로 가장 취약하다고 생각하는 부분들을 중심으로 문해력 수업을 실천했다.

본 장에서는 2학년 수업 사례를 중심으로 문해력 수업을 소개하고자 한다. 2학년은 1학년에서 이룬 한글 해득을 정교화하고, 3학년부터 시작되는 학습 독서를 준비하는 시기이다. 기초 문식성 시기에서 기초 독해기로 가기 위해 튼튼한 다리를 놓아주는 것이 필요하다고 생각되어 2학년 국어과 교육과정 전체를 재구성하였다.

● 목표 설정: 서투른 독자에서 진실한 작가되기

2학년의 출발점과 도착점은 '서투른 독자에서 진실한 작가'이다. 서투른 독자는 한글 교육이 거의 끝난 시점에서 유창하게 읽기에 다소 부담을 가진 학생이다. 도착점인 진실한 작가는 읽기 유창성을 갖추고 자기 생각을 문장으로 표현할 수 있는 학생을 말한다.

한글 해득을 이제 막 마친 1학년과 본격적인 학습 독서가 시작되는 3학년 사이에 있는 2학년 교육과정의 간극은 생각보다 컸다. 그 간극을 학생들 모두 안전하게 건너갈 수 있는 촘촘하고 안전한 디딤돌을 놓는 일이 가장 중요했다.

한글 해득을 꾸준히 강화해서 음독의 유창성을 거쳐 묵독의 입문에 이를 수 있도록 수업을 계획했다. 1학년 과정에서 학습했지만, 연습과 반복을 통해 더 다져야 할 것과 3학년의 교육과정을 제대로 수행하기 위해 보충해야 할 하위 요소를 정리하는 것이 첫 번째 디딤돌이었다.

● 제재 선정: 언식성에서 문식성으로

아직 말이 글보다 편한 2학년에게 '말문학'은 좋은 공부 거리이다. 수수께끼, 옛이야기, 옛노래 등 입에서 입으로 전해온 말문학의 생명력은 학생들에게도 자연스럽게 살아났다. 짧은 노랫말은 그냥 몇 번 듣기만 해도 따라 부르게 되니 반복 연습이 필요한 초기 문해력 학습에 쓰임이 크다. 무엇보다 아직 글에 서툰 학생들에게 이만한 교재는 없다. 말문학을 충분히 즐긴 이후에 '글문학'을 데려오는 과정은 학생들이 말을 배우는 과정만큼 자연스러웠다. 언식성에서 문식성으로의 흐름은 글이 서툰 학생들도 어려움 없이 문자 세계로 들어오게 하려는 의도적 구성이었고, 그 판단은 틀리지 않았다.

　학습 초반에는 구어적인 특성의 구술 문학 즉 옛노래, 노래시, 옛이야기 장르를 집중적으로 배치하여 언식성을 기반으로 문식성이 자연스럽게 향상될 수 있도록 구성하였다. 소리 내어 읽기에 적합하여 리듬감을 느끼며 즐겁게 읽을 수 있는 옛노래나, 정형률을 지닌 동요 또는 동시에서 시작하여 서사 구조가 단순하고 들려주기에 적합한 옛이야기들을 앞 단원에 두어 한글 해득의 정교화를 꾀하였다.

　학습 후반에는 서사 문학 중심으로 그림책, 단편 동화, 장편 동화 순으로 글밥을 늘렸다. 문해력 수업의 틀은 체제적이고 반복적이지만, 내용은 아동 문학 작품에서 선별하여 가지고 왔기 때문에 수업의 중점이 분명해진다.

● **학기별 단원 구성: 문학에서 비문학으로**

　2학년 1학기는 서사 문학을 중심으로 사실적 이해를 학습하도록 구성하였다. 1~3단원은 한글 해득의 정교화를 다지기 위해 7종성, 겹받침, 띄어 읽기 등으로 구성하였다. 학생들은 4단원에서 서사 문학의 추론적 이해의 준비 단원으로 감정 어휘를 학습한다. 그 과정이 끝나면 5~6단원에서 이야기를 읽고 사실적 이해 및 추론적 이해를 학습하게 된다.

1학기 단원 구성표

순	학습요소	단원명	장르	비고
1	한글해득의 정교화	정확하게 소리 내어 읽어요 1: 7종성	옛노래, 노래시	읽기 유창성
2		정확하게 소리 내어 읽어요 2: 겹받침	옛이야기	
3		띄어 읽기를 해봐요	4컷 만화	
4	어휘확장	감정 친구들	만화영화, 그림책	어휘 학습
5	사실적 이해	이야기 지도 속으로 풍덩!	그림책, 단편동화	서사 흐름 이해
6	추론적 이해	실감나게 읽어요(장면 낭독극)		

2학기는 학습 독서 준비를 위해 비문학 장르를 중심으로 사실적 이해를 다지도록 설계하였다. 1~3단원은 정보문의 도입으로 낱말 간 관계를 익히는 것이 중점이다. 5~6단원은 통합 교과 및 프로젝트 수업과 관련된 정보문을 읽고 정보를 도해조직자로 정리한다. 4단원과 7단원은 2학년의 특성을 고려하여 문학의 즐거움을 놓치지 않도록 문학 작품을 배치하였다.

2학기 단원 구성표

순	학습요소	단원명	장르	비고
1	사실적 이해 (관계 확인) (구조 확인)	대상을 설명해요 1: 다섯 고개	정보문(정의, 예시)	말놀이, 그림책
2		대상을 설명해요 2: 시장에 가면	정보문(분류)	
3		대상을 설명해요 3: 개구리와 도룡뇽	정보문(비교)	
4	사실적 이해 추론적 이해 평가적 이해	시를 느껴봐요	동시, 시 그림책	
5	사실적 이해 (구조확인) (요약하기)	목기린 씨, 타세요!	중편동화 정보문(분석, 순서)	프로젝트 연계
6		세계 여러 나라	정보문 (분석, 비교, 분류, 인과, 순서)	통합교과 연계
7	사실적 이해 추론적 이해 평가적 이해	화요일의 두꺼비	장편동화 (이야기지도)	온작품 읽기

● 교과서보다 촘촘하게, 한글 해득과 읽기 유창성

2학년 1학기 3개 단원은 한글 해득의 정교화 단원이다. 기본 한글 교육이
끝난 학생들의 상태를 출발점으로 정하고, 문장을 읽고 쓰는 상태를 도착점
으로 설정하였다. 학생들이 출발점에서 도착점에 이르는 과제들을 해결하는
데 무엇이 필요할까? 도착점으로 가기 위해서는 교과서보다 촘촘한 디딤돌
을 놓아야 한다. 교육과정을 분석하여 아래와 같이 디딤돌을 만들었다.

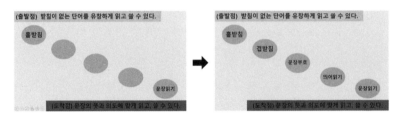

한글 해득의 정교화 단원의 디딤돌

홑받침에서 문장 읽기까지 이어지는 디딤돌을 바탕으로 2학년 1학기 1~3
단원을 구성하였다. 단원별 한글 해득 문해력 요소를 정리하면 다음과 같다.

	영역	단원 주요 학습 요소	텍스트	문해력 요소	
1	한글 해득	홑받침	노래집	음운론적 지식	받침소리 값, 7종성
				기초읽기	음독의 유창성
2		겹받침	옛이야기집	음운론적 지식	받침소리 값, 7종성
				기초읽기	음독의 유창성
3	문법	문장부호	만화	기초읽기	문장 내에서 끊어 읽기, 문장부호에 맞게 소리 내어 읽기
				기초쓰기	상황에 따라 적합한 문장부호 사용하기

한글 해득 과정을 정교화하면서 부족한 어휘들을 보충할 수 있도록 주교 재인 수업 자료집과 부교재 국어 익힘책을 만들었다. 수업 시간에 주교재의 옛이야기와 옛노래를 바탕으로 목표 어휘 즉, 홑받침, 겹받침을 학습하는 루틴을 적용하였다. 부교재는 수업 시간에 배운 받침 글자들을 활용한 다양한 어휘 학습이 이루어질 수 있도록 제작하였다.

● **사실적 이해를 탄탄하게, 이야기 지도**

한글 해득의 정교화 과정이 끝나면 이해의 과정을 본격적으로 학습한다. 사실적 이해의 내용 확인, 추론적 이해의 감정 추론, 평가적 이해의 개인적 선호 표현을 학습하는 단계이다.

사실적 이해를 학습하기 위해 '이야기 지도'를 도입했다. 이야기 지도는 이야기 내용에 대한 시각적 도해이다. 이야기의 주인공, 배경, 주요 사건과 같은 이야기의 요소를 시각적으로 구조화하여 구성함으로써 이야기에 반응하는 활동이다. 이야기 지도는 이야기를 잘 기억하고 그것을 재현할 수 있도록 하는 구조적인 틀로써 이야기를 읽고 무엇을 기억해야 하는지, 즉 이야기의 구성 요소를 독자가 인지하고 재인^{再認}하는 데 효과적이다.

이해의 과정은 지난하다. 그래서 '이야기 지도'를 이해의 과정에서 효과적으로 활용할 수 있도록 도입하였다. 기초 문해력 단계에서 이야기 지도를 접하는 학생들은 지도를 완성하면서 이야기의 구성 요소와 이야기 문법을 자연스럽게 터득한다. 이야기 지도가 있는 수업은 다음과 같은 흐름으로 진행된다.

이야기 지도가 있는 수업의 차시별 흐름

1차시에 이야기를 만나는 방법은 들려주기이다. 들려주기는 오래전 할아버지와 할머니가 화롯가에 앉아 아이들에게 '옛날 옛적에…' 하며 이야기를 들려주던 방식으로 바로 '스토리텔링'이다. 이야기꾼이 옛이야기 또는 그림책을 외워서 책을 보지 않고, 이야기를 들려주는 것이다. 이야기를 음독으로 전하는 방법으로 읽어주기와 동일하지만, 이야기꾼은 자신의 이해를 바탕으로 텍스트나 이야기를 전하게 되는 것은 차이가 있다.

들려주기로 만난 이야기를 2차시에는 읽어주기로 만나게 된다. 읽어주기는 가장 기본적인 방법으로 책의 텍스트를 소리 내어 읽어주는 것이다. 텍스트를 정확한 발음으로 천천히 읽어주며 음독하여 책의 내용을 전하는 방법이다.

3차시에서는 이제 이야기 지도를 완성해가면서 이야기의 구성 요소와 이야기 문법을 자연스럽게 터득하게 된다. 이야기를 기억하여 재인한다는 것은 독자가 이야기의 중요한 정보들 즉 이야기의 구성 요소를 찾아내며 사실적 이해의 과정에 있다는 것을 의미한다.

4차시 '말로 쓰기' 단계는 문장으로 이야기의 중요한 사건을 정리하는 것이다. 학생들은 이야기의 구성 요소인 내용어를 중심으로 형식어를 추가하여 규칙에 맞게 문장을 만드는 연습을 한다. 이때, 아직 구어적인 성향이 강한 아이들에게 쓰기 전 활동으로 반드시 필요한 것이 '말로 쓰기'이다. 이는 쓰기에 대한 아이들의 거부감을 낮춰주고 자신감을 심어주게 된다. 우리는 말로 쓰기가 기초 문해력의 완성기에 있는 아이들에게 쓰기에 대한 어려움을 줄여주는 효과적인 방법이라는 것을 확인하였다.

5차시의 장면 낭독극은 스테이지 리딩stage reading, 즉 제작 발표회에서 배우들이 목소리만으로 연기하는 것에서 유래했다. 쉽게 말해 연극이나 드라마, 영화의 배우들이 대본을 실감 나게 읽어보는 것을 말한다. 장면 낭독극은 글을 소리 내어 읽기와 연극의 중간 단계 정도이다. 낭독극은 단순 책 읽기보다 형식을 갖추었으면서도 연극보다는 훨씬 단순하다. 이는 작품의 맥락에 맞게 유창하게 읽고 인물의 감정을 추론하는 데 효과적이다.

마지막 차시인 어휘 학습은 부족한 어휘를 보충하고 확장하면서 문해력의 바탕인 어휘력을 증진하는 데 중점을 두고 지도하도록 하였다.

< 이야기 지도의 활용 1 > - 사실적 이해

이야기 지도는 이야기의 세계를 지도 형태로 표현한 것으로, 학생들에게 이야기의 구성 요소(인물, 사건, 배경) 중 배경에 대한 단서를 제공한다. 이야기 지도는 학생들에게 이야기를 회상하는데 인지적 부담을 줄여주고, 지도 위에 이야기의 인물과 사건을 나타내도록 한다.

학생들이 사실적 이해를 하고 있는지 묻고, 그 답은 예상이나 추측을 배제하고 반드시 책에 있는 텍스트나 그림에서 찾아서 지도에 나타내도록 한다. 교사는 사실적 이해에 대한 답뿐만 아니라 학생들이 그 답을 텍스트의 어느 지점에서 찾았는지 확인할 필요가 있다.

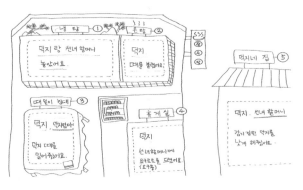

『장수탕 선녀님』의 이야기 지도

이야기 글은 내용에 따라 문단이 명시적으로 구분되지 않는다. 또한 인물 간의 대화도 있어서 들여쓰기가 된 곳을 보고 문단을 구분하기 어렵고, 문단 별로 내용을 파악하기도 쉽지 않다. 따라서 이야기 글은 시간과 장소의 변화 를 중심으로 이야기를 세부적으로 나누고, 인물의 생각이나 행동의 변화에 주목하여 중심 내용을 심층적으로 이해하는 것이 중요하다.

본 수업에서는 장소의 변화에 따른 사건 전개가 뚜렷한 작품을 선정하고, 학생들에게 장소별로 구역이 나누어진 이야기 지도를 제공하였다. 학생들은 각 장소에 있었던 인물과 사건을 떠올리면서 이야기 지도의 공백을 채웠다. 이야기 지도로 학습하게 되면 학생들은 훨씬 더 꼼꼼하고 간결하게 이야기 를 요약할 수 있다.

< 이야기 지도의 활용 2 > - 추론적 이해

이야기 지도를 통해 사실적 이해가 단단해지면 인물의 마음을 짐작해보는 추론적 이해까지 확장할 수 있다. 인물의 마음이나 감정을 추론하기 위해 요 구되는 하위 요소는 이야기 장면에 대한 정확한 사실적 이해와 감정 어휘를 학습하는 것이다.

학생들이 인물의 감정을 추론하지 못하는 주된 원인은 감정에 공감하지 못해서가 아니라 인물이 처한 상황 자체를 이해하지 못하기 때문이다. 무슨 일이 일어났는지 모르고 있는 학생들에게 등장인물의 감정과 느낌을 공감하라고 강요하는 꼴이다. 이야기에 대한 사실적 이해가 충분하지 않은 상태에서 인물의 감정을 추론하는 건 앞서 말한 것처럼 참 어려운 일이다.

> T : 자, 얘들아, 이제부터 우리는 이야기 지도 속에 숨어있는 덕지의 감정을 찾아내러 갈 거야. 전에 감정 친구들 표시했던 색깔들 기억나니?
>
> *감정 친구들이란 4단원 감정 어휘 학습에서 배운 감정 어휘를 말한다.
>
> S : 네, 기쁨이-노랑/슬픔이-파랑/버럭이-빨강/까칠이-녹색/소심이-보라색이었어요.
>
> T : 그래. 먼저, 냉탕으로 가볼까? 어떤 일이 있었어?
>
> S : 덕지랑 선녀님이 재미있게 놀았어요.
>
> T : 맞아. 선녀님은 냉탕에서 노는 법을 진짜 많이 알고 계셨지. 어떻게 놀았는지 우리 지난 시간에 몸으로 표현해봤어? 어떻게 놀았더라?
>
> S1 : (몸짓과 함께) 쏴아아 폭포수 아래서 버티기
>
> S2 : 저는 책에서 찾았어요. (책 속 장면을 가리키며) 여기요, 바가지 타고 물장구치기
>
> S3 : (옆 짝의 손을 마주 잡고, 숨을 참으며) 땅속에서 숨 참기.
>
> T : 너희가 선녀님이랑 노는 덕지를 실감나게 표현했네. 덕지의 마음을 표현할 감정 친구는 누굴까?
>
> S : 기쁨이요.
>
> T : 그럼, 기쁨이와 어울리는 말들을 떠올려볼까? 잘 기억이 나지 않으면 게시판에 감정 친구들을 살펴봐. 다 같이 기쁨이의 감정 친구들을 한 번 소리 내어 읽어볼까?
>
> S : 즐겁다/행복하다/신나다/만족스럽다/고맙다/뿌듯하다/흐뭇하다/편안하다

T : 그럼, 여기서 덕지의 기쁨이를 골라서 찾아줄까?

S : 선생님, 두 개 해도 돼요?

T : 그럼, 그러면 덕지가 자기 마음을 잘 알아준다고 더 좋아할 수도 있겠다.

T : 다 찾았으면 선생님 볼까요. (잠시 기다린다) 이제 감정 친구 색깔 중
　에서 기쁨이의 색깔을 각자 찾아서 들어볼까?

S : (노란색 인덱스를 든다)

T : 그렇지. 노란색 쪽지에 자기가 찾은 덕지의 감정을 나타내는 낱말을
　적어보자.

(잠시 침묵하며 기다림)

S : 선생님, 그거 쓰고 옆에 표정 그림 그려도 돼요?

T : 그럼, 표정으로도 덕지 마음을 나타내면 더 좋지.

　이야기 지도로 작품에 대한 충분한 이해가 이루어지고 나니 인물의 마음을 짐작하는 추론적 이해는 도리어 교사가 가장 수업하기가 쉬운 부분이 되었다. 정확한 사실적 이해가 바탕이 된 감정 추론은 교사가 어떤 장면에서 인물의 마음을 묻기도 전에 학생들에게서 자연스럽게 흘러나온다. 그동안 교사용 지도서에 있는 감정을 주입하느라 그렇게 힘들었던 이 부분이 해결되는 순간의 놀라움은 아직도 생생하다.

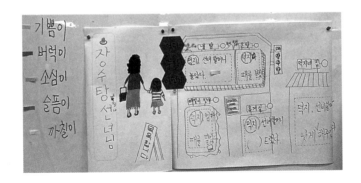

그림책의 글은 시에 가깝다. 소리 내어 읽을수록 그 맛이 느껴지는 글은 학생들이 몇 번을 반복해서 읽어도, 읽을 때마다 달리 읽혀 새롭다. 인물의 마음이 드러나는 부분에서는 '장면 낭독극'으로 표현하며 인물의 마음을 짐작하고 실감나게 읽어 보는 시간을 가지기도 하였다.

나는 뜨거운 탕에 들어가 때를 불렸다.
숨이 막혔지만 꾹 참았다.

학생들의 사실적, 추론적 이해가 단단해지면 평가적 이해로 자연스럽게 넘어간다. 학생들은 감상적 읽기를 통해 동일시와 공감에 이른다. 글에 대한 감상을 더 넓고 깊게 하려면 서로 각자의 감상을 비교해 보는 활동이 꼭 필요하다. 학생들은 작품 감상의 결과로 뒤표지에 '이 책을 꼭 권하고 싶은 사람'을 정하는 활동으로 마무리한다. 친구들과 서로의 감상 결과를 이야기하며 작품에 대한 이해와 평가는 점점 더 확대된다.

● 어려운 정보문도 쉽게, 도해 조직자

서사 문학의 사실적 이해를 곧잘 따라오던 학생들도 비문학 장르인 정보문을 만나면 글을 읽고 이해하는 것을 어려워한다. 정보문은 논리적인 구조의 글이다. 이야기를 쉽게 기억하기 위해 문학에서 이야기 지도가 필요한 것처럼, 정보문도 글을 떠올려 정리할 수 있는 도식이 꼭 필요하다. 그것이 바로 글의 짜임을 나타내는 도해 조직자이다.

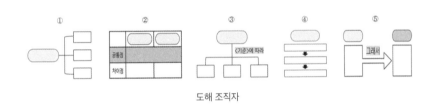

도해 조직자

교과서로 수업을 하다 보면 교사는 한 차시 동안 목적지에 도달하기 위해 고속도로를 달리는 자동차 같다는 생각이 들 때가 있다. 교과서에서 정보문을 다루는 방식은 문학과 마찬가지로 오직 질문으로 학생들의 이해 여부를 묻는다. 학생들은 글의 구조를 볼 기회도 없이 질문에 답을 해야 한다. 교사가 학생들이 글을 이해했는지 확인할 시간도 부족하다.

학생들은 글을 읽기 전 기억해야 할 내용을 미리 염두에 두고 글을 읽고, 글에서 놓치지 않아야 할 중요한 정보들을 표시하며 읽는다. 이때 교사는 학생들의 읽기 과정을 확인하며 어려워하는 학생에게 정보를 찾는 방법을 가르쳐야 한다. 왼쪽 자료는 교과서에서 정보문을 다루고 있는 부분이며 오른쪽 자료는 정보문을 학습하기 위해 우리가 제작한 워크북이다. 글의 구조를 파악하며 읽는 정보문 수업 대화는 다음과 같다.

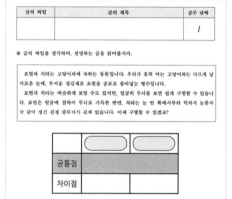

T : 우리는 지금부터 서로 공통점과 차이점이 있는 두 대상을 찾아 비교하며 정리할 거야. 표범과 치타를 본 적 있니?

S : 네.

T : 글을 읽으며 표범과 치타의 공통점과 차이점을 찾아보며 읽기로 하자. 두 동물을 비교하는 거야.

S : 공통점과 차이점을 찾으면 어떻게 해요?

T : 어떻게 하면 좋을까? 먼저, 잊어버리지 않게 공통점과 차이점이 나오면 밑줄을 그어 놓기로 하자.

S : 네.

T : 이제 천천히 읽으면서 해보자. (잠시 기다리며, 공통점과 차이점을 찾지 못한 학생들과 천천히 함께 읽어 나가며 해당 부분에서 멈추며 도움을 주는 과정을 함께 한다)

T : 모두 공통점과 차이점을 찾았니? 그럼 글 아래 있는 표에 정리해 볼까? 공통점에는 무엇을 적으면 될까?

S : 고양잇과요.

T : 그렇지. 둘 다 고양잇과지. 그럼 둘은 뭐가 다를까?

S : 얼굴 무늬가 달라요.

T : 어떻게 다를까?

S : 표범은 점박이 무늬가 있는데 치타는 검정 줄무늬가 길게 있어요.

T : 잘 찾았네. 그럼 표에 정리해 볼까? 어디다 쓰면 좋을까?

S : 차이점 칸에 쓰면 돼요.

T : 그렇지. 그럼 표를 보면서 표범과 치타를 비교해 보면서 말할 수 있을까?

S : 표범과 치타는 둘 다 고양잇과인데 표범은 얼굴에 점박이 무늬가 있고
   치타는 줄무늬가 있어요.

T : 우와, 표를 보고도 글에서 중요한 내용을 하나도 빠뜨리지 않고 잘 말했네.

S : 선생님, 신기해요. 저 글이 표 안에 다 들어가요.

T : 그래, 표로 내용을 정리하면 중요한 것들을 놓치지 않아 편리해.
   우리가 이야기 지도를 만들었던 것처럼 말이야.

서사 문학에 이야기 지도가 있다면 정보문 요약에는 도해 조직자가 그 역할을 대신한다. 우리는 도해 조직자를 이용하여 정보문에서 글의 짜임을 파악하는 과정을 차례대로 알 수 있게 하였다. 학생들이 글을 읽는 과정은 서툴기 때문에 차례차례 반복하여 학습해야 한다는 평범한 진리가 정보문을 함께 공부하면서 더욱 실감났다. 학생들이 글을 읽고 도해 조직자를 스스로 완성하면서 글을 읽는 재미가 생긴 것은 교사에게도 즐거운 일이었다. 자꾸 읽다 보면 쓰게 되는 정보문의 매력에 아이들은 즐겁게 빠지게 되었다.

● 재미있고 자신있게, 이해를 넘어 글쓰기로

학생들에게 글쓰기를 시키는 일은 교사에게 다른 어떤 영역보다 훨씬 더 많은 인내를 요구한다. 하지만 방법이 바뀌니 달라졌다. 쓰고 싶어지게 만들

면 그다음의 과정은 수월하다. 학생들의 입에서 자연스럽게 나왔던 '더 쓰고 싶어요'는 지금도 행복한 기억으로 선명하다.

정보문을 함께 공부하면서 교사가 이전에 가지고 있던 정보문에 대한 생각도 변하였다. 학생들은 우리 생각보다 더 세상이 궁금하고, 더 알고 싶어 한다는 것이다. 그런 학생들의 욕구를 충족시켜줄 수 있는 장르가 바로 정보문이라는 생각이 들었다.

첫 정보문 쓰기의 주인공은 단원 도입 그림책 『누가 내 머리에 똥 쌌어』에서 만난 두더지였다. 그림책을 읽으며 두더지의 특징에 대해 이미 알고 있는 것을 정리하고, 책과 다양한 매체를 통해 정보를 수집해서 다시 정리하였다. 그리고 말놀이 위주로 학습하던 다섯 고개를 도입하여 대상에 대해 중요한 정보를 스스로 찾아 정리하는 과정을 거치면서 두더지의 특징을 글에 녹여낼 준비를 하였다.

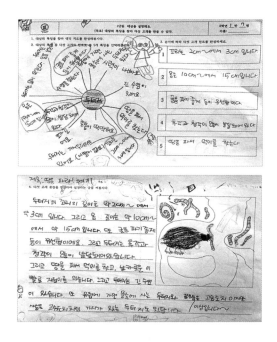

대상에 대해 더 흥미로운 정보를 접한 학생들은 다섯 고개를 통해 대상에 대한 정의를 가뿐하게 넘어섰다. 그리고 놀랍게도 더 쓰고 싶다는 이야기를 스스로 하게 된 것이다. 우리는 기존의 계획을 수정하여 더 자세하게 쓰기 단계까지 나아갔다. 몇 줄 쓰기도 힘겨워하던 학생들도 새로운 앎이 생기면 표현하고 싶은 욕구가 강하게 생기는 게 신기하고 놀라웠다. 글을 잘 쓰는 것을 넘어 더 쓰고 싶게 만드는 가장 중요한 힘은 결국 '새로운 앎'이 아닐까.

수업 평가 및 반성

우리는 학생을 '서툰 독자'라는 출발점에서 '진실한 작가'라는 도착점에 이르도록 촘촘한 디딤돌을 놓았다. 학습 내용을 교육과정에 기반을 두고 재구성하여 가장 적합한 텍스트를 찾아 이해의 디딤돌을 단단하게 만드는 게 우리 수업 구성의 제일 중요한 지점이었다. 그동안 가르친다고 말하면서 늘 소홀했던 부분부터 하나하나 짚어가며 다시 시작하고 함께 만들어가는 과정은 참으로 의미 있었다. 수업 실천에서 이론이 모든 것을 좌우하지는 않지만, 교수 설계 이론을 공부하면서 이론의 중요성을 느꼈고, 그동안의 수업 실천에 적지 않은 오류들이 있었음을 반성하게 되었다.

아직도 해결하지 못한 과제는 우리가 해왔던 것보다 훨씬 많다. 학생들이 디딤돌을 잘 건너가기 위해서는 단원이 의도하는 목표에 어울리는 작품을 선정해야 하는데, 결코 쉬운 일이 아니다. 교육과정의 내용을 해석하고 그에 적합한 문학 작품을 선정하는 일은 교육과정의 성취기준과 국어자료의 예를 충족시키면서 학생들에게 유의미한 경험을 제공할 수 있는 담화와 글이어야만 한다. 이 과정에서 교사의 문학 작품에 대한 폭넓은 경험과 비평적 안목은 자연스럽게 녹아난다.

물론 교과서로 잘 가르칠 수 있다. 하지만 교사가 교육과정을 구성하는데 교과서가 꼭 필요하다고 생각하지 않는다. 그 이유는 분명하고 당연하다. 우리 교실을 가장 잘 알고, 학생들을 더 정확하게 보는 건 교과서 집필진이 아니라 바로 교사 자신이기 때문이다. 문해력 증진을 위한 노력 중 하나는 우리가 국어과 교육과정을 토대로 새로운 교육과정을 구성하고 실천했다는 것이다. 교사는 교과서로 수업하는 단순한 진행자가 아니다. 내 수업에 필요한 텍스트를 선정해서 수업을 설계할 때 수업 속에서 학생들과 진정으로 만날 수 있기 때문이다.

3 되돌아보다

학생들의 문해력, 교사의 문해력

문해력에 대한 고민은 어느 날 갑자기 생겨난 것도 이를 해결하고자 하는 연구나 시도들이 그동안 없었던 것도 아니다. 우리 이야기가 결이 조금 다른 지점은 이런 고민을 교사 자신의 문제라는 생각에서 벗어나 선생님들이 함께 모여 해답을 찾아간 수업 여정의 기록이라는 것이다. 이 여정을 통해 학생들의 성장에 바탕이 되는 것은 바로 '교사의 문해력'이라는 것을 알았다. 그것은 지금 우리 앞에 있는 학생들을 읽어내기 위해 교사는 끊임없이 노력하는 독자가 되어 학생들을 읽어낼 수 있을 때 비로소 가능해진다는 것이다.

수업의 이유는 분명하다. 학생들에게 다가가 그들이 하는 이야기를 듣고 나누는 것이다. 또한 그 일은 무척이나 매력 있고 재미있어서 학생들과 교사 모두에게 즐거움이 되어야 한다. 즐거움은 가르치는 게 아니다. 그 준비는 단순히 지도서를 참고하고 자료를 검색하는 것이 아니라 선생님들과 함께하는 문화에서 시작되어야 한다. 함께 하지 않았으면 감히 시도조차 하지 못했을 일을 시작했고 지금도 함께 하고 있기 때문이다. 함께 하면 똑같은 수업을 하는 게 아니라 오히려 자신만의 수업을 찾아가는 건 참 아이러니하다.

학생들의 삶을 바꾸는 공부

우리가 만든 문해력 지도를 따라가는 수업 여정은 계속 기록하고 있다. 우리의 공부는 수업 이야기로 빼곡히 채워지기 위해 앞으로도 계속 나아갈 것이다. 아직 성글고 어설퍼 갈 길이 먼 이야기를 그래도 용기 내어 세상에 내놓은 이유는 단 한 가지다. 다른 교실 어디쯤에서 이런 고민을 가지고 있는 이들에게 작은 신호를 보내보고 싶어서다. 우리 신호를 발견하고 함께하는 이들이 생긴다면 그 힘은 무언가를 바꾸기에 절대로 모자라지 않는다고 생각한다. 이런 수업에 대한 고민을 함께 이야기하고, 그 고민의 시간을 같이 보내면서 우리는 더 성장할 것이라고 믿는다.

인간은 자신이 느끼고 상상한 만큼 성장한다. 학생들의 미래를 위해서는 누군가에게서 지식을 배우는 수준을 넘어 자신의 눈으로 보고 생각한 '자신만의 지식'을 더 많이 가진 사람이 되어야 한다. 그런 학생들은 스스로가 하나의 근사한 세계가 되어, 두려움이 가득한 순간에도 결코 흔들리지 않을 것이다. 그래서 우리는 문해력을 감히 '언어가 가진 힘으로 학생들의 삶을 바꾸는 공부'라 정의한다.

수학의 진짜 힘, 수리력

서수정

저자 서수정은 16년 차 교사입니다. 대구교육대학교 교육대학원에서 교육과정을 전공하였고, 교사 동아리(경북초등성장연구소)에서 백워드 교육과정, 개념 기반 교육과정을 공부하고 있습니다. 현재 구미봉곡초에서 5학년 담임을 맡고 있습니다. 저서로는 '초등 백워드 교육과정 설계와 실천 이야기'(공저)가 있습니다.

1 공부하다

수리력의 실마리를 찾아나가다

2020년 겨울방학 '6년의 배움' T/F 모임에서 구미봉곡초등학교의 기초소양과 핵심역량을 설정하였다. 기초소양으로는 문해력, 수리력, 디지털 소양이 설정되었다. 이 중에서 문해력은 2020년 초부터 교내에서 자발적으로 동아리가 조직되어 연구와 실천이 이루어지고 있었다. 또 디지털 소양은 이 분야에 전문성을 갖춘 교사들이 많아 이전부터 학생들의 역량 강화를 위해 노력하고 있었다.

그러나 수리력은 그동안 프로젝트 중심 수업을 운영해왔던 우리 학교에 당장 필요한 건 아니었기에 고민의 주제가 되진 못하였다. '프로젝트 수업을 할 때 학생들이 자료를 해석하거나 활용할 문해력이 부족하다.', '자료를 정리하고 발표할 자료를 만들 때 필요한 디지털 역량이 부족하다.'라는 의견은 선생님들이 이전부터 크게 공감해왔던 부분이라 교내에서 이미 논의가 되어왔다. 반면 수학이 프로젝트의 주인공이 되는 경우는 드물었다. 당장 수 개념이 형성되어 있지 않거나, 기본적인 연산 능력도 부족한 친구들이 많기에 이 부분에 대한 지도가 우선이었다.

'6년의 배움'을 통해 우리 학교에서 수리력에 관한 논의가 시작되었다. 기초소양 측면에서 문해력과 국어 교과에 차이가 있듯이 수리력도 단순히 수학 교과 그대로를 뜻하는 것이 아니라는 점에는 모두가 동의하였다. 하지만 아직은 모호한 수리력의 체계를 어떻게 세울 것인지는 선뜻 의견이 모이지 않았다. 문해력과 디지털 소양은 그 분야에 역량을 가진 교사가 있고 이미 연구도 이루어지고 있었지만, 수리력까지 연구하기에는 역량과 여건이 따라주지 않았다. 아쉽지만 부족한 부분이 있음을 인정하고 수리력은 장기적인 관점에서 천천히 체계를 만들어 나가기로 하였다.

수리력이란?

국어사전을 찾아보면 수리력이란 '수학의 이론이나 이치를 이해하고 계산을 잘하는 능력'이라고 정의되어 있다.[1] 단순히 수학의 원리를 이해하고 계산을 잘하면 수리력이 뛰어난 것인가?

수리력 관련 논문을 찾아보니 국어사전의 간단한 정의와 달리 수리력이 요구되는 상황은 너무 거대하고 다양해서 그 개념을 명확하게 정의하기가 힘들었다.[2]

- **OECD에서 정의하는 수리력**
  : 실생활에서 수학적 과제에 참여하고 다루기 위해 수학적 정보와 아이디어에 접근, 사용, 해석, 의사소통할 수 있는 능력
- **캐나다 교육과정에서 정의하는 수리력**
  : 다양한 맥락의 문제를 해결하기 위해 수학 개념, 과정, 기능을 이해하고 적용하는 능력
- **호주 교육과정에서 정의하는 수리력**
  : 학습, 학교, 가정, 일터, 사회, 시민 생활의 요구에 맞게 수학을 사용하는 능력, 자신감, 성향

다른 나라에서 정의 내린 수리력의 공통되는 요소를 살펴보면, 수리력이란 문제 상황 속에서 수학적 지식을 이해하고 활용할 수 있는 능력이라 할 수

---

1) 고려대학교 한국어대사전
2) 김선희, 이승미(2020). 국가교육과정에서 기초 학력으로서의 수리력 도입 방안. 한국수학교육학회지 시리즈 E 〈수학교육 논문집〉 Vol.34 no.2, May 2020. pp119~134.

있다. 단순히 수학의 원리를 이해하고 계산을 잘하는 것을 넘어 학생이 가지고 있는 수학적 능력이 상황 속에서 발현되어야 한다. 수학뿐만 아니라 여러 교과의 학습에서 수치적, 공간적 정보가 많이 활용되기 때문에 수를 다루는 방법을 익히고 공간적 정보를 처리하는 수리력은 학교 교육을 통해 키워야 할 중요한 소양이라 할 수 있다.

수리력이 중요한 가치를 지니고 있음에도 불구하고, 우리나라 교육과정은 수리력의 내용 체계나 학습 방법을 제시하지 않고 있다. 국가 차원에서 수리력의 요소가 무엇인지, 기존 수학과 교육 내용과 수리력 구성 요소는 어떤 관계가 있는지, 타 교과에서 수리력이 필요한 부분들은 무엇인지 지속적인 연구가 필요하다.

우리 학교에서도 수리력은 문해력과 마찬가지로 교과에 한정된 것이 아니라고 생각하였다. 수업 중 학생들을 관찰해보면 학습지 계산은 곧잘 하지만 실제 수학을 이용해야 하는 문제 상황은 해결하지 못하는 경우를 많이 볼 수 있다. 우리는 학생들이 수학적인 개념을 이해하고 계산을 잘하는 능력을 넘어서 일상생활의 문제를 수학적으로 사고하고 해결할 수 있는 수준까지 도달해야 한다고 생각했다. 그래서 우리의 생각과 기존의 수리력에 대한 정의를 바탕으로 구미봉곡초등학교의 수리력을 '수나 양에 대한 정보를 적절하게 이해하고 주변 사람들과 오해 없이 소통하며 자신의 삶에 활용할 수 있는 능력'으로 정의하였다.

우리만의 수리력 교육을 만들다

수리력에 관한 선행 연구가 부족한 상황에서 우리 학교 수리력의 내용 체계는 수학과 교육과정을 참고할 수밖에 없었다. 수학은 다른 교과에 비해 학습의 계열성이 강한 교과이고 한 학년에 결손이 있으면 이후 학년에서 학습 결손이 발생할 수 있다. 그래서 계열성이 강한 학습 요소를 정해 해당 학년에서 원리와 개념을 이해하는 것을 1차 목표로 삼았다. 그리고 배운 개념을 수학 시간뿐만 아니라 실제 문제 상황 속에서 활용할 수 있는 활동을 학년 교육과정에 반영하기로 하였다.

기존의 교과서 중심 수학 수업과 수리력 향상을 목적으로 하는 수학 수업의 차별점은 다음과 같이 두었다.

첫째, 학생이 탐구를 통해 수학 개념, 원리, 법칙을 발견하고 구성한다. 수나 양에 대한 정보를 제대로 이해하기 위해서는 다른 사람이 주는 지식을 무조건 암기만 해서는 어렵다. 학생 스스로 자료와 정보로부터 지식을 도출하거나 지식의 타당성을 확인하는 탐구 활동이 기본적으로 이루어져야 한다.

둘째, 협력학습 및 토의·토론 학습을 적용한다. 수리력을 위해서는 자신이 이해한 정보를 다른 사람과 소통하고 나누는 능력도 중요하다. 수학적 의사소통 능력 신장을 위해 다른 사람의 의견을 비판적으로 수용하고 자신의 주장을 효과적으로 표현하는 능력을 기를 수 있도록 한다.

셋째, 배우고 익힌 것을 구체적 삶의 상황 속에서 활용할 기회를 제공한다. 수리력의 핵심은 수학적 능력을 실제 상황 속에서 발현하는 것이다. 그래서 학생들이 자신의 배움을 적합한 맥락 속에서 실천할 수 있는 전이 과제를 제공하는데 포인트를 둔다.

수리력의 하위 역량으로는 수학과와 마찬가지로 교육과정에 제시된 수학과 영역인 '수와 연산, 도형, 측정, 규칙성, 자료와 가능성'을 두었다. 그리고 각 학년에서 도달해야 하는 수리력의 내용과 수준을 〈부록〉과 같이 정하였다.

2 실행하다

역량 교육과정이 도입되면서 각 학년에서는 역량 요소를 적용하는 수업을 구성하기 시작하였다. 그러나 모든 역량을 이해하고 하나하나 수업에 반영하기에는 아직 연구나 이해가 부족해 어려움이 많았다. 특히, 연구 시작 단계인 수리력은 더욱더 어려웠다. 지금 상황에서 수리력을 위한 다른 어떤 새로운 수업을 구상하기는 무리가 있다고 판단했다. 또, 코로나 상황으로 인해 수학 기초학습 결손이 심각했기에 이를 채워주는 것이 급한 문제였다. 그래서 각 학년에서는 수리력 필수 학습 요소를 중심으로 학생들이 기본적인 개념과 원리를 충분히 이해하는 것을 우선으로 하고 이를 활용하여 문제를 해결할 수 있는 능력을 기르는 기본적인 수학 수업에 집중하기로 하였다.

다만, 가능하다면 각 학년에서 수학 학습에서 배운 것들을 실제 상황에서 활용할 수 있도록 적절한 문제 상황을 제공하거나 프로젝트 수업에 수학을 일부 도입하는 방법으로 수리력을 풀어가기로 하였다.

학년별 실천 사례 중 수리력 중심으로 프로젝트를 설계한 5학년 수업 사례를 소개하고자 한다.

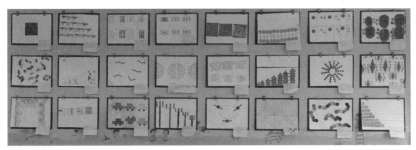

5학년 대응 규칙 작품 전시회

프로젝트 소개

학생들은 대부분 사교육을 통해 수학을 미리 공부해 온 상태이다. 5학년 1학기 '규칙과 대응' 단원도 마찬가지이다. "학원에서 배웠는데 쉬워요."라는 이야기가 학생들에게서 나온다. 하지만 다른 단원과 마찬가지로 학생들은 단순히 주어진 종이에 쓰인 문제만 풀 수 있을 뿐, 실제 상황에서 규칙과 대응이 어떻게 쓰이는지, 문제 상황에서 변하는 두 양을 발견하고 그 양들이 어떤 관계로 변하는지 깊이 있게 설명하지 못한다. 그래서 관련 논문을 찾아 학생들이 대응 관계를 어떻게 이해하는지를 파악하고 지도 방법을 연구하였다. 학생들이 패턴을 탐구하는 사고 유형은 재귀적인 탐구(하나의 변수만 고려) → 공변적 사고로 탐구(두 수의 변화를 고려하나 임의의 항을 구하는 것을 어려워함) → 대응 관계로 탐구(두 수 사이의 관계를 일반화된 함수 규칙으로 표현할 수 있는 경우) 순으로 발전한다. 그래서 학생들이 대응 관계로 탐구하게 하려면 패턴의 구조를 분석하고(변화하는 두 양 찾기) → 두 변수 사이의 관계 탐색하여 → 패턴의 일반화된 규칙을 추론하고 표현(먼 순서에 위치한 항 찾기)하도록 지도하여야 한다.[3]

학생들이 탐구를 통해 대응 관계를 깊이 있게 이해하였다면 실제로 무엇을 할 수 있어야 할까? 대응 관계를 정말 잘 이해하였다면 대응 관계를 찾

---

3) 방정숙, 선우진(2016). 초등학생의 함수적 사고 신장을 위한 기하 패턴 지도 사례의 분석. 수학교육학연구 V.26 no.4

는 것을 넘어 직접 창조해낼 수 있어야 한다. 이런 생각과 연결될 수 있는 실생활 전이 과제가 무엇일까 고민하다가 유튜브 영상 속에서 힌트를 얻었다. YTN에서 만든 〈수학으로 아름다움을 표현하는 사람 '화가'〉라는 동영상이다.[4] 미술은 수학이 중요하게 활용되는 분야이다. 미술의 원근법은 수학의 기하학을 탄생시켰고, 현대미술의 테셀레이션은 동일한 모양을 반복적으로 채워나가며 수학적 아름다움을 표현한다. 이 프로젝트는 규칙과 대응이라는 수리력의 한 부분과 미술의 조형 원리를 이용한 심미적 감성 역량을 조합하였다. 학생들이 규칙과 대응의 원리를 이해하고, 규칙과 대응이 드러나는 미술 작품을 제작하는 수업을 계획하였다.

프로젝트 설계

- **기간**: 4월(17차시)
- **목표**
  1) 규칙적인 배열에서 두 양 사이의 대응 관계를 찾고, 두 양 사이의 대응 관계를 말과 식으로 표현할 수 있다.
  2) 조형 원리를 활용해 대응 규칙이 있는 작품을 표현할 수 있다.
  3) 작품 표현에 관심을 가지고 적극적으로 참여하는 태도를 기른다.

- **탐구 질문**
  1) 조형 요소와 원리는 무엇인가?
  2) 대응 관계는 어떤 관계인가?
  3) 우리 주변에는 어떤 대응 관계가 있을까?
  4) 조형 원리를 이용하여 대응 관계를 표현할 수 있을까?

---

4) YTN사이언스. "수학으로 아름다움을 표현하는 사람들 '화가'". 2016년 8월 8일. 동영상. 21:12. https://youtu.be/453dNTYpYfU

관련 교과 및 성취기준

관련 교과	성취기준
수학 2. 규칙과 대응	[6수04-01]한 양이 변할 때 다른 양이 그에 종속하여 변하는 대응 관계를 나타낸 표에서 규칙을 찾아 설명하고, □, △ 등을 사용하여 식으로 나타낼 수 있다.
미술 10. 도형에서 찾은 조형 원리	[6미02-04]조형 원리(비례, 율동, 강조, 반복, 통일, 균형, 대비, 대칭, 점증·점이, 조화, 변화, 동세 등)의 특징을 탐색하고, 표현 의도에 적합하게 활용할 수 있다

프로젝트의 흐름

순	소주제	학습 내용	차시	학습 자료
1	조형 요소 탐색하기	· 조형 요소는 무엇일까?	1~2	조형 요소 카드
2	조형 원리 탐색하기	· 조형 원리는 무엇일까?	3~4	조형 원리 카드
3	탐구 질문 제시	· 조형 원리로 수학 규칙을 어떻게 표현할 수 있을까?	5	과제 제안서
4	대응 관계 탐구하기	· 대응 관계는 어떤 관계인가?	6~7	
5	대응 관계 식으로 표현하기	· 두 양 사이의 대응 관계를 간단하게 나타낼 수 있을까? · 왜 □, △를 사용해서 식으로 나타낼까?	8~9	
6	우리 주변의 대응 관계 찾아 설명하기	· 우리 주변에는 어떤 대응 관계가 있을까?	10~12	대응 관계 촬영 사진 및 설명서
7	조형 원리를 이용해 대응 관계 표현하기	· 조형 원리를 이용하여 대응 관계를 표현할 수 있을까?	13~17	대응 관계 작품 성찰일기

평가 계획

평가 기준	교과	평가방법
조형 원리의 개념을 설명할 수 있다.	미술	구술형
대응 관계의 개념을 설명할 수 있다.	수학	구술형
자신이 의도한 대응 관계와 조형 원리가 분명하게 드러난 작품을 제작할 수 있다.	미술	수행결과물
자신의 작품에 나타난 대응 관계와 조형 원리를 분석하여 관계를 명확하게 설명할 수 있다.	수학	구술형 및 결과물

● (미술) 조형 요소와 조형 원리 탐색하기

조형 요소는 기본적인 시각 언어로 점, 선, 면, 형태, 명암, 색, 질감 등이 있으며 이들의 결합으로 조형이 구성된다.[5] 조형 요소는 미술 작품의 기본이 되며 요소들의 개수, 위치, 밝기, 크기, 재료 등에 따라서 형태나 움직임, 공간감이나 독특한 느낌을 전달할 수 있다.

조형 원리는 조형 요소들을 적절히 조화, 배열, 결합하여 대상을 효과적으로 표현하고, 궁극적으로는 하나의 완전한 작품으로 만드는 데 사용되는 여러 구성 원리를 말한다.[6] 조형 요소들을 어떻게 조직하고 구성하느냐에 따라 시각적 완성도가 달라지며, 보다 효과적으로 대상을 표현하거나 의도한 메시지를 전달할 수 있다. 특히 통일과 변화, 반복, 비례, 율동, 점증 점이 등의 조형 원리는 수학의 대응 관계와도 유사한 면을 보인다.

조형 요소와 조형 원리 탐색은 유사한 단계로 수업을 진행하였다. 먼저 탐구 활동으로 학생들에게 조형 요소나 조형 원리의 특징이 드러나는 여러 개의 작품 카드를 준비하고 분류하도록 하였다. 학생들이 시각적 요소를 충분히 탐색하고 사고할 수 있도록 조형 요소와 원리에 대해 미리 이야기해 주지 않았다. 모둠 친구들과 함께 이야기를 나눈 후 자신만의 논리로 분류 기준을 세우고, 분류를 통해 형성된 그룹의 이름을 정하도록 하였다. 이 활동은 조형 요소와 원리에 대한 초기 경험을 제공하고 학생들의 사전 지식과 개념을 연결하는 데 도움이 된다.

처음에 교실을 돌아보니 단순하게 색이 있는 것과 없는 것, 원이 있는 것과 없는 것 등과 같이 이분법적으로 분류한 후 끝마쳤다고 하는 모둠이 많았

---

5) [네이버 지식백과] 조형요소 [Elements of art, 造形要素] (두산백과 두피디아, 두산백과)
6) [네이버 지식백과] 조형원리 [Principles of Design] (두산백과 두피디아, 두산백과)

다. 색이 있는 것은 그럼 또 다르게 분류할 수 없는지, 색이 있고 없고는 다르지만 비슷한 특징을 보이는 것은 없는지 추가 발문을 통해 좀 더 세세하게 분류하도록 하였다.

조형 요소 분류와 명명을 한 번 해보아서 그런지 조형 원리 카드를 분류할 때는 좀 더 구체적으로 세분화시키는 모습을 볼 수 있었다. 명명한 결과도 이름만 다를 뿐 조형 원리를 드러낸 것이 많았다. (강조: 외톨이 또는 하나만 불편, 점증점이: 작았다 커진다 또는 같지만 점점 달라지는 것, 비례: 규칙이 있는 것, 리듬: 구불이, 반복: 반복되는 것)

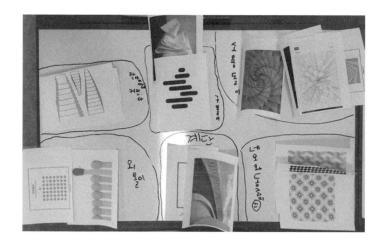

조형 요소와 원리에 관한 모둠 탐구 후에는 실제 조형 요소와 원리에 어떤 것이 있는지 이론을 공부하고 모둠별 분류 결과와 비교해 보는 활동을 하였다.

마지막 활동으로 명화나 우리 주변에 숨어있는 조형 원리를 찾아보고 감상하는 활동을 하였다. 이후에 있을 대응 규칙 작품 만들기를 위해 수학적 규칙이 분명하게 드러나는 작품을 의도적으로 제시하였다. 작품을 감상한 학생들은 단순히 '예뻐요', '좋아요'의 초보적 감상 수준에서 벗어나 점, 선, 면,

점증 점이, 반복, 통일 등의 조형 요소와 원리를 이용하여 감상평을 표현하였다. 학생들 스스로도 전문적인 단어를 이용해서 감상을 표현하니 자신들이 전문가가 된 것 같아서 뿌듯한 느낌이 든다고 하였다.

● 탐구 질문 제시하기

칠판에 피보나치 수[7]를 제시하고 규칙을 찾아보도록 하였다. 한참을 쳐다보더니 몇몇 학생들이 앞의 두 항을 더하면 뒤의 항이 나온다는 규칙을 발견했다. 우리 주변의 솔방울, 파인애플, 꽃잎, 미술 작품 등에 숨어있는 피보나치 규칙을 유튜브 동영상[8]을 통해 살펴보았다.

우리도 피보나치 수처럼 주변에 숨어있는 규칙을 찾고, 이런 규칙들을 미술 작품으로 표현해보자고 학생들에게 프로젝트 과제를 제시하였다. 유튜브 영상이 재미있었는지 자신들도 규칙을 발견하겠다며 아주 의욕적이었다. 프로젝트 과제에 대해 알고 있는 것과 궁금한 것에 대해 이야기를 나누었다. 이미 학원에서 학습한 친구 중 대응이라는 단어를 들어봤거나 식으로 표현할 수 있다는 것까지 아는 학생들도 3분의 1가량 정도 되었다. 그러나 사전 점검 시험 결과를 봤을 때 대응 관계는 무조건 곱하기라던가, 하나가 늘어날 때 나머지도 무조건 늘어나는 관계라는 오개념을 가진 친구들이 있어 이를 염두에 둔 수업 계획이 필요했다.

● 대응 관계 탐구하기

두 양 사이의 관계를 파악하는 학습 방법은 관련 논문을 참고하여 1단계

---

7) 피보나치 수열이란 처음 두 항을 1과 1로 한 후, 그 다음 항부터는 바로 앞의 두 개의 항을 더해 만드는 수열을 말한다. 예) 1, 1, 2, 3, 5, 8, 13, 21,…[네이버 지식백과] 피보나치 수열 (수학백과, 2015.5)
8) EBS키즈. "[판다다] 과학활고양-솔방울의 과학 2". 2018년 7월 11일. 동영상. 13:24. https://youtu.be/QoRHq3oMaP4

에서 패턴의 구조를 분석하고 2단계에서는 두 변수 사이의 관계를 파악하고, 3단계에서는 일반화된 패턴의 규칙을 추론하는 순서로 학습을 설계하였다.[9]

패턴 활동의 지도 방향

수업 활동의 구성	패턴의 구조를 분석하는 활동	· 기하 패턴의 항, 모양, 색깔, 변하는 것과 변하지 않는 것 등을 분석하기 · 수치적 패턴에서 수의 배열과 변화 등을 분석하기
	패턴에서 두 변수 사이의 관계를 탐색하는 활동	· 두 변수를 인식하고 두 변수의 공변 탐색하기 · 몇 개의 항에서 공통적인 규칙을 발견하고, 그 규칙을 적용하여 가까운 순서에 위치한 항 찾기
	패턴의 일반화된 규칙을 추론하고 표현하는 활동	· 먼 순서에 위치한 항을 찾는 과정에서 일반화된 규칙 추론하기 · n번째 항을 형식적으로 또는 비형식적으로 표현하기

먼저 도형 사이의 규칙을 발견하고 표현하는 활동을 하였다. 도형을 관찰하여 변하는 것과 변하지 않는 것을 파악하며 구조를 분석 → 두 변수 파악 → 변수 사이의 규칙을 발견하도록 하고 이를 말로 표현해보았다.

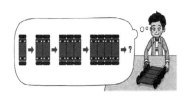

< 규칙 표현하기 >
- (예○) 사각판이 1개일 때는 바퀴가 2개 들어가고, 사각판이 5개가 있으면 바퀴는 10개가 들어간다. 바퀴가 2개씩 늘어난다.
- (지○) 바퀴의 수는 사각판 수의 두 배이다.
- (유○) 사각판의 수 곱하기 2는 바퀴의 수이다. 바퀴의 수 나누기 2는 사각판의 수이다.
- (은○) 사각판이 2개일 때 바퀴 수는 4개이다.

친구들이 표현한 규칙 중에서 그림이 없어도 규칙을 한눈에 아는 방법이 무엇일까 함께 생각하고 지○이와 유○이의 방법으로 대응 관계를 표현하기

---

9) 방정숙,선우진(2016). 앞의 책

로 하였다. 교과서 학습이 끝난 후에는 추가로 칠판에 말로 제시된 규칙을 도형으로 표현하는 연습을 하였다. 그리고 학생들의 이해 정도를 확인하기 위해 대응 규칙을 스스로 만들고 다른 친구들에게 퀴즈를 내는 활동을 하였다.

학생들이 낸 문제와 대응 관계 표현

문제	대응 관계

다음은 실생활 사례에서 수 사이의 규칙을 발견하고 표현하는 활동을 하였다. 도형과 마찬가지로 먼저 수를 관찰하여 변하는 것과 변하지 않는 것을 파악하였다. 이때 수의 변화를 관찰하기 위해서는 대응표를 사용하는 것이 좋았다.

<질문1> 플립북 애니메이션을 제작하는데는 장면을 표현한 필름이 필요합니다. 아래 표는 시간 당 필요한 필름의 수를 나타낸 것입니다.

시간(초)	1	2	3	4		6
필름 수 (장)		60		150		

➡️ 내가 발견한 대응 관계:

시간(초)와 필름 수를 대응 관계로 표현하기	- (예○) 필름 수 나누기 시간은 30이다. - (은○) 시간(초)의 30배는 필름의 수이다.

<질문2> 형과 동생이 저금통에 저금을 하려고 합니다. 형은 가지고 있던 2000원을 먼저 저금했고, 두 사람은 다음주부터 1주일에 1000원씩 저금을 하기로 했습니다.	

형이 저금한 돈과 동생이 저금한 돈을 대응 관계로 표현하기	- (지○, 도○) 형이 저금한 돈에서 2,000원을 빼면 동생이 저금한 돈이 됩니다. - (준○) 동생이 저금한 돈에서 2,000원을 더하면 형이 저금한 돈이 됩니다.

마지막으로 우리 주변에서 애니메이션이나 저금한 돈의 사례처럼 변하는 두 양 사이의 관계가 대응 관계인 것을 찾아 말로 표현하며 익혔다.

- ktx에서 시간의 320배는 간 거리다. (태○)
- 100㎞로 달리는 자동차에 시간을 곱하면 간 거리다. (승○, 유○)
- 자동차의 수랑 자동차 바퀴의 수도 대응 관계다. (소○)
- 킥보드의 수랑 바퀴의 수도 대응 관계다. (유○)
- 오토바이의 수랑 오토바이 바퀴의 수도 대응 관계다. (소○)
- 그러고보면 바퀴가 있는 건 다 대응 관계가 되는 것 같다. (유○)

● 대응 관계 식으로 표현하기

지금까지 수업 시간에 찾은 대응 관계를 다시 살펴보고 이를 간단하게 표현하는 방법을 함께 고민했다. 대응 관계를 글로 설명하라고 했더니, 길게 쓰는 것이 힘들다며 식처럼 변환해서(예: 사각형의 수X2=삼각형의 수) 쓰는 학생들이 이미 많이 있었다. 또, 학원에서 선수 학습한 학생들이 있어서 기호를 사용한 대응식(예: ○×2=△)을 만드는 방법은 어렵지 않게 도출이 되었다.

그러나 대응식으로 표현은 할 수 있지만 왜 수학에서 기호를 사용해 대응식으로 표현하는지는 잘 알지 못했다. 기호로 표현하는 이유는 두 수의 관계를 임의의 상황까지 확장하여 이해하도록 하기 위함이다. 학생들의 답변을 살펴보면 간단하게 쓰기 위해서라는 답변이 많았다. 이때 특징 숫자 몇 가지로 대응식을 쓴 경우와 기호로 표현한 대응식이 서로 어떤 차이가 있는지 비교하는 활동 등을 통해 학생들의 이해를 도왔다.

● **주변의 대응 관계 찾기**

대응 관계가 실제 우리 생활과 얼마나 관련이 있는지 알기 위해 학교나 집에서 발견할 수 있는 대응 관계를 찾아 사진을 찍어오는 과제를 내주었다. 이 과제는 학생들의 오개념을 관찰하는 데 유용했다. 학생들이 가진 오개념은 발문을 통해 대응 관계의 의미를 다시 되짚어보도록 피드백하였다.

> 학생: 선생님 과학실에서 대응 관계 찾았어요. 여기 와 보세요. 작은 지구본의 수와 큰 지구본의 수가 대응 관계인 것 같아요.
>
> 교사: 대응 관계가 무엇인지 다시 한번 생각해 볼까? 대응 관계는 한 양이 변화할 때 다른 양도 함께?
>
> 학생: 변화해요.
>
> 교사: 그럼 과학실 선생님이 작은 지구본을 추가로 구매하면 큰 지구본의 숫자도 늘어날까?
>
> 학생: 아니요. 어! 그럼 이건 대응 관계가 아니네요. 그럼 아까 도서관에서 찾은 건 대응 관계가 확실한 것 같아요. 한 사람당 빌릴 수 있는 책이 3권이니까 두 사람이면 6권. 3명이면 9권으로 같이 변해요.

● **형성평가 실시하기**

프로젝트 과제 해결을 위해 두 양 사이의 대응 관계를 찾아 설명하고 기호를 사용한 식으로 표현할 수 있는지 형성평가를 실시하였다. 25명의 학생 대부분이 서로 대응하는 두 양은 찾아낼 수 있었지만 3명이 대응 관계를 제대로 찾지 못하였고 2명은 대응식을 나타내라는 문항에 문장으로 표현하는 오류가 있었다. 그리고 다수의 학생이 대응 관계를 나타내는 식에서 사용한 기호가 무엇을 나타내는지 표시하는 것을 잊어버리는 오류가 있었다. 각각의 오류 사례를 살펴보고 학생의 이해 정도를 고려하여 피드백을 제공하였다.

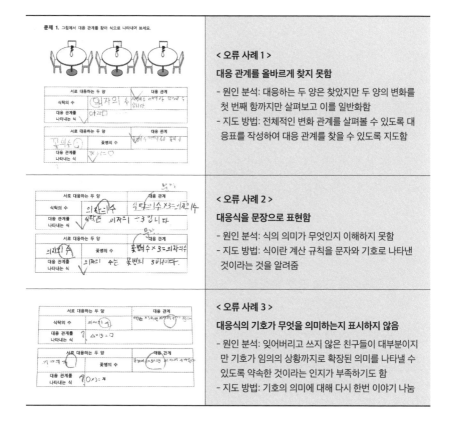

● [프로젝트 과제] 규칙과 대응 미술 작품 제작 및 발표하기

프로젝트 과제는 앞에서 이야기한 대로 미술에서 배운 조형 요소와 수학의 대응 규칙을 반영한 자신만의 미술 작품을 만드는 것이다. 수학 교과서에서는 실생활에서 대응 관계를 찾아 식으로 표현하는 것으로 마무리를 짓는

다. 그렇지만 이보다 한 걸음 더 나아가 대응 관계를 학생이 직접 만들고 표현해본다면 이해도 더 분명해질 뿐만 아니라 수학과 미술의 관련성도 파악하게 되리라고 생각하였다.

먼저 미술 작품의 주제와 조형 요소, 수학의 대응 관계를 고려한 작품을 구상하고 계획서를 작성하였다. 미술 작품이지만 수학의 규칙성이 분명하게 드러난 작품을 계획하도록 피드백하였다. 자신의 작품에 드러난 규칙을 제대로 설명하지 못하는 학생이 2명 정도 있었는데 변화하는 두 양을 표를 통해 표현하도록 하고 규칙을 찾도록 하는 방법이 효과적이었다.

다음으로 계획한 미술 작품을 실제로 표현하였다. 도형을 표현할 때는 의도한 변화 요소 외에는 같은 모양이 유지되도록 모양자, 자, 컴퍼스 등을 이용해서 규칙성과 그로 인한 아름다움이 느껴지게 표현하는 데 중점을 두었다.

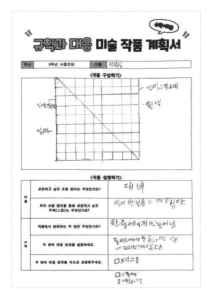
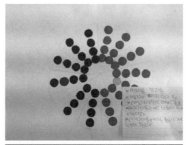

작품 발표 방법은 학생들과 함께 의논하여 정하였다. 학생들은 여러 명 앞에서 발표하는 것보다 1대 1로 설명하는 방식을 선호하였다. 발표하는 사람뿐만 아니라 듣는 사람들도 학습이 될 수 있도록 조형 원리와 대응 규칙을 찾아보고 퀴즈 형식으로 맞추도록 하였다.

프로젝트 발표회 후에 이번 프로젝트를 통해 배운 것, 좋았던 것, 아쉬운 것, 더 알고 싶은 것을 성찰 글쓰기를 통해 돌아보았다.

- 미술과 대응 관계를 같이 공부하니 미술 지식+1, 대응 관계지식+1이 되어서 일석이조다. 수학이 갑자기 너무 재미있어졌다.

- 대응 관계를 잘 찾는 방법은 두 양을 잘 찾고 그것에 규칙을 찾으면 된다.

- 미술과 대응 관계를 생각하니 미술, 수학이 관련이 있다는 것을 알았다. 둘 다 예술적이라는 걸 알았다. 왜냐하면, 규칙과 대응을 이용해 미술 작품을 만들 수 있고 미술 작품을 통해 대응 규칙을 만들 수 있기 때문이다.

- 00이가 내 작품의 대응 관계를 한 번에 모두 맞춰서 엄청 신기했다.

- 대응 관계를 잘 찾는 방법은 무언가 중요해 보이는 것을 먼저 자세하게 보는 것이다. 왜냐하면, 대부분 바탕보다 중요한 부분에 대응 관계가 숨어있기 때문이다. 미술과 대응 관계를 함께 공부하니 더 머리에 잘 들어오고 이해가 잘된다. 그리고 더 쉬웠다.

- 대응 관계를 쓰는 방법은 모형을 보고, 식을 바로 만들거나 표를 만들면 쉬워진다.

수업 평가 및 반성

학생들의 수리력 향상을 위해서는 정확한 개념 이해가 필요하다. 이번 수학 수업이 다른 수학 수업과 달랐던 점은 관련 논문을 찾아보면서 학생들의 개념 이해를 좀 더 체계적으로 도왔다는 점이다. 수학책에 나오는 문제를 쉽게 푸는 학생들이 실제 상황에서는 대응 관계에 대해 깊이 있게 이해하지 못하는 경우가 있다. 하지만 지금까지 그 원인을 제대로 파악하지 못하였다. 이번에는 교사용 지도서와 관련 논문을 찾아보면서 그 원인과 지도 방법에 대한 전문적인 지식을 습득할 수 있었다. 특히, 대응 개념을 어려워하는 학생들에게 먼 순서에 있는 항의 값을 찾아보게 하면서 대응 관계를 발견하도록 돕는 전략이 유용했다.

그리고 수업 중 나타났던 '큰 지구본과 작은 지구본의 수가 서로 대응 관계이다.'와 같은 오류 사례처럼 오개념을 유발할 수 있는 문제를 제시하는 것도 학생들이 개념을 제대로 이해하고 있는지 파악하고 바로잡는 데 도움이 되었다. 학생의 사고 발달 과정에 대한 구체적인 지식 습득을 통해 학습을 어려워하는 친구들에게 좀 더 전문적인 피드백이 가능했다는 점이 이번 수업에서 가장 의미가 있었던 지점이다.

학원에서 배울 때 규칙과 대응 부분이 너무 쉽다고 생각해 지겨웠지만, 실제로 돌아다니며 우리 주변에 존재하는 다양한 대응 규칙을 발견하는 활동이 의미 있었고 좋았다는 학생들의 이야기가 많았다. 또, 수학으로 미술을 표현하는 활동을 통해 수학이 더 쉬워졌고 수학과 미술이 연관되어 있다는 것을 새롭게 발견했다는 학생들도 많았다. 학기 초에 교과 흥미도를 조사했을 때 싫어하는 과목을 수학이라고 꼽은 친구들이 우리 반의 2/3가량 되었다. 그런데 이번 대응 규칙 미술 작품 발표회를 마친 후에는 이번 공부는 너무 재미있었고, 다음에도 또 이런 공부를 하고 싶다는 이야기가 많았다. 이를 통해 수학 원리를 실생활에 활용하는 수업, 수리력을 향상하는 수업은 수학에 대한 흥미나 동기도 높일 수 있음을 알게 되었다.

3 되돌아보다

수리력 향상을 위해서는 단순 교과서 중심 수업이 아닌 좀 더 확장된 수업이 필요하다. 그래서 우리는 수학이 실제 생활에서 어떤 의미를 갖는지 상황 속에서 문제를 도입하고, 원리와 개념을 이해하는 수업을 목표로 삼았다. 또 배운 개념을 수학 시간뿐만 아니라 실제 문제 상황 속에서 활용할 수 있는 활동을 교육과정에 반영하기도 하였다. 하지만 아직 시작하는 단계라 구체적 실천 사례나 이론적 소양면에서 부족한 점이 많다.

수리력이 일반 학교에서 기초소양으로 자리매김하기 위해서는 수학과의 교육 내용과 수리력의 구성 요소 간의 관계를 명료히 하고, 수학 교과와 수리력이 각각 어떻게 관계를 맺어 상호 발전되어 나가야 할 것인가 연구가 필요하다. 하지만 이것은 당장 우리가 해결하기 어려운 문제이다. 국가나 사회적으로 힘써야 할 부분이다.

앞으로 우리 학교의 수리력 학습은 배우고 익힌 것을 구체적 삶의 상황 속에서 활용할 기회를 제공하는 부분에 좀 더 초점을 두고자 한다. 수리력의 핵심은 수학적 능력을 실제 상황 속에서 발현하는 것이다. 수학뿐만 아니라 타 교과에서 수리력이 필요한 부분들을 파악하고, 이때 요구되는 수리력의 수준과 구체적인 내용에 대한 지속적인 탐색이 이루어져야 할 것이다. 그래야 학생들에게 맥락적인 전이 과제를 제공할 수 있다.

이를 통해 학생들이 수학을 단순히 학습지 문제로 인식하는 것이 아니라 삶속에서 수나 양에 대한 정보를 이해하고, 주변 사람들과 오해 없이 소통하며, 자신의 삶에 활용할 수 있는 소양을 갖춘 사람으로 자라나기를 기대해본다.

사고와 도구의 힘, 디지털 소양

김인철

저자 김인철은 현재 구미봉곡초등학교에서 정보부장 및 실과 전담 교사로 근무하고 있습니다. 대구교육대학교 교육대학원에서 AI 교육을 전공하였고, 대구교대 영재교육원 정보영재 강사로 활동 중입니다. 프로젝트 수업과 로봇을 활용한 SW-AI 교육을 연구하고 있습니다. 저서로는 초등 프로젝트 수업(지식프레임, 2018), 교과서 속 신나는 컴퓨터과학(핸즈온테크놀러지, 2021)이 있습니다.

1 공부하다

학교의 디지털 소양을 찾아보다

학교 교육에서 디지털 소양을 향상시킬 수 있는 관련 내용은 어떠한 것이 있었을까? 이전 교육과정부터 현재까지 내용을 살펴보았다. 제7차 교육과정에서는 디지털 소양 교육을 재량활동이나 특별활동, 실과 교과의 관련 영역 시간을 활용하여 주당 1시간씩 6년 동안 총 200시간의 수업 시간을 확보하도록 하였다. 또한 각 교과에 의무적으로 10%를 정보통신기술^{ICT}교육으로 실시하였다. 개인용 컴퓨터가 보급되었던 이 시기, ICT교육은 학교교육과정에 명시하여 많은 시간을 교육하도록 하였다.

교육과정 변화	제7차 교육과정	2007 개정 교육과정	2009 개정 교육과정	2015 개정 교육과정
관련교과	재량활동 특별활동 실과	재량활동	-	실과
운영 학년	1~6학년	1~6학년	-	5~6학년
운영 시수	주당 1차시씩 6년 200차시	34차시	-	17차시
기타	각 교과별 10% ICT교육	ICT교육	-	SW교육

2007 개정 교육과정에서는 재량활동만 정보화 교육 34시간을 운영하도록 축소하였고, 그나마 있었던 이 시간도 2009 개정 교육과정이 적용되면서 ICT교육은 삭제되었다. 현재 2015 개정 교육과정에서는 실과 6학년 한 단원 안에서 17차시 교육하도록 하고 있으며, 이마저도 ICT교육이 아닌 소프트웨

어 교육을 하도록 되어 있다.

현 초등학교 6학년 학생이 입학했던 2017년도 이후 디지털 소양을 키워줄 수 있는 수업 시간은 주 1시간도 배정되지 않았고, 수업에서 교사의 필요에 따라 각자의 몫으로만 이루어졌다. 이처럼 2013년 이후 학교에서는 소프트웨어교육을 제외한 별도의 디지털 소양 교육을 하지 않았으며, 학생들이 디지털 세대이므로 교사가 일부러 가르치지 않아도 잘할 거라는 근거 없는 믿음만 갖고 있었다.

구미봉곡초등학교의 프로젝트 수업 방향은 학생이 실제 생활에서 문제를 해결하는 능력을 길러주는 것이다. 문제를 해결할 때 학생들은 팀 또는 개인의 해결책을 다양한 방식으로 표현한다. 대부분의 학생들은 디지털 기기를 사용하여 자료를 검색하고, 발표할 자료를 다양한 프로그램을 이용하여 만든다.

수업 중 학생들의 참여 모습을 살펴보면 교사들이 생각했던 것보다 디지털 기기의 사용 방법이나, 생각의 표현 방법에 익숙하지 못함을 알 수 있다. 키보드나 마우스와 같은 입력장치의 사용을 어려워하는 학생들이 의외로 많고, 자료 수집을 위한 검색 방법을 모르거나 텍스트를 복사하고 붙여넣기, 이미지 검색 및 저장, 자료의 출처 표시 등을 모르거나 어려워하는 학생들도 의외로 많다.

프로젝트 수업의 특성상 4명 내외로 모둠학습을 하는 상황이 많은데, 참여 모습을 살펴보면 디지털 기기 활용에 익숙한 학생이 대부분의 작업을 전담하고 나머지 학생은 다룰 기회가 없거나 몰라도 불편해하지 않는다.

이영호는 학생이 컴퓨터와 인터넷에 접하는 시기가 빠를수록 문제해결력이 높다고 분석하였다. 또, 가정과 학교의 사회 경제 문화적 배경이 높을수록 문제해결력이 높게 나타났다고 한다. 일본의 경우 학생 개인의 배경보다 학교 수준의 ICT교육 환경이 좋을수록 학생의 문제해결력이 높았다고 한다. 이는 학생 개인의 격차보다 학교 간의 ICT교육 격차가 컴퓨터 기반 문제해결력에 큰 영향을 준다는 의미이다. [1]

교육 정보화 사업에 따라 학생 개인별 디지털 기기가 보급되고 있다. 디지털 기기는 수업과 학생의 역량에 얼마나 효과를 발휘할 수 있을까? 학생 개인의 디지털 소양이 갖추어지지 않은 상태에서 단지 기기의 제공만으로는 큰 효과를 기대하기 어렵다. 개인별 디지털 기기의 보유 확대라는 하드웨어적인 방법과 학교 단위의 체계적인 디지털 소양 교육이라는 소프트웨어적인 방법을 병행해야 한다.

디지털 소양(Digital Literacy)이란

디지털 소양의 사전적 정의는 정보사회에서 필요한 인터넷 및 응용 소프트웨어 등의 디지털 도구를 효과적으로 사용할 수 있는 지식(정보), 기술, 태도를 포괄하는 문제해결능력이다. [2]

신수범은 디지털 소양의 특성을 다음과 같이 설명한다. 첫째, 소프트웨어 교육을 지원할 수 있는 소양이다. 기본적인 컴퓨팅 시스템을 조작하고, 응용 소프트웨어를 활용하는 능력은 소프트웨어교육을 지원하는 중요한 능력이라고 본다. 둘째, 컴퓨팅 사고력Computational Thinking과 디지털 도구 기능을 결합한 소양이다. 컴퓨팅 사고력이란, 컴퓨터과학의 기본 개념과 원리, 기술을 이해하고, 주어진 문제를 논리적이고 창의적으로 해결하는 사고력이다. 디지털 도구는 계속 다양해지고 바뀌고 있기에 기능 위주의 교육이 아닌 컴퓨팅

---

1) 이영호 외(2017). 컴퓨터 기반 문제해결력에 영향을 미치는 학생 및 학교 수준의 ICT 요인. 2017 정보교육학회 논문지 제21권 제4호
2) https://ko.wikipedia.org/wiki/디지털_리터러시

사고력을 바탕으로 한 소양을 키워야 한다. 셋째, 모바일과 클라우드 컴퓨팅을 반영한 소양이다. 온라인 멀티미디어 및 문서 작성 앱, 다양한 운영체제 조작, 클라우드 저장 장치 관리, 소셜네트워크 사용 등에 필요한 소양이다. 넷째, 정보사회의 올바른 구성원을 위한 소양이다. 디지털 신뢰 구축에 필요한 정보윤리 교육을 포함해야 하며 특히 실습 중심의 정보윤리교육을 구성해야 한다.[3]

디지털 소양의 특성을 살펴보면 컴퓨팅 사고력이 중요한 개념으로 반복되어 제시되고 있다. 컴퓨팅 사고력은 정보교육에서 초점을 두는 개념이고, 디지털소양은 정보기술에 초점을 두고 있는 개념이다. ISTE International Society for Technology in Education에서는 2016년 디지털 소양 개념에 컴퓨팅 사고력을 하위 개념으로 포함시켰다.[4] 그러므로, 디지털 소양의 향상은 곧 컴퓨팅 사고력 향상으로 연결해서 생각할 수 있다.

디지털 소양의 본질에 집중하기 위해서는 사용하는 용어의 정의가 혼용 또는 혼동되어서는 안된다. 일반적으로 디지털 소양은 지식(정보), 기술, 태도를 포괄하는 상위 개념으로 본다. 유사한 개념으로 정보 소양 Information Literacy이라는 용어가 있다. 정보 소양은 디지털 소양의 하위 요소인 '정보'에 집중하는 개념이라 할 수 있다. 정보 소양은 4차 산업혁명 시대에 자신에게 필요한 지식과 정보를 주도적으로 찾고 관리하고 활용하며 텍스트를 직접 생산하고 공유하는 행위를 통해 삶의 제반 문제들을 스스로 해결해 나가는 능력으로 규정할 수 있다.[5]

우리 학교는 디지털 소양을 '윤리적 태도를 바탕으로 디지털 기술을 이해,

---

3) 신수범 외(2017). 정보과 교육과정에서 컴퓨팅 사고력과 연계한 디지털 소양 교육과정 프레임워크 개발. 정보교육학회 논문지 2017 제21권 제1호

4) http://www.iste.org/standards

5) 양길석(2020). 디지털 리터러시 역량의 자기진단 평가도구 개발. 디지털 융복합 연구 논문지 제18권 제7호

활용하여 정보의 탐색 및 관리, 창작을 통해 문제를 해결하는 능력'으로 정의하고, 학교교육과정인 '6년의 배움'의 기초소양 중 하나로 적용하였다.

디지털 소양의 체계를 살펴보다

디지털 소양의 내용 체계를 살펴보기 위해 ICT교육을 도입했던 제7차 교육과정의 정보통신기술ICT 교육 관련 자료를 살펴보았다.

초·중등학교 정보통신기술교육 운영지침에서는 ICT교육의 목적을 '정보 통신 기술을 이용한 정보의 생성, 처리, 분석, 검색 등에 관한 기초적인 정보 소양 능력을 기르고, 학습 및 일상생활의 문제 해결에 정보 통신 기술을 적극적으로 활용한다.'로 기술하고 있다.[6] 또한 컴퓨터의 기초 기능(구성과 관리, 운영체제)과 응용 소프트웨어, 컴퓨터 통신 기능 등을 복합적으로 이용하여 다양한 학습에 활용하고 일상생활의 문제를 해결할 수 있도록 해야 한다고 목표를 정하고 있다. 특히, 단순한 기능 위주의 정보 소양 배양보다는 교과 학습에 정보 통신 기술을 최대한 활용하여 자기 주도적 학습 능력을 기르는 데 중점을 두어야 한다고 밝히고 있다.

ICT교육의 내용 체계는 정보의 이해와 윤리, 컴퓨터 활용 기초, 소프트웨어(응용프로그램) 활용, 컴퓨터 통신, 종합 활동 등 5개의 영역으로 구분되어 있다. 첫째, '정보의 이해와 윤리'에는 정보기기에 대한 이해를 시작으로 정보의 개념과 정보윤리, 올바른 정보 선택과 활용 및 태도가 있다. 둘째, '컴퓨터 활용 기초'에는 하드웨어와 소프트웨어에 대한 이해와 사용법을 담고 있다. 셋째, '소프트웨어'에는 워드프로세서, 프레젠테이션, 멀티미디어 등의 기본과 활용을 배운다. 넷째, '컴퓨터 통신'은 인터넷 통신을 배워 이메일 사용, 정보 검색 및 수집 활용을 배운다. 단계별 지도 내용과 내용의 배열은 학습 순

---

6) 교육부(2000). 정보통신기술교육 운영지침

서를 의미하지 않고 예시적인 성격을 지니며 학교의 실정, 학생 능력과 수준 등을 고려해 탄력적으로 조정할 수 있게 되어 있다.

2021년을 기점으로 컴퓨팅 사고력 향상을 목표로 하는 소프트웨어교육에 더해서 인공지능 교육을 추가로 강조하여 교육 내용이 많아지고 폭이 넓어졌다. 디지털 소양을 교육하기 위해서는 조금 더 확장된 인공지능 교육으로 이어지기 위한 기반을 만들어 주어야 한다. 따라서 인공지능 교육의 내용 체계와 요소도 살펴보아야 했다. 우리 학교는 교육부와 한국과학창의재단에서 발행한 '학교에서 만나는 인공지능 수업'에서 정리한 프레임워크를 참고하였다.[7]

여기에서는 크게 3가지 영역으로 인공지능의 이해, 인공지능 원리와 활용, 인공지능의 사회적 영향으로 구분하고 있고, 특히 세부 영역에서 데이터, 컴퓨터 인식, 분류-탐색-추론, 기계학습과 딥러닝 등을 교육하도록 제시되어 있다. 데이터나 분류-탐색-추론 영역의 내용은 수학 교과에서 다루는 데이터 수집과 데이터를 그래프로 시각화하는 과정을 담고 있고, 과학 교과에서 가르치는 '기준에 따른 분류'와 내용이 유사한 측면이 있어 교과 수업과 함께 운영할 수 있다. 새로운 영역은 기계학습과 딥러닝이었고, 6학년 단계에서는 기계가 학습하는 과정을 설명할 수 있는 정도까지 요구하고 있다.

'디지털 소양' 내용 체계를 만들다

문헌 연구를 통하여 우리 학교 '6년의 배움' 교육과정에 도입할 디지털 소양 내용 체계를 다음과 같이 정리하였다. 먼저 디지털 소양의 하위 역량을 정보처리, 정보윤리, 프로그래밍, 데이터-인공지능[AI]으로 선정하였다. 디지털 소양 교육 시간은 1학년부터 4학년까지는 창의적 체험학습에서 확보하고 주

---

7) 교육부, 한국과학창의재단(2021). 학교에서 만나는 인공지능 수업

로 수학, 사회 교과 학습 시간과 프로젝트 수업에 적용할 수 있도록 배정하였다. 5학년과 6학년은 다른 학년과 동일하게 시간을 편성하며, 실과 수업에서 주당 1시간을 추가로 운영하였다.

저학년은 수학과 교육과정에 자료, 표, 그래프 등의 내용 체계가 있으며 이는 데이터 역량과 관련이 많다. 데이터에 대한 정확한 이해가 결국 인공지능에 대한 이해로 연결될 수 있다. 저학년부터 개인용 컴퓨터의 하드웨어를 살펴보며 할 수 있는 간단한 체험을 통해 흥미와 관심을 갖게 하였다. 특히 프로그래밍은 순서(절차)가 있는 그림형 또는 숫자형 보드게임을 통해 소양을 키울 수 있도록 하였다. 순서대로 진행되는 게임에 참여하는 경험과 게임에서 승리하는 조건 등을 생각하는 과정은 프로그래밍에서 가장 중요한 알고리즘을 이해하는 데 도움이 된다.

중학년은 학생이 주도적으로 참여하는 프로젝트 수업이 본격적으로 시작된다. 디지털 기기를 활용해 자료를 수집하는 방법을 배우고, 자료 중 신뢰성이 보장된 정보를 선택하여 출처를 남기는 과정을 익히도록 하였다. 노트북을 수업에 도입하려면 키보드와 마우스 또는 터치패드를 사용하는 연습이 필수적이다. 학교에서 운영하는 클라우드 기반의 학습관리시스템(LMS, Learning Management System) 사용을 위해 학생 아이디 로그인과 이메일 관리, 문서 작성 경험을 교육에 포함하였다.

프로그래밍은 피지컬 교구인 교육용 로봇을 제공하여 흥미와 재미를 느끼며 절차적 사고를 경험할 수 있게 하였다. 데이터의 경우 스마트폰에서 자주 사용하는 앱 중에서 공공 데이터를 기반으로 서비스를 제공하는 앱 사용 경험을 제공하고 서비스 운영 기반을 생각하게 하였다. 또한 웹사이트에서 제공하는 머신러닝을 훈련시키는 게임활동을 통해 데이터의 중요성을 알게 하였다.

고학년은 개인 학습용으로 제공된 노트북을 스스로 관리하고 운영할 수 있도록 구성하였다. 노트북 로그인 아이디와 비밀번호 관리, OS 업데이트 및 초기화 관리를 바탕으로 키보드를 이용한 자연스러운 입력장치 사용 능력과 클라우드를 활용한 자신의 데이터 관리까지 할 수 있도록 하였다. 또한, 학생들이 자신의 생각을 디지털 방식으로 표현하고 결과물을 생산할 수 있도록 구성하였다. 발표용 슬라이드나 동영상 결과물을 생산하고 공유하는 방법을 배우고, 공유하는 자료에는 개인 정보를 최소한으로만 담아서 안전하게 지키는 방법도 배우도록 하였다. 특히, 우리 학교는 프로그래밍과 데이터-인공지능AI의 경우 5, 6학년 교육과정에만 있는 실과 과목을 재구성하여 인공지능의 이해 및 활용, 인공지능 윤리까지 수업 내용으로 담았다.

2 실행하다

어디서부터 시작할까?

학생의 디지털 소양을 교육하기 위해서 무엇부터 준비해야 할까?

우리 학교는 전국 단위 무선 인터넷망 구축 사업이 시작되기 전에 프로젝트 수업을 위해 2학급당 하나의 무선공유기를 설치하고 학교 내 무선 인터넷망을 이미 사용하였다. 그러나 준비된 디지털 기기들은 모두 태블릿이었다. 디지털 소양을 키운다는 것은 결과적으로 학생이 콘텐츠 소비자가 아닌 생산자의 역할을 수행할 수 있도록 하는 것이다. 이러한 콘텐츠 생산자로서 역할을 수행하는데 터치 입력 방식의 태블릿은 디지털 소양 향상 목적에 적합하지 않았다.

우리는 디지털 기기부터 새로 바꾸기로 하였다. 3학년부터 6학년 학생들이 개별적으로 사용할 노트북을 마련하기로 하였다. 도교육청에서 진행하는 다양한 정보화 사업에 응모하여 예산을 마련하고, 부족한 부분은 학교 자체 예산을 사용하였다.

학교에서 학생들이 사용할 노트북을 마련하고 운영하려면 몇 가지 걸림돌을 해결해야 한다. 첫째, 노트북을 모든 학생에게 제공하기에는 가격이 너무 비싸다. 둘째, 노트북 운영체제[OS] 및 응용 소프트웨어 설치 관리에 너무 많은 시간이 소요된다. 우리 학교는 담임교사의 업무가 없는 시스템을 운영하기 때문에 정보부 담당 교사가 한 명밖에 없다. 외부 업체의 도움을 얻더라도 3~6학년, 약 400명의 노트북을 관리하기는 쉽지 않다.

디지털 소양을 위한 학교 준비 단계에서 학생용 노트북의 필요성과 비용 및 관리의 어려움을 해결하기 위해 우리 학교는 클라우드 기반 시스템으로 운영체제가 관리되는 노트북을 선택하였다. 학생이 사용할 응용프로그램[앱][APP]은 학교 클라우드 관리자가 지정해두면 각 노트북이 인터넷에 연결되었을 때 자동으로 설치가 진행된다. 또한 관리자가 승인하지 않은 응용프로그램이 설치되지 못하기 때문에 바이러스 감염을 예방할 수 있다. 스마트폰 터치에 익숙한 학생들에게는 모니터 터치 기능도 제공되었고, 평소에 사용해봤던 익숙한 웹브라우저이면서, 생산성에 필요한 키보드와 터치패드뿐만 아니라 스타일러스[터치펜] 입력장치 사용도 가능했다. 또한 이 노트북은 우리 학교에서 도입하여 사용하고 있는 클라우드 기반 학습 관리 시스템[LMS]과 유기적으로 연결되는 장점도 있었다.

3월, 새 학기 시작과 함께 학생들에게 각 학급 충전함에 보관된 개인 노트북이 하나씩 지정된다. 학생이 받은 노트북을 처음 사용할 때, 자신의 아이디와 비밀번호를 입력하여 사용자를 추가하고, 다음에 사용할 때 비밀번호를 이용하여 로그인하면 노트북을 사용하는 동안은 별도의 로그인이 필요 없다.

수업의 시작과 끝은 온라인 클래스룸 안에서 이루어진다. 온라인 클래스룸에 접속하면 수업 날짜에 해당하는 제목을 확인하고 입장하여, 수업의 전체적인 흐름을 확인할 수 있다. 또, 수업에 필요한 자료와 제출해야 할 학습지 등을 교사가 복사본으로 제공할 수 있다. 실과 수업은 주당 1회씩 전담교사가 담당하는데 일주일에 최소한 1시간만큼 개인 노트북을 사용하는 경험을 할 수 있다. 물론 학생의 사용이 익숙해짐에 따라 담임교사의 수업에서도 사용하는 빈도가 점차 높아지게 되었다.

● 일상적인 수업에서 자주 접하기

전담교사가 수업하는 실과 과목의 5, 6학년 사례를 기준으로 살펴보자. 수업에서는 디지털 기기 사용 방법을 지도하는데 초점을 두는 것이 아니라, 어떤 방식으로 사용할 수 있는지에 대한 경험을 키워주려고 하였다.

예를 들면 감명 깊게 읽었던 그림책을 하나씩 가져와서 인상적인 한 장면을 애니메이션으로 표현하는 수업 활동이다. 실제 해결해야 할 과제를 제시하고 과제를 해결하기 위해 학생 스스로 필요성을 느끼도록 하였다. 최종 결과물은 짧은 애니메이션이지만, 학생은 완성하는 과정에서 다양한 기능들을 연습하며 익히게 된다.

노트북을 실과 수업에서 지속적으로 사용하는 이유는 학생들이 개인 노트북 사용에 익숙해질 수 있는 절대적인 시간을 제공하기 위해서이다. 이 경험이 바탕이 되면, 담임교사들이 다른 과목의 수업을 진행할 때 개별 노트북 사용에 따른 부담을 줄여줄 수 있다. 기초적인 사용법을 전담교사의 수업 시간에 경험했기 때문이다.

디지털 소양을 키우는 데 중요한 기능 중 하나는 학생이 입력장치에 익숙해지게 하는 것이다. 학생에게 익숙하지 않은 입력장치인 '키보드'와 친해지기 위해 온라인에서 사용하는 무료 프로그램을 활용하였다. '말랑말랑 한컴타자[8)]'는 노트북에 응용프로그램을 설치하지 않고, 웹에서 바로 사용이 가능한 서비스를 제공한다. 스스로 연습이 가능하도록 화면에서 키보드 그림과 손가락 그림자를 겹쳐 애니메이션으로 보여준다. 고개를 숙여 시선이 아래로 향하지 않고 화면만 바라보며 연습이 가능하도록 되어 있어 빠르게 키보드 사용 방법을 습득할 수 있었다.

---

8) https://typing.malangmalang.com/

1학기를 마무리할 즈음 모든 학급 학생들의 한글 타자 테스트를 진행하였다. 3월 초 3주간 수업 시간 내에 연습 방법을 반복하여 진행하였고, 테스트도 미리 안내한 상황이었다. 학생 한 명이 전해준 이야기에 따르면, 6학년 자기 반 학생들은 쉬는 시간에 노트북을 꺼내어 타자 연습 웹사이트에 접속하여 제공되는 '게임방'을 만들어 함께 타자 연습을 하였다고 한다. 게임을 통해 연습하는 게 재미있었다고 한다. 그럼에도 전체 학생의 약 40% 정도만 제안했던 100(타/분) 속도를 기록하였다. 그나마 다행인 것은 손가락 전체를 사용하며 키보드 사용하려 노력하고 있었다는 점이다.

● **교과 내용에 연결하여 사용하기**

디지털 기기와 키보드 사용에 익숙해진 후, 수업 내용과 관련된 다양한 응용프로그램을 연결하여 사용자 경험을 가질 수 있도록 준비하였다. 학생들이 수업 과제로 작성해야 하는 온라인 학습지를 응용프로그램인 문서, 스프레드시트, 프레젠테이션 등의 기본 형식으로 만들어 제공하였다. 과제를 수행하는 과정에서 각 응용프로그램의 기초 사용 방법을 익혔다.

예를 들어 자전거 안전을 점검하기 위해 설문지 앱으로 체크리스트를 만들거나, 식물을 가꾸면서 하루 한 장 관찰 일지를 작성하는 프레젠테이션 수업을 진행하였다. 자료 관리를 위해 제공된 자료를 복사하여 자신의 클라우드에 보관하거나, 공유 링크를 만들어 제출하는 방법 또는 화면을 캡처한 파일을 이메일로 제출하는 등의 과정을 연습했다. 수업을 통해 정보처리 하위 역량을 반복적으로 연습하도록 상황을 만들어 자연스럽게 디지털 소양이 키워질 수 있도록 하였다.

● 디지털 소양 경험이 더 필요한 학생들

경상북도교육청에서는 기초 학력이 부족한 학생들을 위해 방과 후 '우리 반 희망 사다리 교실' 사업을 실시하고 있다. 우리 학교는 디지털 소양을 기초소양으로 정하고 있어 수업 시간만으로 따라오기 힘들어하는 학생들의 신청을 받아 수업 외 별도 시간을 마련하여 디지털 소양을 키우는 희망 사다리 교실을 운영하였다.

이 수업에 모인 학생들은 더 천천히 반복적으로 사용 연습을 할 수 있도록 운영하였다. 단, 설명을 최대한 줄이고 스스로 할 수 있도록 기다리고 도움을 요청할 때만 다시 설명해 주었다. 함께 참여하는 친구들의 도움을 받을 수 있다면 그 방법을 먼저 적용하였다. 교사의 설명 보다 친구의 설명이 더 이해하기 쉽다는 학생들이 많았기 때문이다.

● 정보처리 소양 기반으로 향상된 프로그래밍 소양과 데이터-인공지능(AI) 소양

소프트웨어-인공지능 교육으로 배정된 17차시 수업을 제대로 진행하기 위해서는 학생들의 정보처리, 정보윤리 소양이 뒷받침되어야 했다.

어떤 문제를 해결하기 위해 교사와 학생들이 대화를 나누며 온라인 학습지에 자신의 생각을 기록하는 과정에서 입력조차 할 수 없다면 수업이 진행될 수 있었을까? 자신이 검색하여 찾은 자료가 어디에서 가져왔고 얼마나 신뢰성이 있는지 확인하지 못한다면 수업에서 제출할 결과물의 완성도가 유지될 수 있었을까?

컴퓨팅 사고력 향상을 위한 '프로그래밍 수업'과 '데이터-AI 수업'에 학생들은 자연스럽게 참여하였다. 글을 쓰며 연필에 익숙해지듯 디지털 기기가 점차 불편하게 느껴지지 않았기 때문이라 생각한다. 주어진 문제를 해결하기 위해 교사와 대화를 주고받으며 알고리즘을 순차적으로 작성하는 것도 가능해졌다. 작성된 알고리즘을 바탕으로 하여 데이터를 이용한 인공지능 모델 훈련도 가능했다. 또한, 각자 자신의 노트북으로 작성해낸 블록 코딩 프로그램의 공유 링크를 만들고 과제를 제출하는 순서가 차근차근 진행되었다.

3 되돌아보다

결국 디지털 세대

학교가 아니어도 학생들은 잠자는 시간 외에는 디지털 세상에 항상 연결되어 있다. 과도한 몰입과 너무 많은 시간 낭비로 인하여 더 중요한 독서나 운동할 수 있는 시간을 빼앗기고 있는데 학교까지 디지털 소양을 더 강조해야 하는 걸까? 관점을 바꾸어 다시 천천히 생각해 보자. 항상 디지털 세상에 노출되어 있다면, 이제는 그 안에서 잘 살아갈 수 있도록 디지털 소양을 길러주어야 하지 않을까? 앞선 세대가 디지털 기기와 정보를 바르게 사용할 수 있도록 가르쳐주지 않았기 때문은 아닐까?

디지털 세대인 학생들이 소비자의 역할에만 머무르지 않고, 생산자로서 당당하게 디지털 세상을 살아갈 수 있도록 학교에서 준비해야 한다.

2022 개정 교육과정을 준비하며

개정 중점을 살펴보면 미래사회가 요구하는 역량 함양이 가능한 교육과정으로 디지털 기초소양 강화를 포함하고 있다. 모든 교과교육을 통해서 디지털 기초소양 함양 기반을 마련하고 이와 연계하여 정보 교육과정 재구조화를 통해 자율적인 학교별 정보 교과목을 편제하도록 제안하고 있다. 구체적 실행 방법으로 초등학교는 학교장 개설 과목으로 편성이 가능하다. 또한, 정보교육은 실과의 정보영역 시수와 창의적 체험활동 중 학교자율시간 등을 활용하여 34시간 이상 편성·운영 하도록 되어 있다.[9] 실과 내 '정보교육'을 위

---

9)   2022 개정 교육과정 (초등학교). p17.

한 17차시에 해당되는 내용이 '(5) 디지털 사회와 인공지능' 영역으로 개정되었다. 5개의 성취기준이 제시되어, 프로그래밍, 알고리즘, 문제해결, 데이터, 인공지능 이해 및 적용, 인공지능의 사회적 영향 등을 포함하고 있다.[10]

또한, 디지털-AI 교육 환경에 맞는 교수-학습 및 평가체제 구축 역시 강조하고 있다. 온오프라인이 혼합된 교육과정 편성과 운영이 가능하도록 준비하고, 디지털 학습 환경에서도 학생 참여 중심의 자기 주도적 역량 함양이 가능한 맞춤형 수업을 요구하고 있다. 이를 위해 학습관리시스템[LMS] 구축이 필요하며, 운영이 가능하기 위해서는 교사들도 체계적으로 준비가 선행되어야한다.[11]

학생들의 디지털 소양 강화는 방향성 제안으로만 이루어지지 않는다. 교육 현장에서 교사, 학생, 학부모의 의견 수렴을 통해 학교 교육과정 재구성을 논의하고, 그에 따른 구체적인 실천들로 가능하다.

일어날 일은 반드시 일어난다

빅데이터를 모아 우리의 마음을 읽어낸다는 자칭 마인드 마이너[Mind Miner] 송길영 작가는 한 방송에서 소설가 윌리엄 깁슨의 말을 인용했다.

"미래는 이미 와 있다. 다만 모두에게 균등하게 온 것은 아니다."

배움을 시작하는 초등학생에게 디지털 소양에 대한 반감이나 금기들이 생기지 않았으면 한다. 이미 다가온 미래를 다양한 방향으로 둘러보고, 넓게 경험할 수 있는 기회가 학교 안에서 주어졌으면 좋겠다. 넓게 경험해야 깊게 들

---

10) 2022 개정 교육과정 (초등학교). p301.
11) 2022 개정 교육과정 총론. p4~5.

어갈 수 있다.

다양한 분야의 경험을 지원하기 위한 기초소양으로서 디지털 소양이 필요한 시대이다. 스스로 배운 컴퓨터로 할 수 있는 건 게임이나 유튜브 시청이 전부인 우리 학생들에게 지금부터라도 더 넓은 세상을 항해할 수 있는 기회가 학교 안에서 제공되어야 한다. 뛰어난 내가 아니라 특별한 내가 될 수 있는 기회를 가질 수 있도록, 디지털 시대를 살아갈 학생들이 미리 준비할 수 있도록 학교가 체계적으로 도와주었으면 좋겠다.

핵심역량을 어떻게 키울까?

스스로를 키우는 힘, 자기 관리 역량

김진수

저자 김진수는 더 좋은 수업을 하고자 프로젝트학습과 역량 교육에 대해 열심히 배우고 있는 13년 차 교사입니다. 구미봉곡초에서 4년째 4학년 담임을 맡고 있으며, 프로젝트학습 및 과정중심평가를 주제로 교사 동아리 활동을 하면서 교수·학습 자료를 개발하고 있습니다.

1 자기 관리 역량이란?

국가교육과정에 제시된 자기 관리 역량에 관한 서술을 좀 더 직관적으로 이해할 수 있도록 우리 학교에서는 자기 관리 역량을 '자기 자신을 지속해서 계발, 관리하는 역량'이라고 재정의했다. 그리고 총론 해설서에 제시된 자기 관리 역량 하위 요소들을 비슷한 성격끼리 통합하여 '자기 조절', '자기주도적 학습력', '자아정체성'의 3가지로 간소화했다. 기존의 하위 요소를 새롭게 범주화하는 과정에서 합리적 경제생활 요소는 사회과 성취기준과 관련지어 핵심역량 중 [고차적 사고 역량]에서 함께 다룰 수 있는 것으로 보았고, 기초학습 능력은 완전히 분리하여 기초소양 부분에서 [문해력 / 수리력 / 디지털 역량]으로 세분화하여 다루기로 했다.

국가교육과정 '자기 관리 역량' 하위 요소 성격별 분류	우리 학교 자기 관리 역량의 하위 역량 설정
· 기본 생활 습관 형성	· 자기 조절
· 자기 통제 및 절제 · 자신의 감정 조절	
· 여가 선용 · (합리적 경제생활)	
· 자기주도 학습능력 · (기초학습 능력)	· 자기주도적 학습력
· 자아정체성 확립 · 자신감 획득 · 진로 개발 능력	· 자아정체성

각 하위 역량과 관련하여 학년별로 진행할 수 있는 예시 활동 및 학습의 범위와 수준은 다음과 같이 정리하였다.

역량	자기 관리 역량	
정의	자기 자신을 지속적으로 계발·관리하고, 변화하는 사회에 유연하게 적응하며 살아갈 수 있는 능력이다.	
하위 역량	· 자기 조절 · 자기주도적 학습력 · 자아정체성(자기성찰)	
1, 2학년	· **자기조절: 자기 생활 계획력, 과업에 집중하기** - 학교 생활 루틴 만들기 - 시간 약속 - 기초학습 도구사용 - 자기자리 주변 정리정돈 · **자기주도적 학습력** - 주제에 대해 내가 흥미있는 자료 선택하기 - 주제에 대한 생각 스스로 떠올리기	· **자아정체성: 자기 인식** - 나의 흥미와 재능 발견하기 - 나의 감정 말하기(기본 감정 표현)
3, 4학년	· **자기조절: 자기 생활 계획력** - 과업에 우선 순위 정하기 · **자기주도적 학습력** - 주제에 대한 학습 활동 선택하기	· **자아정체성: 자기 이해** - 나의 객관적인 정보 파악하기 - 호불호 생각 - 감정 이해, 복잡한 감정 표현 - 진로교육의 기초 - 도덕적 판단, 토론
5, 6학년	· **자기조절: 자기 생활 계획력** - 스스로 자기 습관 계획 결정하기 · **자기주도적 학습력** - 자신이 좋아하는 주제를 결정해서 학습 계획을 10차시로 세우기	· **자아정체성: 자기 가치관 정립** - 나의 객관적인 정보 파악하기 - 사춘기 이해 - 감정 이해, 감정 표현 - 진로교육(어떤 삶을 살 것인가, 직업 찾기) - 도덕적 상황에 대한 토론

하위 역량별 '역량 요소'와 '역량 잣대' 설정

'자기 조절'의 역량 요소를 설정하기 위해 학생들이 해당 역량을 발휘해야 하는 다양한 상황을 찾아 유목화한 결과, '시간 관리, 과제 관리, 학습 환경 조성, 말과 행동 및 감정의 조절'로 분류할 수 있었다. 그중에서 연관성이 깊은 '시간 관리와 과제 관리'를 하나의 역량 요소로 묶고, '학습 환경 조성'을 다음 역량 요소로 정했다. 끝으로 감정의 조절이 말과 행동에도 영향을 미친다는 점에서 '감정 관리'를 또 하나의 역량 요소로 정했다.

'자기주도적 학습력'의 역량 요소는 자기주도 학습 절차를 크게 세 단계로 구분하여 정했다. '학습 목표 달성을 위한 전략을 수립하고 실천하기', 실행 과정에서 '학습의 과정과 결과를 효과적으로 정리하기', '자신의 학습 전략을 성찰하고 개선하기'의 세 가지 역량 요소를 설정하여, 학생들은 자기주도 학습의 전반적 과정을 고르게 익히고 교사는 관련 요소들을 고르게 평가할 수 있게 하고자 했다.

'자아정체성'의 역량 요소는 아동 청소년기의 자아정체성 발달 과정과 관련지어 자신의 특성을 인식하는 과정에 해당하는 '자기 인식하기'와 자신의 모습을 개선하고 미래를 설계하는 과정에 해당하는 '자신의 삶의 방향성 찾기' 두 가지로 정했다.

3가지 하위 역량과 각각의 역량 요소에 대하여 학년 군별로 정한 '역량 잣대'는 〈부록〉과 같다.

학년별 자기 관리 역량 프로젝트

그동안 우리 학교는 프로젝트 수업을 해오면서 학년 간 주제와 수준의 차이에 대해 많이 고민했다. '수업 다모임'을 통해 각 학년의 프로젝트 수업 사례를 공유하다 보면, 2개 이상의 학년에서 비슷한 주제로 프로젝트를 운영했는데 종종 그 내용과 수준이 크게 다르지 않았던 것이다. 이런 고민을 해결하는 데 역량 배움 지도는 많은 도움이 되었다. 어떤 역량을 길러주기 위한 프로젝트를 계획할 때, 학년 간에 연계성을 갖추면서도 그 내용과 수준을 다르게 할 수 있는 기준이 생긴 것이다. 현재 각 학년에서는 '6년의 배움'이라는 이름의 이 역량 배움 지도를 참고하여 학년별 수준과 연계성을 고려한 프로젝트학습을 설계하고 있다.

다음 표는 각 학년에서 1년 동안 자기 관리 역량을 키우기 위해 실시한 교육활동 중에서 가장 대표적인 것들을 나타낸 것이다. 가로축은 자기 관리 역량의 세 가지 하위 역량을 의미하고, 세로축은 해당 학년을 뜻한다.

자기 관리 역량의 하위 역량 중 하나인 자기 조절 역량을 키우기 위한 교육활동은 주로 3월에 이루어진다. 학년별 특성을 고려하여 등교해서 하교할 때까지 시간별로 해야 할 일, 정리 정돈 방법 등을 정해야 하는 이유와 그 실천방법을 알아본다. 또한 자신에 대한 이해를 바탕으로 긍정적인 교우관계를 맺고, 자신의 감정을 인식하고 관리하는 방법을 찾아 익히게 된다.

자기주도적 학습 역량은 학습의 방법을 배우는 것과 관련이 있다. 따라서 학생들은 1년 동안 이루어지는 대부분의 프로젝트학습과 학생 중심 교육활동의 일반적 과정을 통해 '문제 발견-목표 설정-계획 수립-실행-성찰'이라는 절차를 배우고 자기주도적 학습 태도를 기르게 된다.

자아정체성 역량 관련 교육활동의 주제는 저학년의 경우 가족과 감정에 대한 인식을 중심으로 설계한다. 중학년은 성격에 대한 이해, 개인과 집단의 관계를 다루고 고학년은 동아리 활동을 바탕으로 다양한 진로를 탐구하도록 설계하였다.

구미봉곡초 자기 관리 역량 관련 교육 활동 및 프로젝트

하위 역량	자기 조절	자기주도적 학습	자아정체성(자아 성찰)
6학년			**창업 동아리 프로젝트** - 기간(차시): 2022.7.1.~7.15(20차시) - 역량 잣대: 나에게 적합한 진로 방향을 적성검사를 통해 확인하고, 조사를 통해 관련한 정보를 모아 포트폴리오를 만들 수 있다. - 주요 활동 내용: 창업을 바탕으로 가계와 기업의 경제적 역할을 이해하고 자유로운 경제 활동을 체험한다.
5학년			**우리가 만드는 동아리 프로젝트** - 기간(차시): 2022.8.24~10.28(26차시) - 역량 잣대: 나에게 적합한 진로 방향을 적성검사를 통해 확인하고, 조사를 통해 관련한 정보를 모아 포트폴리오를 만들 수 있다. - 주요 활동 내용: 자신의 흥미와 소질을 바탕으로 동아리를 편성하여 운영하고 학습 결과물 공유하기
4학년	**진정한 열한 살 프로젝트**	**학생 생성 교육과정** - 기간(차시): 2022.6.27~7.15(20차시) - 역량 잣대: 선택한 프로젝트의 실천 과정과 결과를 이용하여 결과물을 정리할 수 있다. - 주요 활동 내용: 탐구 주제를 정하고 학습 계획을 세워 탐구를 실천하며, 실천 과정과 결과를 원하는 방법으로 정리하여 발표한다.	**진정한 열한 살 프로젝트**
3학년	**약속으로 행복한 시작 프로젝트** - 기간(차시): 2022.3.2.~3.31.(20차시) - 역량 잣대: 자신의 성장을 위해 필요한 활동(생활, 학습)을 바탕으로 구체적인 시간과 과제를 선정하여 실천하고 점검할 수 있다.(1주 단위) - 주요 활동 내용: 학교의 여러 장소(교실, 복도, 계단, 도서관, 급식실, 강당 등)에서 지켜야 할 규칙을 함께 만들어 실천한다.		
2학년	**자기 앞가림 프로젝트** - 기간(차시): 2022.3.2.~3.31.(20차시) - 역량 잣대: 자신의 성장을 위해 필요한 활동(생활, 학습)을 바탕으로 구체적인 시간과 과제를 선정하여 실천하고 점검할 수 있다.(1일 단위) - 주요 활동 내용: 아침 시간, 점심시간, 청소 시간에 해야 할 일을 알고 학급 매뉴얼을 만들어 꾸준히 실천한다.	**관찰 프로젝트** - 기간(차시): 2022.4.4.~6.30.(12차시), 10.4.~12.23.(12차시) - 역량 잣대: 자신의 수행 과정을 학습 내용에 알맞은 표현 방법을 선택하여 정리할 수 있다. - 주요 활동 내용: 매주 관찰의 시간을 통해 오감으로 사물을 관찰하고, 두 가지 이상의 사물과 비교하여 관찰한다.	
1학년	**입학 초기 적응 활동** - 기간(차시): 2022.3.3.~3.25. - 역량 잣대: 자신의 책상과 사물함 및 주변을 정리할 수 있다. - 주요 활동 내용: 자기 물건에 이름 쓰고 사물함과 서랍을 정리 정돈한다.		**달라도 친구 프로젝트** - 기간(차시): 2022.3.21.~3.25.(18차시) - 역량 잣대: 나의 모습, 성격, 스스로에게 바라는 점 등 나에 대해 이야기할 수 있다. - 주요 활동 내용: 버츄활동을 통해 나와 친구의 보석을 찾아 이야기한다.

2 자기 관리 역량 프로젝트 소개

프로젝트 소개

● 4학년 자기 관리 역량 프로젝트 '진정한 열한 살'

기술의 발전과 사회 변화로 인해 가까운 미래도 쉽게 예측하기 힘들어진 오늘날, 불확실한 미래를 살아갈 학생들이 '자기 삶의 주인'이 될 수 있도록 학교가 잘 준비시켜야 할 필요성이 더욱 커지고 있다. '어떻게 하면 학생들이 자기 삶의 주인이 되는 데 도움을 줄 수 있을까?', '지금까지는 그렇게 가르치지 않았던가?'라는 고민은 학급 생활에 대해 아이들과 가장 많은 이야기를 나누게 되는 '매년 3월'을 되돌아보게 하였다.

우리는 이 프로젝트를 통해서 학급 생활의 기틀을 마련하기 위한 일련의 학기 초 교육활동을 학생의 성장이라는 관점에서 재검토하고자 하였다. 학생들이 '앞으로 1년 동안 교실에서 어떻게 살면 좋을까?'라는 질문에 대한 대답을 찾아가는 과정을 통해 '내 삶의 진정한 주인이 되어 자신을 관리하고 발전시킬 수 있는 힘'을 기를 수 있도록 돕고 싶었다.

자기 관리 역량 프로젝트 준비

● 4학년에 필요한 자기 관리 역량의 요소와 학습 설계

먼저, 작년 3학년 담임선생님들의 의견을 바탕으로 올해 4학년 학생들의 특성을 다음과 같이 파악했다.

첫째, 타인에 대한 배려심과 이해심이 부족한 편이다.

둘째, 교육활동에 매우 적극적이고 기초학력은 양호한 편이다.

이에 따라 프로젝트에서 시간과 환경의 관리, 행동과 감정의 조절을 중요하게 다루기로 하고 다음과 같이 학습 과정을 구성했다.

[자기 조절]

• **기본 생활 습관 형성**

시간, 장소, 상황별 할 일 알아보기 → 실천 방법 정하기 → 실천 점검 및 성찰하기

• **자기 통제 및 절제(감정 조절)**

감정이 드러나는 순간 인식하기 → 감정을 조절하고 바르게 표현하는 방법 알기 → 갈등을 해결하는 방법 익히기

[자아 정체성]

• 성장 마인드셋 가지기 → 자신의 특성을 이해하기 → 자기 소개하기
• 학급 일원으로서 자신의 가치 발견하기 → 학급에 대한 소속감 더하기

● **자기 관리 역량과 공동체 역량의 관련성**

자기 관리 역량과 공동체 역량은 관련성이 많다. 개인과 공동체는 서로에게 영향을 주고받는다. 개개인의 자기 조절 모습은 집단의 문화에 영향을 끼치고, 집단의 문화가 소속된 개인의 행동 의지에 영향을 주기도 한다. 공동체 생활을 통해 새로운 자아를 발견하기도 하지만, 기존의 자아에 대한 인식이 공동체 속에서 흔들리기도 한다. 또한 규칙을 마련하거나 갈등을 해결하려는 상황처럼 개인의 영역과 공동체의 영역이 명확히 구분되지 않을 때도 많다. 이런 이유로 프로젝트의 중점은 자기 관리 역량이었지만, 공동체 역량도 같이 고려하여 설계할 필요가 있었다.

3 프로젝트 설계

· **운영 기간**: 3월

· **목표**

1) 시간과 과제를 효율적으로 관리해야 하는 필요성을 알고 관리 방법을 찾아 실천한다.

2) 학급에 필요한 규칙을 정하는 과정에 적극적으로 참여하며 결정된 규칙을 실천한다.

3) 내적 갈등 상황에서 바른 판단을 내리는 방법을 알고 실천한다.

4) 감정을 표현하는 바람직한 방법을 알고 친구와의 갈등 상황에 적용한다.

5) 공동체 참여 과정을 통해 자신의 특성과 가치를 발견한다.

· **탐구 질문**

1) 4학년으로서 갖추어야 하는 습관과 태도에는 어떤 것들이 있을까?

2) 더 나은 교실을 만들기 위해 내가 할 수 있는 일은 무엇일까?

관련 교과 및 성취기준

도덕	**[4도01-02]** 시간과 물건의 소중함을 알고 자신이 시간과 물건을 아껴 쓰고 있는지 반성해 보며 그 모범 사례를 따라 습관화한다. **[4도04-02]** 참된 아름다움을 올바르게 이해하고 느껴 생활 속에서 이를 실천한다. [4도02-03] 예절의 중요성을 이해하고, 대상과 상황에 따른 예절이 다름을 탐구하여 이를 습관화한다. [4도02-04] 협동의 의미와 중요성을 알고, 경청, 도덕적 대화하기, 도덕적 민감성을 통해 협동할 수 있는 능력을 기른다.
국어	**[4국01-02]** 회의에서 의견을 적극적으로 교환한다. [4국01-06] 예의를 지키며 듣고 말하는 태도를 지닌다. [4국03-03] 관심 있는 주제에 대해 자신의 의견이 드러나게 글을 쓴다.

프로젝트의 흐름

순서	단계	학습 내용	차시	학습 자료
1	기초	• 어떤 4학년이 되고 싶어? • 성장 마인드셋 심기 • 나는 어떤 사람일까? • 학급 약속 정하기	12	- 『진정한 일곱 살』 『틀려도 괜찮아』 - 포스트잇 - 활동지
2	심화	• 꾸준한 실천을 위한 탐구와 연습 - 충동을 참기 어려운 상황 - 합의한 방식으로 문제가 해결되지 않는 상황 - 습관이 자리 잡기 위한 꾸준한 반복 • 공동체 속 나의 가치 발견하기 - 의미 있는 역할 찾아 실천하기 - 다짐을 담아 학급 상징 만들기	12	- 학생 작품 - 활동지
3	전이	• 학년 문화 개선하기	5	- 포스터 - 공유 문서
4	정리	• 되돌아보기	1	- 활동지

평가 계획

수행과제		학교에서 지켜야 할 규칙과 공익의 중요성을 알고 공익에 기여할 수 있는 일을 찾아 실천한다
평가기준	지식	학교에서 지켜야 할 규칙과 공익의 중요성을 알고 있는가?(구술)
	태도	공익에 기여할 수 있는 일을 찾아 꾸준히 실천하는가?(관찰)

수행과제		학급에 필요한 규칙을 정하기 위한 회의에 참여하여 근거를 들어 자신의 의견을 말하고 상대방의 의견을 경청하기
평가기준 (방법)	지식	회의 절차와 규칙 및 참여자의 역할을 알고 있는가?(지필)
	기능	적절한 근거를 들어 자신의 의견을 말할 수 있는가?(관찰)
	태도	상대방의 의견을 경청하는가?(관찰)

4 프로젝트
실행

어떤 4학년이 되고 싶어?

"여러분, 혹시 이 책 읽어본 적 있나요?" (네!)
"표지에 보이는 사람은 몇 살일 것 같아요?" (일곱 살이요!)
"음, 그렇다면 선생님은 열한 살이 된 여러분에게 왜 이 책을 보여주는
걸까요?"

만남 첫날 학생들에게 읽어줄 책으로 『진정한 일곱 살[1]』을 고른 것은, 학생들이 4학년으로서 무엇을 더 할 수 있어야 하는지 스스로 생각해 보기를 바랐기 때문이다. 또한 1년 동안 '선생님이 시킨 대로 잘 따르는 학생'이 아니라 '스스로 할 일을 인식하고 실천하는 학생'이 되기를 바란다는 메시지를 주려는 의도이기도 했다.

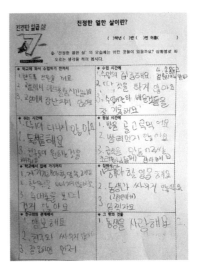

책을 읽어준 후, 진정한 열한 살로서 할 수 있어야 하는 것에 대해 이야기를 나눴다. 생각의 범위를 차츰 학교와 교실 상황으로 좁혀가며 지난 3년간 학급에서 정한 약속과 아쉬웠던 점들을 떠

---

1) 허은미, 『진정한 열한 살』, 만만한책방, 2017

올려보게 하고, 각자 생각을 정리하며 활동지를 작성하도록 했다. 작성한 내용을 간단히 발표한 후, 하나의 공동체로서 무엇을 소중한 가치로 삼고 실천해가면 좋을지 한 달 동안 함께 생각하고 연습하자고 동기를 부여하며 첫 활동을 마무리했다.

성장 마인드셋 심기

자기 스스로 자신의 모습을 변화시킬 수 있다는 믿음을 갖는 것은 자기 관리 역량 프로젝트뿐만 아니라 모든 학습을 위한 전제 조건일 것이다. 이런 이유로 역량 배움 지도를 만드는 과정에서 '성장 마인드셋'을 기초소양의 한 요소로 넣을 것인지 고민하기도 했었다. 결과적으로 이것은 소양이라기보다는 하나의 태도라고 보는 것이 적절하니 자기 관리 역량에 포함하기로 하였지만, 성장 마인드셋을 심어주는 것은 학생들의 성장을 위해 3월에 놓치지 말아야 할 과정이라고 생각한다.

그렇다면 성장 마인드셋을 심어주는 방법은 어떤 것들이 있을까? 학생들이 이해하기 쉬운 자료나 예화 등을 통해 자신감과 믿음을 주고 과정 자체를 격려하며, 작은 성공의 경험에서 의미를 발견하게 하는 것이 도움이 되겠다고 생각했다. 그래서 만남 첫날, 두 번째 그림책으로『틀려도 괜찮아』[2]를 읽어주었다. 책을 읽은 후 1년 동안 실수나 실패에 대한 두려움과 자책을 버리고, 도전과 꾸준한 노력을 통해 개인으로서도 집단으로서도 발전할 수 있다는 믿음을 가지고 생활하자고 이야기했다.

나는 어떤 사람일까?

자기소개 활동에 앞서, 먼저 학생들에게 자기 자신을 좀 더 이해할 수 있

---

2) 마키타신지(2018). 틀려도 괜찮아. 토토북

는 시간을 주고 싶었다. 자신의 특성을 알아본 후에는 '내가 만들어 가고 싶은 나의 모습'에 대해서 생각하게 하고 싶었다. 그래서 최근 학생들도 많은 관심을 가지는 성격 유형 검사와 미덕 중심 교육법인 버츄 프로젝트[3]를 자기소개 활동에 섭목해보기로 했다.

"선생님이랑 저랑 성격 유형이 같아요!"
"저는 I인데 E로 바뀌면 좋겠어요. 자신감이 부족하고 소심하기 때문이에요."

먼저 성격 유형 검사를 하기 위해 'MBTI 검사[4]'의 아동 청소년용 검사지를 활용했다. 검사를 거친 후 성격 유형별 특징을 알려주고 같은 성격 유형을 가진 친구가 있는지, 우리 반에는 어떤 성격 유형이 가장 많은지 찾아보며 성격 유형에 대한 이해도를 높였다. 또한 자신의 성격 특성 중에서 바꾸고 싶은 부분이 있는지, 있다면 이유는 무엇인지도 이야기해보았다. 활동을 정리하며 이번 검사 결과가 완벽한 것은 아니므로 현재의 나를 이해하는 참고 자료 정도로만 생각하고, 성격은 시간을 거쳐 변하기도 하니 앞으로 어떤 사람이 되고 싶은지 고민하면서 그렇게 되도록 노력하는 것이 중요함을 강조했다.

"저의 대표 미덕은 배려입니다. 친구를 잘 돕고, 친구 입장에서 생각하려고 노력합니다."
"저는 끈기를 더 기르고 싶습니다. 끈기가 부족해서 포기할 때가 많았기 때문입니다."

---

3) Linda Kavelin Popov, Dr. Dan Popov, John Kavelin가 창안한 52가지 미덕과 5가지 전략 중심의 인성연마 프로그램(한국버츄프로젝트,virtues.or.kr)

4) Myers-Briggs Type Indicator, C.G.Jung의 심리유형론을 근거로 하여 Katharine Cook Briggs와 Isabel Briggs Myers가 보다 쉽고 일상생활에 유용하게 활용할 수 있도록 고안한 자기보고식 성격유형지표(한국MBTI연구소,mbti.co.kr)

다음으로 각자의 대표 미덕을 뽑아보는 활동을 했다. 버츄 프로젝트를 본격적으로 적용하려면 충분한 준비 과정이 필요하기 때문에, 해당 시간에는 속성이 명확하고 이해하기 쉬운 미덕 26가지 중에서 자신의 대표 미덕을 고르고 그 이유를 발표하도록 했다. 친구들의 발표를 들으며 자신과 같은 미덕을 가진 친구를 찾기도 하고, 다른 미덕의 중요성에 대해서도 생각해보며, 1년 동안 더 기르고 싶은 미덕은 무엇인지 이야기를 나눴다.

이후에는 각자의 성격 유형과 대표 미덕을 포함하여 책상에 붙일 이름표와 게시판에 붙일 자기 소개 작품을 꾸몄다. 또한 각 학생들의 개별 특성을 더 자세히 파악하기 위해 문장 완성 검사를 실시했다.

자기 조절을 위한 학급 약속 정하기

다음으로 개인과 학급 전체를 위한 행동 수칙을 정하고 실천하는 과정을 통해 학생들의 자기 조절 역량을 길러주려고 하였다. 이 과정에는 학생들의 자발성이 매우 중요한 역할을 할 것이라 판단하고, 학급 긍정 훈육법[5]의 아이디어를 참고하여 바람직한 교실의 모습을 학생들이 직접 찾아보게 하기로 했다. 그 후 모둠별로 세부 주제를 나눠 좀 더 구체적으로 학급 약속을 정하기로 하였다.

먼저 학생들의 발표를 통해 개인의 바람직한 성장과 타인의 권리를 존중하기 위해 학급 약속이 필요하다는 공감대를 형성하고, 학교에서 해야 하는 것과 하면 안 되는 것을 정하기 위해 예전 학급에서의 경험을 떠올리게 했다. 학생들은 불편하거나 속상했던 경험은 빨간 포스트잇에, 편안하거나 기분 좋았던 경험은 파란 포스트잇에 적은 후 구분하여 칠판에 붙였다. 교사는 나온 의견들을 읽어주면서 비슷한 것끼리 유목화하여 칠판에 다시 정리했다.

---

5) 제인넬슨 외(2014). 학급긍정훈육법. 에듀니티

주로 나온 의견은 다음과 같다.

싫은 교실의 특성: 거짓말, 물건을 가져감, 놀림, 질서 없음, 폭력 등
바라는 교실의 특성: 놀리지 않음, 배려, 질서(정숙), 폭력이 없음, 정직 등

싫은 교실과 바라는 교실에 대해 학생들이 떠올리는 생각은 주로 친구 사이에서 일어나는 일에 관한 것들이 많았다. 그 생각들을 모아서 타인에게 피해를 주지 않기 위한 규칙을 정할 수 있었지만, 개인의 효과적인 시간 및 환경 관리를 위해 필요한 행동을 정하기는 어려웠다. 그래서 '필요한 교실'이라는 주제로 한 번더 학생들의 생각을 모았다. 이번에는 학
교에서의 일과를 차례대로 떠올려보며 주로 어떤 상황에서 선생님께 소위 '잔소리'를 듣게 되는 것 같은지, 또 어떤 준비나 태도를 갖추면 나에게 더 도움이 되겠는지 적어보도록 했다. 이때, 첫날에 했던 '진정한 열한 살' 활동지를 참고하는 것이 도움이 되었다.

필요한 교실의 특성:
아침 활동, 수업 준비, 수업 태도, 시간 준수, 물건 정리,
복도 통행, 식사 예절, 방역 활동 등

두 차례의 생각 모으기를 통해 자신과 타인을 위한 학급의 행동 수칙이 어느 정도 정리되었다. 발견한 특성들을 그대로 학급 약속으로 정하고 과정을

마무리할 것인지, 아니면 더 세부적인 규칙을 세울 것인지는 각 반 담임교사의 판단에 따라서 다르게 전개되었다. 규칙을 더 세부적으로 정한 반에서는 먼저 모둠별로 한 가지씩 주제를 맡아서 각 모둠이 주제별 세

부 내용을 정하게 하고, 각 모둠에서 작성한 내용을 함께 검토한 후 학급 약속을 완성했다.

● 다른 학년에서는 이렇게

2학년에서는 저학년의 특성을 고려하여 학급 일과별 상세 루틴을 만들어 실천하도록 했다. 먼저 아침 시간, 청소 시간, 점심시간별로 할 일을 찾아 이를 순서도로 나타냈다. 이후 모의 실행 과정을 통해 오류를 수정하고, 검토가 끝난 루틴을 각자 실천하며 습관표에 실천 여부를 기록했다. 한 달 동안의 실천 후에는 자신의 수행 태도를 반성하고, 학급 생활 루틴의 수정할 점을 찾아 다음 달에 새롭게 반영했다.

3학년에서는 『왜 마음대로 하면 안돼요?』[6] 책을 소재로 자기 조절이 필요한 상황에 대해 탐구했다. 먼저 이야기 속에서 드러난 문제 상황을 찾아보고, 학교에서 내 마음대로 했을 때 발생할 수 있는 문제점들을 찾았다. 이어서 그에 대한 해결방안을 문장으로 쓰고 4컷 만화로 나타낸 후, 최종적으로 규칙을 정하는 과정으로 이어 나갔다.

---

6) 양혜원(2014). 왜 마음대로 하면 안돼요?. 좋은책어린이

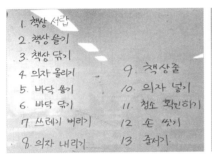

| 2학년 학급 루틴 | 3학년 규칙 4컷 만화 |

규칙을 정하는 것만큼 중요한 것은 만든 규칙이 실천으로 이어지게 하는 것이다. 실생활에서 지켜지지 않는 규칙은 오히려 학생들의 규칙 준수에 대한 민감성을 떨어뜨릴 수도 있다. 또한 자기 조절 능력의 성장을 위해서는, 학생들이 자율적 판단에 따라 성공적으로 규칙을 준수하는 경험을 많이 해 보아야 한다. 그래서 규칙 수립 이후에도 이에 대한 추가적인 탐구와 연습이 필요하다고 생각하였다.

● 충동을 참기 어려운 상황에 대한 탐구

학기 초 몇몇 학생들은 즉각적인 벌이나 손해가 없다고 느끼면 충동을 잘 조절하지 못하는 듯 보였다. 학생들이 학교에서 잘 지키지 않는 규칙 중 하나가 실내에서 뛰지 않는 것인데, 이를 주제로 토의했을 때 벌을 강화하는 것 외에는 적절한 방안이 잘 나오지 않았다. 대부분의 학생들은 규칙을 알지만 강제하지 않으면 뛰고 싶다는 충동을 참기 어려워한다. 어쩌면 그 짧은 순간에 자신이 하려는 행동이 불러올 수 있는 연쇄적 결과를 예측하지 못하기 때문인지도 모른다. 그래서 시도해본 것이 '생각 가지 뻗기' 활동이다.

'생각 가지 뻗기'는 약속으로 정한 이후에도 학급에서 잘 지켜지지 않고 있는 행동에 대하여, 자기 조절 과정을 통해 어떤 행동을 했을 때와 그렇게 하지 않았을 때 각각의 결과를 종이에 단계별로 적어보는 활동이

생각의 가지를 뻗어 자기조절의 힘 기르기	
(의자 꾸덕거리기)를 하면 나에게 어떤 일이 생길 수 있나요?	(의자 꾸덕거리기)를 하지 않으면 나에게 어떤 일이 생길 수 있나요?
의자를 꾸덕꺼림	외자를 꾸덕거리고 싶은 마음을
넘어져 다침	넘어져 다치지 않음
병원에 실려간다	미덕이를 쓰지 않는다
병원비가 많이 나온다	습관을 고칠 수 있다
엄마, 아빠에게 혼난다	선생님께 칭찬을 듣는다

다. 학생들은 어떤 행동의 결과로 나타날 수 있는 여러 가능성을 직접 적어보았더니 머리로 생각하는 것보다 훨씬 실감이 난다는 반응을 보였다. 또한 다수의 생각을 모으는 과정에서 자신이 미처 생각하지 못한 부분, 즉 자신의 행동이 의외의 과정을 통해 나 또는 소중한 사람에게 피해를 입힐 수 있다는 것에 대해서도 알게 되었다.

< 활동 TIP >

이 활동을 할 때 너무 많은 단계를 거치다 보면 최종 단계는 지나치게 극적으로 전개될 수 있기 때문에, 5단계 정도까지만 나타내도 목적의 달성에는 충분할 것 같다. 또한 활동 과정에서 학생들의 장난기로 인해 다양한 제시 상황의 최종 단계가 하나같이 '사망한다.' 또는 '외롭게 늙어간다.'와 같은 형태로 나타날 수 있으니 어느 정도 진지하게 활동에 임하도록 안내해야 한다.

● 합의한 방식으로 문제가 해결되지 않는 상황에 대한 탐구

자신의 감정 조절과 친구와의 갈등 해결을 위해 '나 전달법' 또는 일명 '행감바(행동, 감정, 바람) - 인사약(인정, 사과, 약속)' 전략을 활용하는 경우가 많다. 올해 우리 반 역시, 학생들의 동의를 거쳐 이것을 표준 갈등 해결 방법으로 정

했다. 그런데 이상하게도 3월 한 달이 다 지나도록 몇몇 학생들은 마치 우리 반에 그런 규칙이란 존재한 적이 없다는 듯, 사소한 일로도 툭하면 흥분하여 선생님을 찾곤 했다.

> 철수: 영희가 저를 치고 가서[행동] 기분이 나빴어요.[감정] 사과하고 앞으
>   로 안 그러면 좋겠어요.[바람]
> 영희: 선생님, 그런데 저는 진짜로 철수를 치지 않았어요. 억울해요!
>   [인정하지 않음]
> 철수: 아니에요! 영희가 진짜로 여기를 치고 갔단 말이에요!
>   [울면서 피해를 계속 호소함]

있었던 일에 대한 두 학생의 인식이 다른데, 누구 한 명 오해나 실수의 가능성을 인정하지 않고 팽팽한 대치 상태를 유지하는 상황이다. 몇 차례 비슷한 상황의 반복을 겪다 보니, 웬만해서는 자기 주장을 굽히지 않는 몇몇 학생들의 성품과 우리 반 갈등 해결 방법의 허점이 만나 일어나는 현상이라는 생각이 들었다. 학생들에게 보완책을 생각해보자고 제안하자 'CCTV나 목격자를 통해 확인하자.', '자신이나 소중한 사람의 명예를 걸고 말하게 하자.', '의심받은 사람이 조금만 사과하고 상대방은 고맙다고 하자.' 등의 의견이 나오긴 했으나, 현실성과 공정성을 고려하여 교사가 제안한 '조건부 사과'라는 방식을 택하기로 했다. 그 후 비슷한 상황에서 '조건부 사과'를 적용했을 때, 비록 서로가 완벽히 만족하지는 않았지만 서로 대화의 흐름이 꽉 막힌 채 한참이 지나도 풀리지 않는 상황은 피할 수 있었다. 학생들은 자기가 생각하는 것 외의 가능성이 있을 수 있다고 생각하는 것만으로도, 또한 가정을 바탕으로 한 사과라 하더라도 타협의 물꼬를 트는 데 도움이 될 수 있다는 것을 알게 되었다.

철수: 네가 나를 치고 가서[행동] 속상했어. [감정] 사과하고 앞으로 조심하면
　　　좋겠어. [바람]
영희: 나는 너를 치고 가지 않았다고 생각해. 하지만 만일 나도 모르게
　　　그랬다면[조건부 인정] 미안하고[사과] 다음엔 조심할게. [약속]
철수: 나는 네가 나를 치고 갔다고 생각했어. 하지만 만일 내가 오해한
　　　거라면[조건부 인정] 미안하고[사과] 다음엔 오해하지 않을게. [약속]
교사: 다행히 큰 피해가 생긴 건 아니니까 또 이런 일이 생기지 않도록
　　　좀 더 조심하고, 서로를 이해하도록 좀 더 노력해보자.
　　　서로 조금씩 양보한 모습이 참 기특해.

● 새로운 습관이 자리 잡기 위한 꾸준한 반복 연습

　어떤 행동의 변화가 자연스러운 습관으로 자리 잡는 데에는 최소 21일이 걸린다고 한다. 그렇다면 학기 초 약속을 통해 정한 자기 조절의 요소들이 학생들에게 습관화되는 데에도 적어도 한 달 정도의 시간은 필요할 거라 생각하였다.

　아침 활동 시간, 쉬는 시간, 청소 시간에 해야 할 일을 습관화하기 위해서 가장 좋은 방법은 매일, 매시간 확인하는 것이다. 문제는 시간과 노력이 너무 많이 걸린다는 것이다. 그래서 확인해야 하는 내용의 특성에 따라서 학생 담당자를 정해 점검하거나, 주 1회 정도 교사가 무작위로 확인하는 방법을 택했다.

　수업 태도뿐만 아니라 일상적인 생활 태도, 교우관계 문제에 대한 지도는 학급 긍정 훈육법과 버츄 프로젝트의 지도 원리를 참고하여, 비난보다는 격려를 통해 학생들 스스로 문제점을 발견하고 개선하는 기회를 주고자 노력했다. 물론 실천하는 과정이 쉽지는 않았으며 학생들의 자기 조절 능력을 길러주기 전에 교사의 자기 조절력이 충분해야 함을 느낄 수 있었다.

< 활동 TIP >

서랍과 사물함 정리는 4학년 학생들도 어려워하는 경향이 있다. 주어진 공간을 어떻게 활용해야 물건을 효율적으로 수납하고 찾을 수 있는지 모르는 경우가 많아서, 서랍과 사물함에 맞는 바구니와 파일 박스를 일괄 구매하여 지급하고 각각의 위치와 용도를 정해주었더니 이후로는 한결 신속하고 깔끔하게 물건을 정리하는 모습을 볼 수 있었다.

자아정체성+1, 공동체 속에서 나의 가치 발견하기

● **의미 있는 역할 찾아 실천하기**

기존의 학급 1인 1역 활동을 되돌아보면서 올해는 이 활동을 통해 학생들이 공동체 일원으로서의 책임감뿐만 아니라, 자신이 학급에서 할 수 있는 역할을 찾아 실천함으로써 자신의 새로운 가치를 발견하면 좋겠다고 생각하였다. 전반적인 활동 과정은 학급 긍정 훈육법의 기본 아이디어를 참고하여 ① 자신이 학급을 위해 의미 있게 할 수 있는 역할 찾기 → ② 역할 제안서 쓰기 → ③ 역할 결정하기 → ④ 실천 및 점검하기 → ⑤ 실천에 대한 격려와 새로운 역할 정하기 순서로 진행하였다.

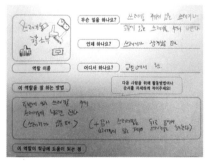

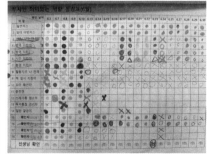

매일 맡은 역할을 실천하면서 점검표를 작성하고, 월말이 되면 소감 발표와 격려의 시간을 가졌다. 그리고 다시 새로운 역할을 정하고 실천 방법을 보완하는 과정을 거쳤다. 학생들은 자신이 고민하여 선택한 역할을 자랑스럽게 여기며 책임감 있게 실천했다.

● 다짐을 담아 학급 상징 정하기

처음 계획에 따르면 프로젝트의 마무리 단계는 지금까지 정했던 학급 약속을 담아 학급 상징을 정하는 것이었다. 앞서 '싫은 교실, 바라는 교실, 필요한 교실'에 대한 아이디어를 모았을 때 우리 반에서 가장 많이 나온 의견은 언어 또는 신체적 폭력이 없기를 바란다는 것이었다. 절반에 가까운 학생들이 이와 관련한 의견을 냈기에, 그렇다면 이것을 우리 반의 슬로건으로 삼아 학급의 이름과 학급을 상징하는 캐릭터를 만들어보면 어떨까 제안했다. 의견 수렴을 거쳐 가장 많은 찬성표를 얻은 'N.B.C(No Bullying Classroom)'가 우리 반이름으로 결정되었고, 같은 과정을 통해 학생들이 그린 캐릭터 중에서 하나가 학급 캐릭터로 선정되었다.

옆 반에서는 학급 구성원 개개인의 다양한 특성을 존중하자는 의미를 담아 학급 이름을 '무사반(무지갯빛 4학년 1반)'으로 정하였다. 또, 함께 정한 규칙

중 가장 중요하다고 생각하는 것을 한 가지씩 발표하고, 물감 묻힌 손을 큰 도화지에 찍어 협동작품을 만들었다.

자기 조절 +1, 학년 문화 개선하기

코로나19 이후 개인위생을 위해 손 씻기가 강조되면서, 학교 화장실에는 아무렇게나 버려진 핸드타월이 늘어나기 시작했다. 각 반에서 학생들을 지도해도 효과는 오래 가지 않았고, 반복되는 문제 상황에 가끔 학교 미화원이 이로 인한 고충을 말씀하시기도 했다. 학생들은 문제에 관심이 없었고, 교사들 역시 이 문제에 대해 학생들의 문제의식을 불러일으키려는 생각은 미처 하지 못했다. 그렇게 어느덧 3월의 막바지에 다다랐다.

계획했던 프로젝트 과정은 마무리에 다다랐지만 이런 문제를 내버려두고 프로젝트를 끝내서는 안 된다는 생각이 들었다. 동학년 선생님들과의 협의를 거쳐, 이 상황을 또 하나의 배움의 기회로 활용해보기로 했다. 다음 날, 별다른 설명 없이 화장실 휴지통 주위를 찍은 사진을 학생들에게 보여주며 어떤 생각이 드는지 물었다. 학생들은 문제가 무엇인지, 바뀌어야 할 생각이나 행동이 무엇인지 정확하게 이야기했다. 몰랐던 사실이 아닌데 그동안 왜 실천으로 이어지지 않았을지 물었다. 습관적으로 그랬을 거라고 하거나, 본인은 잘하고 있는데 그렇지 않은 아이들이 있기 때문이라고 답했다. 그렇다면 어떻게 하면 좋을지 물으니 이번에는 딱히 대답이 나오지 않았다. 각 반에서 돌아가며 캠페인을 한다거나, 휴지 바르게 버리기와

같은 도전 과제를 하는 것도 괜찮을 것 같았지만 시간이 문제였다. 그래서 아쉬움을 뒤로 하고, 학생들에게 이런 제안을 했다.

"오래된 습관이 문제라면, 또 핸드타월을 뭉쳐서 제대로 버리지 않는 아이들이 있어서 그렇다면 공동의 목표를 가지고 모두가 함께 도전해보면 어떨까? 마치 4학년 전체의 도전 과제인 것처럼 말이야. 화장실에 포스터도 붙이고, 핸드타월을 버릴 때 옆 사람에게 이야기도 해주는 거지. 선생님은 매일 같은 시각에 사진을 찍어서 보여줄게. 매일 우리의 행동으로 인해 화장실의 모습이 어떻게 달라지는지 함께 지켜보는 거야."

그로부터 1주일 동안 매일, 우리는 각자의 반에서 전날의 휴지통 사진을 보며 이야기를 나누고 내일을 위한 다짐을 하는 시간을 가졌다. 별로 달라지는 것이 없다면 오히려 역효과를 내는 것은 아닐지 불안했지만, 생각보다 변화는 즉각 나타났다. 매일 조금씩 달라지는 4학년 화장실의 모습에 4학년 교사와 학생들뿐만 아니라, 미화원과 다른 선생님들도 놀라워했다. 그다음 주

부터는 한 달간 주 1회, 예고 없이 불특정 요일에 사진을 찍고 결과만 공유했음에도 긍정적인 변화의 모습이 꾸준히 유지되었다. 이제 더 이상 별다른 말을 하지 않아도 학생들 스스로 올바른 습관을 유지해가는 것을 명확히 볼 수 있었다.

<활동 TIP >

실제 운영 과정에서 화장실 핸드타월 사용 문제 외에도 학기 초 전반적으로 잘 지켜지지 않았던 작품 전시대 관리, 복도 및 급식소 통행 문제를 함께 다루었다. 각자의 자기 조절이 공동체에 어떤 영향을 미치는지 꾸준히 이야기 나눌 필요가 있었고, 매일의 사진과 설문조사 결과를 학급 SNS에 공지함으로써 가정에서도 연계 지도가 이루어지게 했다.

되돌아보기

"3학년 때보다 친구들이 규칙을 지키는 것 같다. 그런데 아직 복도에서 뛰거나 친구를 때리는 경우가 있기 때문에 캠페인 홍보를 해서 이런 일들을 더 줄이고 싶다. 그리고 친구의 마음이 상하기 전에 용기 내어 인사약, 행감바를 하면 도움이 된다는 것을 알았다."

"핸드타월 잘 버리기 활동이 기억에 남는다. 왜냐하면 핸드타월을 어떻게 버려야 되는지, 잘 버려야 되는 이유가 뭔지 알게 되었기 때문이다. 핸드타월 잘 버리기를 하면서 휴지통에 제대로 버리지 않은 핸드타월이 눈에

띄게 줄어서 화장실이 예전보다 훨씬 깨끗해 보인다.”

"MBTI를 해서 나의 성격을 알아본 것이 기억에 남는다. 그리고 내가 평소
에 생각하던 꿈도 있지만 MBTI와 관련해서 나에게 어울리는 꿈이 무엇인
지 더 알아보고 싶다.”

'자기 조절'과 관련하여 가장 중요하게 생각했던 것은 학생들의 자발성과
습관화였다. 이를 위해 우리 교사들 나름대로 탐구과정과 연습 기회를 주고
자 노력했지만, 역시나 모든 것이 기대한 만큼 변하지는 않았다. 하지만 긍정
적으로 볼 수 있는 부분도 많았다. 학급에서의 루틴이 정착되고, 누군가 규칙
을 어겼을 때 그에 대한 인정과 반성 과정이 상당히 신속하게 이루어지게 되
었다. 가정법을 통한 갈등 해결 방식의 적용 사례가 늘어나면서 친구 사이의
갈등도 전보다 수월하게 해결되었고, 2년 동안 늘 반복하던 화장실 핸드타월
처리에 관한 이야기도 이제는 거의 필요하지 않게 되었다. 또한 감정과 행동
을 조절해야 하는 상황에 대한 민감성과 자기 자신을 바라보는 객관성이 높
아졌다는 것이 매우 고무적인 부분이었다.

'자아정체성'의 성장 모습을 확인하려면 교사의 관찰보다 학생들의 생각을
확인하는 것이 더 정확할 텐데, 체크리스트 등의 설문을 통해 학생들의 생각
변화를 확인해보지 않았던 것이 아쉽다. 그렇지만 학생들이 성격 특성이나
미덕에 관해 관심을 가지고, 학급에서의 자기 역할을 의욕적으로 수행하며,
소속 학급을 아끼고 자랑스럽게 여기는 모습을 통해 그들이 이전에 비해 자
신의 다양한 면을 인식하고 자신과 집단을 소중하게 여기게 되었다고 느낄
수 있었다.

이 프로젝트는 4학년의 자기 관리 역량 프로젝트로서 작년에 이어서 두 번째로 시도한 것이었는데, 건강 관리가 주제였던 지난 프로젝트와는 주제가 전혀 달라서 고민되는 점이 많았다. 역량에 대해 생각해보기 전의 학년 초 활동들과는 어떤 차이가 있어야 하는지, 학생의 자발성을 이끌 수 있는 더 좋은 방법은 무엇일지 앞으로도 더 많은 배움과 시행착오가 필요할 것 같다. 내용 면에서는 화장실 핸드타월 문제를 해결하는 과정에서 학년 모두가 충분한 시간 동안 해결책을 구상해보고, 학생들의 아이디어로 문제를 해결해보았으면 더 좋았을 것 같다는 아쉬움도 있다.

그러나 조금씩 달라지는 학생들의 모습을 보며 느꼈던 뿌듯함, 그리고 해마다 조금은 상투적으로 해오던 '3월의 학급 운영 과업'들을 학생의 자발성과 탐구, 성장이라는 관점으로 바라보게 되었다는 것은 프로젝트를 통해 얻은 큰 수확이라고 생각한다. 다음에는 급식, 언어 습관, 물자 절약 등을 소재로 새로운 프로젝트 활동을 해보고 싶다는 생각도 든다. 부족함도 있었지만 의미 있었던 한 달간의 소중한 경험을 거름으로 삼아, 이제 우리는 다시 찾아올 3월을 기다린다.

생각하는 힘,
고차적 사고 역량

이지혜

저자 이지혜는 16년 차 교사입니다. 교육과정 설계에 관심이 많아 경북대학교 교육대학원에서 교육과정을 전공했습니다. 현재는 구미봉곡초등학교에서 2년째 5학년 담임을 맡고 있으며, 훌륭한 선생님들을 만나서 다양한 수업 디자인을 시도하고 있습니다. 좋은 선생님이 되고 싶어 노력하고 있습니다.

1 고차적 사고 역량이란?

고차적 사고 역량의 재정의

고차적 사고력의 뜻은 정의하는 학자마다 조금씩 다르다. 1990년대 고차적 사고력higher order thinking에 관한 연구를 주도한 뉴만Newmann은 고차적 사고력을 '정신이나 사고를 도전적이고 확장적으로 사용하는 능력'으로 정의하였다.[1] 그는 고차적 사고력과 대비되는 개념으로 저차적 사고력lower order think을 '일상적이며 기존의 배운 지식의 기계적인 적용'으로 정의했다. 기존의 암기했던 정보의 반복적인 나열, 공식에 숫자를 대입하는 것, 규칙의 단순하고 반복적인 적용과 같은 활동이 저차적 사고력에 해당하는 활동이다. 이에 반해 고차적 사고력은 '도전적이고 확정적인 정신의 활용'을 의미한다. 고차적 사고력은 기존에 학습한 지식을 단순히 적용해서는 해결할 수 없는 복잡하고 다각적인 문제를 해결하고자 노력할 때 사용하는 능력이다. 즉 지식을 나름의 근거로 판단하고 적용하는 의미 있는 도전을 할 때 발생한다고 보았다.[2]

국내 연구에서는 고차적 사고력을 새로운 상황에 직면했을 때 단순한 암기나 과거에 자기가 행동했던 방법을 넘어서 독창적으로 문제를 해결하고자 하는 정신작용으로 정의하고 있다. 고차적 사고력은 차원이 높은 사고이고 증거에 의해 복잡하고 불확실한 문제 상황을 해결하는 능동적이고 독창적인

---

1) Shin, J., Min, J., Kim, S., & Kwon, S. (2013). The Principles of Effective Higher-Thinking Programs and Limitations of Their Implementation in Schools. The Korea Journal of Thinkingn & Problem Solving, 9(2). pp71~98.

2) 이어진,박인옥(2018). 고차 사고력 함양을 위한 백워드 설계 기반의 사회과 플립러닝 수업 설계, 교육문화 연구. 24(5). pp83~103.

정신작용이다.[3]

국내외 학자들의 고차적 사고력에 대한 정의를 종합하여 우리 학교에서는 고차적 사고 역량을 우리 학교의 특성에 맞게 재정의하였다. 우리가 재정의한 고차적 사고 역량은 '창의적 사고, 비판적 사고, 반성적 사고 등 여러 가지 사고 기능들을 복합적으로 적용하여 문제를 해결하는 역량'을 의미한다. 우리 학교는 학생들에게 지식 자체를 가르치기보다는 그것이 필요한 문제 상황을 통한 깊이 사고하는 경험을 제공할 필요가 있다고 판단하였다. 창의적 사고, 비판적 사고가 중요하다고 하지만 실제로는 직접 사고하는 경험 대신 지식을 전달하기에 급급한 것이 우리 교육의 현실이다. 이에 학생들이 지식을 바탕으로 직접 가설을 설정하고 근거의 정당성을 판단해 보며 가설을 검증해 나가는 경험을 제공하고자 한다. 학생들은 자신들이 생각한 방법으로 문제를 해결하면서 고차적 사고력과 성취감을 함께 신장하게 된다. 이러한 교육적 경험이 학생들에게 살아가면서 직면할 다양한 문제 상황을 지혜롭게 해결하는 방법을 찾고 '좋은 삶'을 살아가는 토대가 되어줄 것이다.

고차적 사고 역량의 하위 역량별 '역량 요소'와 '역량 잣대'

역량 교육과정의 가장 큰 비판점은 역량의 추상성과 모호성이다. 추상적인 개념의 역량을 실천으로 이어지게 하기 위해서는 역량의 개념을 명확하게 재정의하고 그것을 하위 역량으로 세분화하여 구체화하는 노력이 필요하다. 우리 학교는 앞에서 밝혔듯이 고차적 사고 역량의 정의를 '여러 가지 사고 기능을 복합적으로 적용하여 문제를 해결하는 역량'으로 정의하였다. 그리고 고차적 사고 역량의 하위 역량으로 창의적 사고, 탐구, 문제 해결을 선정하였다. 비판적 사고는 탐구와 문제 해결 과정에서 전반적으로 작용하는

---

3) 차경수,모경환(2008). 사회과교육. 서울: 동문사.

소양적 요소가 강하다고 판단하여 하위 역량으로 따로 분류하지는 않았다. 그리고 학년별로 진행할 수 있는 학습의 범위와 수준을 하위 역량에 따라 설계하여 역량 교육이 초등학교 6년의 배움 동안 체계적으로 진행될 수 있도록 하였다.

역량	고차적 사고 역량
정의	여러 가지 사고 기능들을 복합적으로 적용하여 문제를 해결해 나가는 역량이다.
하위 역량	· 창의적 사고 · 탐구 (비판적 사고) · 문제 해결 (비판적 사고)
1학년 2학년	· 탐구: 낮은 수준의 관찰, 분류, 측정 · 문제 해결: 문제 발견 및 직관적 해결 · 창의적 사고: 주제와 관련된 아이디어의 유창한 생성
3학년 4학년	· 탐구: 기초 탐구, 안내된/ 구조화된 탐구 · 문제 해결: 현명한 선택 방법, 지역 문제 해결 방법 · 창의적 사고: 조건을 고려한 융통성 있는 아이디어 생성
5학년 6학년	· 탐구: 통합 탐구, 자유 탐구 · 문제 해결: 민주적 의사 결정, 포괄적 문제 해결 · 창의적 사고: 지속적 보완을 통한 아이디어의 정교화

학년별 고차적 사고 역량 프로젝트

우리 학교는 역량 프로젝트가 특정 학년의 이벤트성 학습에 그치지 않고 학년별로 연계되어 지속되는 것이 중요하다고 생각한다. 이에 배움 지도와 역량의 잣대를 참고하여 학년 특성을 고려한 프로젝트를 계획하고 공유하고 있다. 저학년의 프로젝트는 탐구의 기초 기능을 익히는 것에 초점을 두고 있다. '관찰'은 모든 탐구의 시작이다. 저학년 때 올바르게 보고 관찰할 수 있는 능력을 키워주는 것은 후속 학습의 기초가 된다. 2학년 관찰 프로젝트는 오감을 활용하여 사물을 관찰하는 프로젝트학습이다. 탐구의 기초역량을 키우는 프로젝트의 시작이라고 할 수 있다. 중학년 프로젝트는 저학년과 비교하면 종합적인 사고 기능을 요구한다. 4학년의 '경제가 Money?' 프로젝트는 합리적인 기준을 바탕으로 현명한 소비 판단을 하는 것을 목표로 한다. 목표에 도달하기 위해 4학년 학생들은 다양한 소비 상황에 맞춰 경제적인 득과 실을 비교하여 판단하고 소비를 실행해야 한다. 이러한 과정에서 상황을 종합적으로 바라보고 판단하는 문제해결력이 키워진다. 이 장에서 소개하는 5학년의 '사이언스 페어' 프로젝트는 6학년과 연계하여 고학년의 특성이 드러나도록 계획하였다. 5, 6학년은 가설을 설정하고 검증하는 깊이 있는 과학적 탐구가 가능하다고 판단하여 프로젝트를 설계하였고, 탐구 질문을 생성하는 범위에서만 차등을 두었다. 5학년 '사이언스 페어' 프로젝트는 탐구 질문을 생성하는 범위가 1학기 과학 교과 전반에 걸친 내용에 해당하고, 6학년의 '식물' 프로젝트는 범위를 식물로 좁혀 5학년보다 탐구의 범위는 좁지만 깊게 탐구할 수 있도록 프로젝트를 설계하였다.

구미봉곡초 고차적 사고 역량 관련 교육 활동 및 프로젝트

학년	창의적 사고	탐구	문제 해결
6학년		**식물 탐구 프로젝트** - **기간(차시):** 2022.5.1 ~ 5.27(22차시) - **역량 잣대:** 문제 인식을 위해 주의 깊게 관찰하는 연습하기 - **주요 활동 내용:** 식물의 구조와 기능을 파악하고 각 기관의 관련성을 파악할 수 있는 이야기 만들기	**기후 위기 극복 엔드게임 1.5** - **기간(차시):** 2022.9.1 ~ 9.30(20차시) - **역량 잣대:** 지식과 기술을 지역적, 세계적 맥락에 적용하기 - **주요 활동 내용:** 기후 위기의 심각성을 이해하고 문제 해결을 위한 노력 탐구하기
5학년		**사이언스 페어**	**플라스틱 줄이기** - **기간(차시):** 2022.9.1 ~ 9.16(20차시) - **역량 잣대:** 문제 상황을 찾아 문제를 명료화하고 원인을 분석하여 유목화하기, 문제의 원인에 따라 자료를 수집하여 해결방안을 유목화하여 제시하기, 타당한 평가 기준을 정하여 해결방안을 비교 분석하여 평가하고 선정하기 - **주요 활동 내용:** 우리 주변에서 생태계 파괴의 원인을 분석하고 해결방안을 찾아 실천하기
4학년	**나는야 식물 발명가 프로젝트** - **기간(차시):** 2022.8.29 ~ 9.30(28차시) - **역량 잣대:** 자신과 타인의 아이디어를 비교할 수 있다. - **주요 활동 내용:** 다양한 환경에 사는 식물에 대하여 알아보고 식물의 특징을 활용한 생활용품을 만든다.	**경제가 Money? 프로젝트** - **기간(차시):** 2022.10.4 ~ 11.25(40차시) - **역량 잣대:** 다른 사람에게 공감하고 도움을 줄 수 있다. - **주요 활동 내용:** 생산과 소비의 개념을 알고 현명한 소비 방법을 익혀 모의시장에서 물건을 사고 판다.	**봉곡 ES Challengers** **(지역 문제 해결) 프로젝트** - **기간(차시):** 5.30 ~ 6.24(20차시) - **역량 잣대:** 문제의 원인에 따라 자료를 수집하여 해결방안을 제시할 수 있다. - **주요 활동 내용:** 생활 주변에서 해결이 필요한 공동의 문제를 발견하고 해결방안을 제안한다.
3학년	**전통 놀이 체험전** - **기간(차시):** 2022. 10.3 ~ 10.28 - **역량 잣대:** 주제와 관련된 아이디어를 분류하여 관계망으로 만들 수 있다. - **주요 활동 내용:** 세시풍속 체험전을 통해 옛날과 오늘날의 변화상을 탐색해보고, 공통점과 차이점을 분석하여 표로 나타내고 설명할 수 있다.		**소음 줄이는 방법 찾기** - **기간(차시):** 2022.11.21 ~ 12.23(20차시) - **역량 잣대:** 문제 상황을 인식하여 문제를 명료화하고 다양한 원인을 찾을 수 있다. - **주요 활동 내용:** 소음을 측정해 보고 소음의 심각성을 알고, 소음을 줄이기 위한 방법을 찾아 실천한다.
2학년	**모두를 위한 버스 프로젝트** - **기간(차시):** 11.14 ~ 11.30(18차시) - **역량 잣대:** 주어진 질문을 바탕으로 개선점을 찾아 아이디어를 개선할 수 있다. - **주요 활동 내용:** '목기린씨, 타세요!' 이야기를 읽고 교사가 제시한 과제에서 문제 상황을 찾아 해결한다.	**관찰 프로젝트** - **기간(차시):** 4.4 ~ 6.30(12차시), 10.4 ~ 12.23(12차시) - **역량 잣대:** 수집한 자료를 기준을 세워 분류할 수 있다. - **주요 활동 내용:** 매주 관찰의 시간을 통해 오감으로 사물을 관찰하고, 두 가지 이상의 사물과 비교하여 관찰한다.	**모두를 위한 버스 프로젝트** - **기간(차시):** 11.14 ~ 11.30(18차시) - **역량 잣대:** 주어진 질문을 바탕으로 개선점을 찾아 아이디어를 개선할 수 있다. - **주요 활동 내용:** '목기린씨, 타세요!' 이야기를 읽고 교사가 제시한 과제에서 문제 상황을 찾아 해결한다.
1학년	**나만의 ㄱㄴㄷ 프로젝트** - **기간(차시):** 7.4 ~ 7.8(20차시) - **역량 잣대:** 주제와 관련된 아이디어를 떠올릴 수 있다. - **주요 활동 내용:** 관심 있는 주제와 관련된 낱말 및 문장을 활용하여 나만의 ㄱㄴㄷ책을 만든다.	**봉곡뜰 한가위** - **기간(차시):** 10.24 ~ 11.2 (16차시) - **역량 잣대:** 문제를 인식하고 자료를 수집할 수 있다. - **주요 활동 내용:** 추석의 의미를 알고 추석에 하는 활동을 찾아 다양한 방법으로 정리한다.	
하위 역량	창의적 사고	탐구	문제 해결

2 고차적 사고 역량 프로젝트 소개

● 5학년 고차적 사고 역량 프로젝트 '사이언스 페어'

고차적 사고 역량을 신장하기 위한 프로젝트를 계획하면서 가장 먼저 든 고민은 '5학년 수준의 고차적 사고력은 어떤 것일까?'와 '그것을 신장하는 방법은 무엇일까?'였다. 5학년 교사들은 여러 번의 협의 끝에 5학년 수준의 고차적 사고 역량의 목표를 제대로 된 탐구와 그로 인한 나름의 창의적이고 다양한 문제 해결로 설정하였다.

사실 교사들이 가장 필요하다고 느꼈던 부분은 제대로 된 탐구를 학생들이 경험하게 하는 부분이었다. 과학 교과서의 흐름을 따라 그대로 수업하다 보면 학생들이 가설을 설정하고 근거의 타당성을 검증할 경험을 갖기 어렵다는 것을 느낀다. 과학자의 과학 지식 생성 과정에 관한 연구에 따르면 과학자들은 가설을 검증하기 위해 검증 방법을 고안하고, 그 방법에 따른 결과를 예상한 후 실제 실험을 한다. 이렇게 얻은 결과와 예상한 결과를 비교함으로써 가설을 검증하는 흐름을 따르고 있다.[4]

5학년의 고차적 사고 역량 프로젝트인 「사이언스 페어」는 우선 한 학기 동안 과학과 수업을 '포괄적 문제해결학습'으로 재구성하여 학생들이 제대로 된 탐구의 경험을 접하는 것으로 시작한다. 그렇게 한 학기 동안 탐구의 방법을 익힌 후 자신의 궁금한 탐구 문제를 스스로 생성하고 가설과 검증 방법을

---

4) 양일호, 정진수, 권용주, 정진우, 허명, 오창호(2006). 과학자의 과학지식 생성 과정에 대한 심층 면담 연구, 26(1), pp88~98.

계획하여 실험을 통해 검증하는 '학생 생성 교육과정'의 흐름으로 자신의 과학적 가설에 대한 타당성을 검증하고 나름의 결론을 도출한다. 그리고 학기 말 '사이언스 페어'라는 행사를 통해 그동안의 사고의 과정과 결과물을 발표한다.

고차적 사고 역량 프로젝트의 흐름

목표	탐구(사고)의 과정 익히기	과학자처럼 탐구하기	탐구의 과정과 결과 발표하기
방법	포괄적 문제 해결 학습	학생 생성 교육과정	사이언스 페어
교과	과학	과학, 창체	과학, 창체
시기	1학기	6월 말~7월 초 (2주)	2022.7.8

고차적 사고 역량이라는 차원 높은 사고의 신장은 한 두 번의 이벤트로는 기를 수 없는 역량이다. 사고의 흐름을 배운다는 것은 지속적이고 꾸준한 습관의 결과일 것이다. 따라서 고차적 사고 역량 프로젝트는 최소 한 학기의 흐름을 갖고 이어갈 수밖에 없다. 교과를 통합하여 다채롭게 활동을 구성하는 것도 좋겠지만 이 프로젝트의 목표는 제대로 된 탐구의 방법을 익히는 것이기에 다양성보다는 깊이에 초점을 두었다. 그래서 프로젝트를 과학 교과와 창의적 체험활동만으로 구성하였다. 차후 탐구의 과정에 학생들이 익숙해지면 다른 교과와 통합하여 프로젝트를 구성해도 좋을 것이다.

프로젝트 준비

● **포괄적 문제 해결 학습**

포괄적 문제 해결 학습은 사실 확인에 초점을 맞춘 과학 교과서의 흐름을 비판하며 문제 해결에 초점을 맞춘 학습 방법이다. 모든 단원에서 '왜?'를 문제 삼고 그 가설을 검증하기 위해 실험하는 절차를 밟는다. 실험은 사실을 확인하기 위해서라기보다 문제를 제기하고 가설을 검증하기 위해 이루어진다. 듀이^{Dewy} 식으로 말하면 지식은 '왜?'와 독립적으로 가르쳐질 수 없다. 탐구와 유리된 지식은 지식(의미)이 아니므로 '왜?'와 유리된 학습 지도는 되도록 멀리 해야 한다는 이론이다.

포괄적 문제 해결 학습은 실험이 아니라 가설 설정이 학습의 요체가 된다. 수집된 자료를 바탕으로, 자료에는 없는 '새로운 의미'를 조합해낼 수 있는 능력이 곧 창조성이다. 문제 해결의 정답을 찾아내는 것이 중요한 것이 아니라 그 과정을 통해 타당성 높은 가설 설정의 방식을 익히는 것이 중요하다. [5]

● **학생 생성 교육과정**

학생 생성 교육과정은 학생이 자신의 배움을 스스로 계획하고 실행하며 성찰하는 경험의 총체이다. 이를 통해 학생의 교육과정 결정 및 선택권을 보장하고 학습자 주도성을 키울 기회를 제공할 수 있다. 학생들은 불확실성과 복잡성으로 대표되는 미래사회에서 여러 가지 문제를 만나게 되고 이를 해결해 나가야 한다. 그러기 위해서 학교에서도 주어진 교육과정을 넘어 스스로 문제를 정의하고 실행하고 성찰하는 학습 경험이 필요하다.

OECD 교육 2030 프로젝트에서도 학생들이 학교 밖에서도 계속해서 역량을 개발해나갈 수 있는 AAR 사이클을 내면화할 것을 강조하고 있다. 예측^{Anticipation} - 행동^{Action} - 성찰^{Reflection}이 바로 그것이다. 학생들은 계획을 세우고, 행동하고, 되돌아보는 과정을 반복하며 성장을 경험할 수 있다. 학생 생성 교육과정도 이와 같다. [6]

---

5) 조용기(2016). 포괄적 문제 해결 학습을 위한 학습 지도서 과학5-1. 교우사.
6) 경상북도교육청(2022). 학생이 배움의 주인 되는 학생 생성 교육과정 Q&A.

3 프로젝트 설계

· **기간**: 6월 말~7월 초(18차시)

· **목표**

  1) 과학에서 배웠던 단원들과 관련하여 더 깊이 있게 탐구하고 싶은 문제를 스스로 선정한다.

  2) 가설을 설정하고 가설을 검증하는 방법에 대한 계획을 수립한다.

  3) 다양한 자료를 수집, 분석하여 자신의 가설에 대한 타당성을 확보하고 일반화를 도출한다.

  4) 자신의 학습에 대한 목표, 방법, 평가에 대한 일련의 과정을 계획하고 주도적으로 실천한다.

· **탐구 질문**

  1) 탐구하고 싶은 것은 무엇인가요?

  2) 문제를 해결하기 위해 알아야 할 것과 할 수 있어야 할 것은 무엇인가요?

  3) 탐구 문제에 대한 나의 가설과 근거는 무엇인가요?

  4) 나의 가설을 검증하기 위해 어떤 실험(조사)이 필요한가요?

  5) 탐구 문제의 결론은 무엇인가요?

관련 교과 및 성취기준

과학	자연 현상과 사물에 대하여 호기심과 흥미를 가지고, 과학의 핵심 개념에 대한 이해와 탐구 능력의 함양을 통하여, 개인과 사회의 문제를 과학적이고 창의적으로 해결하기 위한 과학적 소양을 기른다.
	[6과01-01] 일상생활에서 온도를 어림하거나 측정하는 사례를 조사하고 정확한 온도 측정이 필요한 이유를 설명할 수 있다.

	[6과01-02] 온도가 다른 두 물체를 접촉하여 온도가 같아지는 현상을 관찰하고 물체의 온도 변화를 열의 이동으로 설명할 수 있다.
	[6과01-03] 고체 물질의 종류에 따라 열이 전도되는 빠르기를 관찰을 통해 비교하고 일상생활에서 단열을 이용하는 예를 조사할 수 있다.
	[6과01-04] 액체나 기체에서 대류 현상을 관찰하고 대류 현상에서 열의 이동을 설명할 수 있다.
	[6과02-01] 태양이 지구의 에너지원임을 이해하고 태양계를 구성하는 태양과 행성을 조사할 수 있다.
	[6과02-02] 별의 의미를 알고 대표적인 별자리를 조사할 수 있다.
	[6과02-03] 북쪽 하늘의 별자리를 이용하여 북극성을 찾을 수 있다.
	[6과03-01] 물질이 물에 녹는 현상을 관찰하고 용액을 설명할 수 있다.
	[6과03-02] 용질의 종류에 따라 물에 녹는 양이 달라짐을 비교할 수 있다.
	[6과03-03] 물의 온도에 따라 용질의 녹는 양이 달라짐을 실험할 수 있다.
	[6과03-04] 용액의 진하기를 상대적으로 비교하는 방법을 고안할 수 있다.
창체	학교, 학년(군), 학급의 특색 및 학습자의 발달 단계에 맞는 다양하고 창의적인 주제를 선택하여 활동함으로써 창의적 사고 역량을 기른다.

프로젝트의 흐름

순서	단계	학습 내용	차시	학습 자료
1	설계	· 탐구 질문 만들기 · 가설 및 근거 설정하기 · 가설 발표 및 보완하기 · 수행과제 및 차시별 학습 계획 세우기	1 ~ 6	· 이젤 패드 · 포스트잇 · 학습 계획서
2	실행	· 검증 계획 세우고 가설 검증하기 · 검증 결과 및 결론 도출하기	7 ~ 10	· 모둠별 준비물
3	공유	· 사이언스 페어 발표 자료 만들기 · 사이언스 페어 열기	11 ~ 16	· 사이언스 페어 보드판
4	성찰	· 사이언스 페어 및 탐구 과정 성찰하기 · 더 알고 싶은 점 공유하기	17 ~ 18	· 자기 평가서

평가 계획

평가 기준	교과	평가 방법
자신의 탐구 문제를 해결하기 위해 알아야 할 사실을 알고 있다.	과학	서술
자신의 탐구 문제를 해결하기 위해 할 수 있어야 할 기능들을 알고 할 수 있다.	과학	서술
사이언스 페어 프로젝트 과정에 자기주도적으로 책임감 있게 참여할 수 있다.	과학	관찰

4 고차적 사고 역량 프로젝트 실행

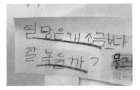

● 탐구 질문 만들기

고차적 사고 역량 프로젝트는 과학과 단원 학습 후 더 알고 싶은 내용을 중심으로 탐구 질문을 생성하는 것에서 시작하였다. 사실 학생들은 한 학기 동안 포괄적 문제 해결 학습을 통해 "왜?", "어떻게?"와 같이 현상의 원리를 묻는 질문과 탐구의 과정에 대해서는 어느 정도 익숙해진 상태였다. 그러나 자신이 궁금한 점에 대해 질문을 만드는 것은 처음이었고 만든 질문 중에 함께 탐구할 만한 가치가 있는 질문을 찾아내는 과정 역시 처음이었기에 예상보다 훨씬 힘들었다. 하지만 탐구 질문 만들기는 프로젝트의 첫걸음이고 질문의 질이 탐구의 질을 좌우하기 때문에 절대 소홀히 할 수 없는 부분이었다.

탐구 질문을 생성하기에 앞서 질문의 범위를 한정하였다. 학생들이 막연하게 흥미 위주의 질문을 만들기보다 깊이 있는 질문을 만들기 위해서는 한 학기 동안 학습한 내용을 바탕으로 하는 것이 좋겠다는 판단에서였다. 5학년 1학기 과학과는 총 다섯 개의 단원으로 구성되어 있는데 첫 단원과 마지막 단원을 제외한 3개의 단원으로 탐구 질문을 만들었다.

우선 한 단원이 마무리될 때마다 더 알아보고 싶거나 공부하고 싶은 부분을 '배움 노트'에 기록해 두도록 하였다. 그리고 프로젝트 시작 일주일 전부터 단원별로 더 알고 싶은 부분에 대해 질문 형태로 포스트잇에 적어 이젤 패드에 붙이도록 하였다. 질문이 모이면 비슷한 질문끼리 유목화하고, 자신의 질문 1~2개를 친구들 앞에서 발표하였다.

친구들 앞에서 발표해 보는 시간은 질문을 학생들 스스로 검증하게 하는 좋은 기회가 되었다. 친구들의 질문을 들었을 때 대답해줄 수 있는 학생들은 손을 들고 자기 생각을 말하였다. 이 과정을 거치다 보니 쉽게 답할 수 있는 질문과 생각이 필요한 질문이 자연스럽게 나누어졌다. 정답이 있는 다소 쉬운 질문을 발표한 학생들도 친구들과 함께 자신의 궁금증을 해결할 수 있어 좋아하였다. 교사가 좋은 질문을 선별해 주는 것은 효율의 면에서는 좋겠지만 이 프로젝트는 학생들의 주도성에 근간을 두고 있다. 주도적으로 자신이 선택한 질문에 대해 깊이 있는 탐구를 이끌어 나가기 위해서는 프로젝트의 모든 단계에서 학생들에게 주도적 참여와 그로 인한 공동체의 발전에 기여하는 경험을 주는 것이 중요하다고 판단하였다.

이렇게 일차 선별된 질문들은 학생들 수준에서 탐구할 만한 가치가 있다고 판단된 것이다. 하지만 질문을 자세히 들여다보면 초등학교 교육과정의 범위를 벗어나는 어려운 내용이거나 범위의 설정이 막연해서 막상 탐구에 들어가면 방향을 설정하기 어려운 질문도 있었다. 예를 들면 '설탕은 소금보다 왜 더 잘 녹을까?'와 같은 질문이다. 이것은 학생들이 용해와 용액 단원에서 포화점을 찾기 위해 설탕과 소금으로 실험을 하는 과정에서 생성된 질문이다. 실제로 많은 학생이 궁금해하는 질문이었지만 초등학생 수준에서는 해결하기 어렵다고 판단되었다.

설탕이 소금보다 잘 녹는 원인을 찾기 위해서는 설탕과 소금의 분자 구조와 물 분자와 결합하는 형태 등을 알아야 하는데 이것은 초등학교 교육과정의 수준을 벗어난다. 이에 이 질문은 우리가 해결하기에는 너무 어려운 문제라는 것을 솔직하게 학생들에게 알렸다. 그리고 이 질문을 만든 학생에게 어떤 이유로 이 질문을 만들게 되었는지 이것이 궁금하게 된 배경을 물어보았다. 그랬더니 학생은 "소금은 설탕보다 잘 안 녹는데 소금으로도 결정을 만들 수 있는지 궁금했어요."라는 대답을 하였다. 그럼 "○○가 알고싶은 것은 결정에 관한 것이니?"라고 다시 물었더니 그 학생이 "결정을 다양한 용액으로 만들어 보고 싶어요."라는 대답을 하였다. "그럼 그걸 탐구 질문으로 설정해보면 어떻겠니? 결정에 관한 것이라면 너희들이 충분히 탐구할 수 있을 것 같은데…"라는 나의 말에 학생의 얼굴이 환해졌다. 자신의 궁금증을 탐구하지 못하는 건 아닌가 하는 생각에 불안했는데 대화를 하다 보니 본인이 진짜 하고 싶은 탐구의 방향을 찾아낸 것이다. 그래서 질문은 '결정은 어떻게 만들어질까?'로 수정되었고 이 질문은 반 학생들의 검증을 통해 탐구 질문으로 선정되었다.

학생들이 선정한 탐구 질문 중에는 '왜 별은 빛날까?'도 있었다. 학생들은 1학기 때 함께 운동장에서 북극성을 관찰한 경험이 있었기 때문인지 별에 관한 관심이 무척 높았다. 그래서 별은 왜 빛나는지에 대해 궁금해하였다. 하지만 교사 생각에는 별이라는 탐구의 대상이 너무 광범위해서 범위를 좀 좁혀줄 필요가 있어 보였다. 그래서 학생들에게 질문을 했다. "애들아, 우주 안에는 수없이 많은 별이 있는데 이 별들에 관해 다 탐구할 수는 없지 않을까?" 그랬더니 학생들은 너무나 당연하다는 듯이 "선생님, 태양계 안에서의 별을 하면 되죠. 우리 태양계 배웠잖아요."라는 게 아닌가. "그럼 친구들이 헷갈릴 수 있으니 탐구 질문을 조금 더 정확하게 적어보는 건 어떨까?"라고 질문하였고 학생들은 자연스럽게 '태양은 왜 빛날까?'로 탐구 질문을 수정하였다.

이런 과정들을 거쳐 우리 반 학생들이 선정한 탐구 질문은 다음과 같다.

1. 행성은 왜 둥글까?
2. 소금, 설탕물 말고 다른 용액으로도 달걀을 띄울 수 있을까?
3. 달이 사라지면 지구는 어떻게 될까?
4. 왜 태양은 빛날까?
5. 드라이아이스는 왜 녹으면 하얀 기체가 되어 날아갈까?
6. 결정은 어떻게 만들어질까?

이처럼 학생들이 주도하여 교육과정을 설계, 운영, 평가하는 생성 교육과정으로 프로젝트를 설계하였다고 하여 교사의 역할이 줄어드는 것은 아니다. 한때 미래학교 모델로 주목받았던 미국 ALT스쿨[7]의 교사 폴 프랭스는 학생 중심 학습이 더 많은 교사의 지원을 필요로 한다고 말하였다. 학생들이 주도성을 갖고 교육과정을 설계해 나가기 위해서는 교사의 드러나지 않는 세심한 지도와 가르침이 필요했다.

학생들은 자유롭게 탐구하고자 하는 질문을 생성하였고 그 질문을 친구들과 함께 이야기 나눠보는 과정에서 탐구할 만한 것과 아닌 것을 선별하는 비

---

7) 페이스북 창립자인 마크 주커버그가 투자하고 구글 엔지니어 출신 막스 벤틸라가 2013년에 설립한 개인화된 학습에 중점을 둔 IT 기술 기반의 첨단 학교. 9개의 학교 중 5개 학교는 폐교, 4곳은 다른 교육기관에 인수되었다.

판적 시각을 갖게 된다. 그렇게 선정된 질문은 다시 한번 교사의 질문과 토의를 통해 탐구 가능한 형태로 수정된다. 이 모든 과정은 학생이 주도되어 이루어져야 해서 교사는 학생들이 방향을 스스로 찾아갈 수 있도록 단서가 되는 '좋은 질문'을 할 수 있어야 했다. 좋은 질문은 학생들이 길을 찾도록 단서를 주는 것이지 찾고자 하는 곳의 주소를 알려주어서는 안 된다. 이에 교사는 교과에 대한 깊은 이해와 발문 방법에 대한 전문적인 역량이 필요하였다. 그와 더불어 학생들이 난관에 봉착해도 좌절하거나 포기하지 않도록 끊임없이 격려하고 도와주는 조력자와 코치 역할도 해야 했기에 다른 프로젝트를 진행할 때보다 훨씬 더 많은 전문성이 요구되었다.

● **가설 및 근거 설정하기**

학생들은 질문 중에서 탐구하고 싶은 주제를 자유 선택하여 여섯 모둠을 형성하였다. 다음 단계는 질문에 대한 모둠별 가설을 설정하고 그 가설이 타당하다고 주장할 수 있는 근거를 탐색하는 과정이었다. 이 과정을 진행할 때는 학생들이 학습 자료나 도구 사용을 최소화하는 것이 중요하다. 학생들은 검색을 통해 답을 '발견'하려는 경향이 있다. 하지만 이 프로젝트는 정답을 '발견'하는 것이 아니라 틀린 가설이라 할지라도 타당성 있는 근거를 '생각'하는 것이 중요하기 때문에, 가설 설정 초기 단계에서는 도구와 자료 사용을 금지하였다.

학생들이 모둠별로 토의를 통해 가설을 설정하고 근거를 찾기 시작하면 교사는 분주해진다. 모둠별로 순회하면서 진척 정도를 살피고 오개념에 사로잡혀 있거나 갈피를 잡지 못하는 모둠에는 단서가 되는 질문을 던져야 했다.

'드라이아이스는 왜 녹으면 하얀 기체가 되어 날아갈까?'라는 탐구 질문을 선택한 모둠은 드라이아이스가 하얀색 기체가 얼어서 된 물질이기 때문이라는 단순한 생각으로 가설을 설정하고 있었다. 이에 그 모둠의 진행 상황을 보면서 "그런데 드라이아이스가 뭐야?"라고 슬쩍 물어보았다. 그랬더니 그 모둠의 한 친구가 "이산화탄소를 얼린 것이요."라고 대답하였다. "○○이가 알려주었듯 드라이아이스는 이산화탄소라는 기체를 얼린 것이란다. 그럼 너희 가설에 따르면 이산화탄소가 하얀색이라는 거구나."라고 말하자 학생들 얼굴에 혼란이 떠오르기 시작했다. 정말 이산화탄소가 하얀색인지 모르기 때문이었다. 그때부터 학생들의 탐구가 다시 시작되었다. 학생들의 토의 과정을 대화 형식으로 풀어보았다.

> 학생 1: 이산화탄소가 색깔이 있나?
> 학생 2: 몰라. 그런데 이산화탄소가 뭐야?
> 학생 1: 우리 숨 쉴 때 그게 이산화탄소 아니냐?
> 학생 3: 맞아. 숨 쉴 때 들어오는 건 산소, 나가는 건 이산화탄소라고 내가
>   책에서 봤어.
> 학생 4: 그럼 뭐지? 이산화탄소 색깔 없잖아. 숨 쉴 때 코에서 하얀색 기체
>   안 나오는데?
> 학생 2: 겨울에는 입김 나오잖아.
> 학생 3: 여름에는 안 나오잖아.
> 학생 1: 그럼 겨울에만 하얀색으로 변하는 거야? 왜?

이처럼 교사는 질문을 통해 학생들의 생각을 흔들고 다음 단계로 나아가게 할 수 있다. 학생들은 계속해서 질문하고 탐구하면서 자기 나름의 가설을 만들어가게 된다. 교사가 답을 말해주거나 검색을 해보게 하는 것은 편리한 방법이지만 학생들이 스스로 고민하여 설득력 있는 가설을 설정했을 때 느끼는 지적 희열을 방해하는 행위이다. 이에 교사는 인내심을 갖고 학생들을 기다려야 했는데 사실 그 과정이 쉽지는 않았다.

학생들에게 모둠이 설정한 가설과 근거를 전체 친구들 앞에서 발표하고 친구들의 질문에 대답하는 시간을 가진다는 것을 모둠 토의 전에 알려주었다. 이렇게 하면 학생들은 다른 친구들이 자신의 가설에서 논리적 취약점을 발견하지 못하도록 근거를 설정하는데 훨씬 더 공을 들인다. 그렇지 않으면 가설을 발표하는 자리에서 친구들의 질문에 큰 곤욕을 치를 수 있다는 것을 지난 학습의 경험으로 알고 있기 때문이다.

● **가설 발표 및 보완하기**

모둠별 토의가 끝나면 가설을 발표하고 전체 학급이 함께 토의하는 시간을 가졌다. 모둠별 토의 때 발견하지 못한 가설의 논리적 취약점을 발견하고 보완하는 것이 학급 토의의 목표이다. 모둠 친구들이 모두 나와서 탐구 질문에 대한 자신들의 가설과 그렇게 생각한 근거를 발표하면 다른 모둠 친구들이 궁금한 점을 질문하였다. 이때 중요한 것은 많은 질문을 하는 것이 발표 모둠의 친구들을 도와주는 것임을 학생들이 인지하게 하는 것이다. 학생들은 누군가가 자신의 의견에 대해 반론을 제기하거나 질문하면 자신을 공격한다고 여기는 경우가 종종 있다. 하지만 이것은 서로를 공격하는 행위가 아니라 함께 가설을 검증하고 더 좋은 가설로 보완해 나가기 위해 노력하는 과정이라는 것을 학생들이 알 수 있도록 교사의 긍정적인 피드백이 계속 이루어져야 한다. 질문한 학생에게 좋은 질문을 통해 친구들이 생각할 기회를 줘서 고맙다고 칭찬하고, 질문에 답하는 학생에게는 어려운 질문도 포기하지 않고 답하려고 노력하는 모습이 멋지다고 격려하였다. 이러한 교사의 긍정적인 피드백은 학급 토의에 활력을 불어넣고 학생들이 스스럼없이 자기 생각을 주고받을 수 있는 분위기를 형성한다. 학생들은 학급 토의를 통해 자기 가설의 취약점을 발견하고 어떻게 보완해야 하는지에 대한 단서를 얻게 된다.

● 수행과제 및 차시별 학습 계획 세우기

이 프로젝트의 수행과제는 '사이언스 페어에 과학자가 되어 참여하여 학생들과 선생님들께 탐구 질문에 대해 모둠의 결론과 왜 그렇게 생각했는지 과정을 설명하면서 관람객을 설득하고 자신들의 연구 결과를 알리는 것'이다. 학생들과 함께 프로젝트 마지막에 있을 수행과제의 상황을 구체적으로 설정해보는 과정은 매우 중요하다. 수행과제의 상황을 상상해 보는 것만으로도 학생들에게 좋은 자극과 동기가 될 수 있기 때문이다.

그리고 이를 위한 차시별 학습 계획을 세우는 시간을 가졌다. 학생들은 이미 탐구 질문에 대한 나름의 가설을 갖고 있으므로 이것을 검증할 실험과 조사 방법에 대한 계획을 세울 수 있었다. 학습 계획을 세운다고 하여 교사와 같이 차시별 활동 계획이 명확하게 드러나게 하는 것은 어렵다고 판단하였다. 대신 학생들에게 가설을 검증할 방법을 찾게 하고 어떤 순서로 활동하면 될지 절차에 주목하게 하였다. 학생들은 자신들의 가설을 검증하는 방법을 생각해 본 후 이것을 시행할 계획을 세웠다. 그리고 그 과정에서 필요한 준비물과 장소, 자신들의 예상 시간을 적어보았다.

모든 활동은 본인들이 세운 계획에 맞추어 이루어진다는 것을 알 때 학생들은 진지하게 활동에 임한다. 과학실 이용 시간 등도 과학 보조 선생님과 직접 협의하도록 하였다. 선생님은 너희를 믿고 도와주지만 결국 스스로 해내야 한다는 메시지를 계속 주었고 학생들은 자신들의 수행계획표에 맞게 탐구를 진행하기 위해 나름의 노력을 기울이는 모습이었다.

● **검증 계획 세우고 가설 검증하기**

가설을 보완하고 나서 이를 객관적으로 검증할 실험을 설계하였다. 어떤 방법으로 실험을 하고 싶은지 준비물과 실험 과정을 글과 그림으로 표현하게 하였다. 이때 학생들이 특히 신경 써서 설계해야 할 부분은 변인 통제에 관한 부분이다. 정확한 실험 결과를 얻기 위해 변인 통제의 중요성을 자세히 설명해 주고, 학생들의 실험 설계를 검토해서 변인 통제 부분이 제대로 설정되어 있는지 실험 상황을 한 번 더 점검해 주어야 한다.

여섯 모둠이 각기 다른 방법으로 실험을 설계하고 실행하기 때문에 담임교사 혼자서 학생들을 지도하기가 무척 힘이 들었다. 다행히 우리 학교의 전담 선생님, 수석 선생님, 교감 선생님, 과학 보조 선생님까지 시간 날 때마다 오셔서 학생들의 실험 과정을 지켜봐 주시고 조언해 주셨다.

'학생 중심 학습은 더 많은 교사의 지원이 필요하다.'라는 ALT스쿨 교사 폴 프랜스의 말이 한 번 더 떠오른 순간이었다. 생성 교육과정이 제대로 자리 잡기 위해서는 담임교사의 노력만으로 충분하지 않다. 학교 차원에서 학생들의 개별학습이 제대로 일어날 수 있도록 인적, 물적 지원을 아끼지 않아야 한다는 생각이 들었다.

● **검증 결과 및 결론 도출하기**

'행성은 왜 둥글까?'라는 탐구 질문을 설정한 모둠은 '중력 때문에 행성이 둥글게 되었다.'라는 가설을 설정하고 학급 토의를 통해 가설을 보완하였다.

소행성의 중력에 의하여 다른 작은 소행성을 끌어당기게 되고 중앙에서 당기는 힘으로 행성이 둥글게 뭉치게 되었다는 것이 이 모둠의 가설이었다.

이에 어떻게 그 가설을 검증할 것인가에 대한 실험 방법에 대해 모둠 토의가 진행되었다. 천체와 같이 직접 실험할 수 없는 대상은 대체품을 찾아 실험을 구성하도록 하는 것이 좋았다. 그래서 "애들아, 우리 주변에서 중력처럼 끌어당기는 힘을 가진 것을 찾을 수 있니?"라고 물었다. 학생들은 둥근 자석을 행성 대체로 사용하면 좋겠다는 결론을 내렸고 둥근 자석을 철가루 속에 넣어보고 철가루가 둥글게 뭉치는지 확인하는 실험을 설계하였다. 학생들이 실험을 설계하는 데 도움을 주고자 간단한 질문을 했을 뿐인데 소행성을 둥근 자석, 소행성 주변의 작은 천체를 철가루로 가정하고 실험을 설계하는 학생들이 놀라웠다. 이 모둠의 실험 계획은 아래와 같다.

< 행성은 중력으로 인해 둥글게 되었다는 가설 검증 실험 >

· **준비물** : 둥근 자석, 철가루, 비커, 페트리접시, 집게

· **실험 순서**
1. 둥근 자석을 준비한다.
2. 비커의 1/3 정도 철가루를 붓고 둥근 자석을 집어넣는다.
3. 비커에서 집게를 사용해 자석을 꺼낸다.
4. 패드리 접시 위에 자석을 놓고 자석 주변으로 철가루가 붙은 모양을 관찰한다.

· **주의할 점**
철가루가 눈에 들어가지 않게 주의하고 철가루가 자석에 붙은 모양이 망가지지 않도록 조심해서 자석을 넣었다가 뺀다.

　이 모둠 학생들은 자신들이 생각한 가설대로 철가루가 둥글게 자석 주변에 붙는 모습을 보고 환호하였다. "선생님, 우리 생각이 맞았어요. 자석 주변에 철가루가 둥글게 붙었어요" 이에 나는 "왜 둥글게 붙었다고 생각하니?"라는 질문을 하였고 학생들은 "둥근 자석은 사방에서 잡아당기는 힘이 작용하기 때문에 사방에 있는 철가루가 붙는 게 당연해요."라는 답변을 하였다. "이 실험이 의미하는 것이 무엇일까?"라는 질문에 "소행성 중에 크기가 좀 큰 소행성이 사방에서 천체를 끌어당기고 작은 천체들이 그 소행성에 붙으면서 둥글게 되었어요. 이 철가루가 둥근 자석에 붙는 모양처럼요."라는 그럴듯한 설명을 하였다.

　학생들은 자신들의 가설을 과학적으로 검증했다는 사실에 흥분하였다. 학습 부진으로 학습 코칭 선생님의 도움을 받는 ○○이 역시 평소와는 다르게 진지하게 수업에 참여하는 모습을 보니 '역시 자발성만큼 공부에 몰입하게 하는 것은 없구나.'라는 생각이 들었다. 탐구 질문을 설정하고 그 질문의 답을 찾아가는 모든 과정을 주도적으로 진행하였고 실험을 통해 검증해낸 꼬마 과학자들은 지적 희열감으로 가득 차서 이 사실을 다른 누군가에게 알리고 싶어 안달이 난 모습이었다.

　이러한 과정을 통해 내린 모둠의 결론은 아래와 같다.

1. **탐구 주제** : 행성은 왜 둥글까?

2. **가설과 근거** : 중력 때문에 행성이 둥글게 되었다. 소행성의 중력이 주변에 소행성을 끌어당겨서 소행성들이 뭉치게 되고 그러면 소행성들의 중력이 점점 커져서 표면의 물질을 끌어당기면서 행성은 둥근 모양이 되었다.

3. **결론** : 행성은 중앙으로 잡아당기는 힘인 중력 때문에 소행성들이 뭉쳐서 둥글게 되었다. 하지만 100% 중력 때문은 아니고 더 조사해보니 대기 압력, 표면 물질의 성질 등 다른 이유도 있었다.

공유

● 사이언스 페어 발표 자료 만들기

수행과제로 설정한 사이언스 페어는 과학자가 되어 자신들의 탐구과정을 사람들에게 설명하는 것이다. 탐구의 과정과 사고의 흐름이 드러날 수 있도록 사이언스 페어 보드판을 제작하여 발표 자료로 활용하기로 하였다. 구글에 검색해 보면 다른 나라에서는 사이언스 페어 보드판을 많이 제작하여 팔고 있다는 것을 알 수 있다. 제프 키니가 쓴 어린이 소설 '윔피키드'에도 초등학생인 그레그가 사이언스 페어에 참여한 에피소드가 실려있다. 외국에서는 그만큼 흔하고 쉽게 접할 수 있는 행사이지만 한국에서는 보편화되어 있지 않아 보드판을 구하기가 어려웠다. 결국은 원하는 양식의 보드판을 구할 수 없어서 5학년 교사들이 보드판을 제작하기로 하였다. 교사들이 보드판의 외형적인 틀을 제작해서 학생들에게 제공하면 그 안의 내용을 채우는 형식으로 발표 자료를 만들었다.

발표 자료를 제작하는데 주의사항은 모둠의 탐구과정을 효과적으로 전달하는 것에 집중하고 외향을 꾸미는 것에는 시간을 많이 들이지 말라는 것이었다. 예쁘지 않아도 내용이 충실하고 고민이 흔적이 잘 드러난다면 그것은 훌륭한 발표 자료라는 것을 학생들에게 설명한 후 발표 자료를 제작하였다.

● 사이언스 페어 열기

사이언스 페어는 5학년 학생들이 모두 함께하는 행사로 학교 강당에서 개최하였다. 관람객은 선생님들과 4, 6학년 학생들이었다.

사실 이 프로젝트는 교사에게 무척 힘든 과업이었다. 학생들에게 좋은 질문으로 단서를 주기 위해서 끊임없이 공부해야 함은 물론이고 학생들의 탐구과정을 지켜봐 주고 격려하는 인내의 시간을 거쳐야 했다. 동학년 선생님이 이 프로젝트는 "참고, 참고 또 참는 것이 성패를 좌우한다."라고 하셨는데 그 말에 모두 공감하며 웃었다.

하지만 정작 사이언스 페어 날에는 교사들은 할 일이 없었다. 학생들이 시작부터 마무리까지 모든 것을 훌륭하게 해내었다. 교사들이 한 일이라고는 보드판 세울 자리를 정해주고, 사진을 찍어주고 뒷정리를 도와주는 정도였다.

학생들은 많이 성장해 있었다. 여러 번의 시행착오를 겪으면서도 포기하지 않고 결론을 만들어낸 사람에게서 볼 수 있는 자신감과 열정이 학생들의 눈빛, 목소리, 태도에 깃들어 있었다. 생각해 보면 요즘 학생들은 무엇인가를 주도적으로 해본 경험이 부재하다. 학교에서는 선생님, 집에서는 부모님의 지시에 따라 행동하다 보면 정작 내가 알고 싶은 것은 무엇일까? 나는 무엇을 할 수 있을까? 와 같이 스스로에 대해 생각해 볼 시간이 없다.

이번 프로젝트는 고차적 사고 역량을 키우는 것을 목표로 하였지만, 학생들은 사고의 방법만 배운 것이 아니었다. 자신이 주인공이 되어 무엇인가를 이루어 내고 그것을 사람들에게 발표하는 기회를 통해 '할 수 있다.'라는 자신감과 혼자서는 힘들었을 일을 친구들과 함께하면서 '함께 하면 더 잘 할 수 있다.'라는 것을 알게 된 것이다.

● 사이언스 페어 및 탐구과정 성찰하기

사이언스 페어가 끝나고 학생들과 함께 소감을 발표하고 이야기 나누는 반성회를 가졌다. 내가 궁금할 것을 알아볼 수 있어서 좋았고 친구들과 함께 해서 좋았다는 의견이 많았다. 그리고 시간이 부족해서 궁금한 것이 많은데 더 탐구할 기회가 없다는 것을 아쉬워했다. 이야기 후 소감을 종이에 적어 받았는데 아래 내용은 그중 일부다.

> 사이언스 페어가 좋았던 이유는 친구들과 함께 탐구할 수 있어서 좋았다. 윔피키드를 보니까 그레그는 혼자 사이언스 페어를 하던데 나는 혼자 하라고 하면 너무 힘들고 못 할 것 같다. 하지만 친구들과 함께 탐구해서 탐구가 너무 재미있고 사이언스 페어가 좋았다. (○○의 소감)

> 우리 모둠의 주제는 달은 밤에 흔히 볼 수 있는 지구의 위성인데 그달이 사라지면 지구는 어떻게 될까였다. 금요일까지 달, 지구, 위성 등에 대해 열심히 공부했다. 사이언스 페어 날 6학년 선배들, 교장 선생님 앞에서 설명할 때 너무 긴장해서 말을 더듬은 게 살짝 아쉬웠다. 그래도 내가 열심히 공부한 것을 발표할 수 있어서 너무 좋았다. 비록 이게 마지막이겠지만 기회가 된다며 또 하고 싶다. 다음에는 주제를 "왜 행성은 모두 색이 다를까?"로 할 것이다. 내가 열심히 공부한 것을 발표할 기회를 만들어 주신 선생님들께 너무 감사하다. (□□이 소감)

● 더 알고 싶은 점 공유하기

반성회 시간을 이용하여 더 탐구하고 싶은 주제가 있는지 물었는데 학생들의 반응이 무척 뜨거웠다. 행성의 색이 왜 다른지, 일식과 월식은 왜 일어나는지, 절대 열이 밖으로 빠져나가지 않는 집을 만드는 방법은 무엇인지, 용해되지 않는 물질을 용해하는 방법은 없는지 등 수많은 질문거리가 쏟아져 나왔다. 학생들은 자신들의 탐구과정에서 들었던 의문을 또 탐구하고 싶은 질문거리로 생성해 낸 것이다. 이 모든 질문을 해결하기 위해서는 사이언스 페어를 또 해야 한다는 의견이 많았다.

궁금한 것은 선생님이 해결해 주는 게 아니라 스스로 해결할 수 있다고 생각이 바뀐 학생들이 많아진 점이 무척 놀라웠다. 우리는 궁금한 것이 또 있으니 친구들과 탐구할 기회를 또 달라고 하는 학생들 모습이 바로 성장이고 발전이 아닐까 한다.

5 프로젝트 성찰

우리 학교 선생님들은 대부분 프로젝트 경험이 풍부한 소위 '프로젝트 전문가'들이다. 그런 우리에게도 너무나 힘들었던 경험이 이번 프로젝트였다. 사이언스 페어를 준비하는 과정은 물론이거니와 1학기 과학 교과 5단원 중 3개를 포괄적 문제 해결 학습으로 재구성하는 것도 쉽지 않았다. 수업 시간마다 학생들에게 질문하고 토의하며 개념에 대한 깊은 이해로 이끄는 과정은 정말 매 차시가 프로젝트라고 여겨질 정도로 힘들고 고된 여정이었다.

그런데도 우리가 이 모든 과정을 한 학기 동안 지속할 수 있었던 이유는 학생들의 지적 회열을 목격했기 때문이다. 학생들이 놀이가 아닌 배움에 몰입하고 흥분하는 모습은 쉽게 볼 수 있는 장면이 아니다. 그 모습을 오래 보고 싶다는 열망이 교사들을 버티게 하였다. 결국은 학생들의 열정에 교사들까지 감화되어 프로젝트 막바지에는 모두가 한 덩어리가 되어 프로젝트 활동에 몰입했다. 틈만 나면 서로 똘똘 뭉쳐서 고민하고 질문하고 생각하면서 한 걸음씩 나아갔다.

이 프로젝트를 진행하면서 학생들의 주도성에 대해 다시 한번 생각하게 되었다. 학생들이 주도하는 것만큼 학습에 몰입하게 하는 동기는 없다는 생각이 많이 들었다. 학생들은 자신의 가설을 검증하는 과정에서 오류가 발생하면 처음으로 다시 돌아가야 하는 까다로운 과정을 기꺼이 수행하였다. '저렇게 까다로운 문제를 할 수 있을까'라는 걱정은 교사의 기우에 불과했다. 공부를 잘하고 못하고는 아무 문제가 되지 않았다. 물론 배경지식의 차이는 있었지만, 어차피 모두가 처음 접하는 문제였다. 오히려 못 할 거라고 예상했던 학생의 발상에서 문제 해결의 실마리를 발견하는 경우가 종종 있었다. 학습 능력이 우수한 학생의 과제 집중력과 다른 학생의 창의적 발상이 함께 어우러져 시너지 효과를 낸 것이다.

학생들은 모든 과정에서 자신들이 주인공이 되어 프로젝트를 진행한다는 사실에 흥분하였고 열정적으로 임하였다. 사실 내가 알아보고 싶은 것을 탐구하고 그 결과를 다른 사람들 앞에서 이야기한다는 수행과제 자체가 학생들의 동기고 목표이며 몰입의 이유가 된 것이다. 별다른 장치나 기법은 필요하지 않았다.

교사는 무척 힘들었다. 교과에 대한 깊이 있는 이해는 기본이고 이해로 이끄는 좋은 질문과 학생마다 다른 수준의 피드백을 줄 수 있는 교수 방법에 대한 전문성이 필요했다.

이 모든 과정을 지나올 수 있었던 것은 동 학년 교사들이 함께했기 때문이었다. 우린 고등학교 과학 교재를 사서 함께 읽고 교수님을 초청해 강연을 들으며 우리의 전문성 신장에 최선을 다했다. 그리고 매번 함께 토의하면서 각 반의 문제를 자기 반 문제처럼 공감하고 해결하기 위해 노력했다. 이렇게 함께 하는 동료 교사들이 있었기 때문에 어려운 프로젝트를 도전하고 진행할 수 있었던 것 같다.

이 프로젝트의 목표는 학생들이 다양한 문제 상황을 해결해 나가는데 필요한 '지혜롭게 사고하는 방법'을 키움으로써 '좋은 삶'을 살아가는 밑바탕을 형성하는 고차적 사고 역량 신장이다. 지금 우리와 같이 학생들에게 '좋은 삶'을 살아가는 역량을 키워주고 싶어 고민하시는 선생님이 있으시다면 학생들에게 기회를 한번 줘 보는 게 어떻겠냐고 제안하고 싶다. 물론 쉽지 않다. 시간과 노력을 많이 필요로 한다. 수많은 시행착오와 혼란 속에서 길을 잃은 느낌이 들 수도 있을 것이다. 하지만 누군가가 정해준 길이 아니라 학생들과 함께 만들어가는 길을 걸어보시라고 권하고 싶다. '좋은 삶'이란 무엇인가? 결국 내가 주도하여 나의 길을 개척해 나가는 과정이 아닌가…. 그 과정이 혼자가 아니라 친구들과 함께라면 더할 나위 없을 것이다.

학습 자체가 좋은 삶이 될 수 있도록 도전해보시라고 말하고 싶다. 학생들은 그리고 우리 교사들은 생각보다 훨씬 더 주도적이고 지혜롭게 문제를 해결해 나갈 역량을 가지고 있다.

마음의 힘,
심미적 감성 역량

윤미정

저자 윤미정은 수업 전문가 공모전에 참가하면서 '학생들을 위한 교육이 무엇일까?' 고민할 때 구미봉곡초등학교를 알게 되었고, 이 학교에서 프로젝트 수업을 함께 하고 싶었습니다. 2019년부터 구미봉곡초등학교에서 근무하고 있으며 4년째 3학년 담임을 맡아 학년 교육과정과 프로젝트수업을 계획, 운영하고 있습니다.

1 심미적 감성 역량이란?

심미적 감성 역량의 재정의

심미적 감성 역량은 일부 예술 교과 및 국어 교과를 통해서만 함양하려는 문제점이 있다.[1] 우리 학교에서도 프로젝트 수업이 교과 지식을 습득하는 과정에만 초점이 맞춰져 있다는 비판적인 목소리도 있었다. 우리 학교 구성원들 역시 이러한 지적에 대한 대안으로 프로젝트 수업을 지식, 기능, 태도의 균형적인 성장을 통해 심미적 감성을 함양하는 방향으로 변화가 필요하다고 인식하였다. 이러한 문제점을 해결하기 위해서 우리 학교만의 심미적 감성 역량에 대한 개념을 명료화하는 작업이 필요했다.

역량에 대한 개념 명료화 작업은 '6년의 배움' T/F 모임에서도 가장 시간이 오래 걸리고, 마지막까지 논의했던 굉장히 어렵고 까다로운 작업이었다. 무엇보다 감성을 역량이라고 할 수 있는지, 역량이라고 한다면 심미적 감성만을 별도로 함양하는 것이 가능한지 등 각자의 생각이 조금씩 차이가 있었다. 다만 감성 또한 학습 경험을 통해 함양할 수 있다는 점과 역량의 총체성을 고려하여 심미적 감성 역량이 핵심역량으로써 필요하다는 공감대가 형성되었다.

이런 논의를 바탕으로 우리 학교는 심미적 감성 역량을 '자신과 타인, 사회 현상을 공감적으로 이해하고, 삶의 의미와 사물들의 아름다움, 가치를 발견하고 향유하는 능력'이라고 재정의하였다.

---

[1] 이광우 외(2017). 2015 개정 교육과정에서의 핵심역량 관련 이슈 고찰. 인간상, 교육목표, 교과역량과의 관계.

우리 학교 심미적 감성 역량의 하위 역량 중 하나는 '문화적 소양'이다. 이것은 흔히 미적인 것과 관련된 것으로 예술 작품의 수용과 관련한 역량이라고 할 수 있다. 즉 사물의 아름다움과 가치를 발견하는 것으로 생각할 수 있다. 이런 개념에서 더 나아가 나와 타인, 사회 현상들, 삶의 의미 등이 두루 포함된 확장된 개념이 '문화적 소양'이라 할 수 있다.

저학년의 경우 오감을 통해 자연물을 관찰하는 활동으로 구성하였다. 이는 기존 심미적 감성에 대한 축소된 해석에 가깝다. 즉 특정한 대상의 아름다움을 살펴 찾으려는 미학적 인식 능력에 초점이 맞춰진 활동이다. 한편 고학년으로 갈수록 심미적 감성 역량에 대한 확장된 의미를 부여할 수 있는 활동을 구성하려고 노력했다. 즉 학생들이 미학적으로 대상을 인식하는 수준에서 벗어나 좀 더 확장된 개념, 예를 들면 학생들에게 공공미술을 경험하게 하여 우리 생활 주변의 문제점을 인식하고, 더 나아가 사회 현상에 대해서도 관심을 갖게 되기를 바랐다.

또 다른 하위 역량은 '다양한 가치 존중'이다. 이 하위 역량은 T/F 모임에서 상위 심미적 감성 역량만큼 많은 논의가 되었던 역량이다. 다양한 가치를 존중하는 역량은 함께 어울리고 협력하는 공동체 역량으로 보아야 한다는 의견이 많았기 때문이다.

이처럼 학교에서 핵심역량을 설정할 때 각자의 이해에 따라 의견이 다를 수 있다. 시간이 걸리더라도 구성원의 연구와 합의를 통해 역량의 개념을 명확히 하는 것은 반드시 필요했다. 개념이 불명확하면 구성원들이 실행할 때 오류를 범할 수 있기 때문이다. 역량의 개념을 명확하게 하는 방법은 각 역량의 하위 역량이나 역량의 요소를 구체화하는 방법이 효과적이다.

우리는 '다양한 가치 존중'의 역량 요소를 '서로 다른 가치를 수용하고 존중하기'와 '다양한 문화를 이해하고 존중하기'로 설정하였다. 역량의 요소를 정하고 나니 공동체 역량과 구분이 가능해졌다.

심미적 감성 영역에서 태도적 측면에 관한 내용이 명확하게 기술된다면 기존의 예술 교과에 국한되어 운영되었던 심미적 감성 역량을 위한 수업이 다른 교과에서도 충분히 구현될 수 있다고 생각하였다. 즉 우리 학교 '6년의 배움'이라는 교육과정 속에서 예술 교과뿐만 아니라 다른 교과 수업에서도 심미적 감성 역량을 함양할 수 있도록 교육 설계를 구체화하고자 노력하였다.

국가교육과정 총론 해설서에서 제시한 심미적 감성 역량의 하위 요소와 우리 학교 심리적 감성 역량의 하위 요소를 비교하면 다음과 같다.

국가수준교육과정 심미적 감성 역량의 하위 요소	우리 학교 심미적 감성 역량의 하위 역량
문화적 소양과 감수성	문화 향유
문화적 상상력	
타인의 경험 및 인간에 대한 공감 능력	
정서적 안정감	
다양한 가치에 대한 존중	다양성에 대한 존중
의미 있고 행복한 삶의 추구와 향유	

한편, 각 하위 역량과 관련하여 학년별로 진행할 수 있는 예시 활동 및 학습의 범위와 수준은 다음과 같이 정하였다.

역량	심미적 감성 역량
정의	자신과 타인과 사회 현상들을 공감적으로 이해하고, 삶의 의미와 사물들의 아름다움과 가치를 발견하고 향유하는 능력이다.
하위 역량	· 문화 향유 · 다양한 가치 존중
1학년	· 문화 향유 　- 오감을 이용한 경험 (자연물, 전통문화, 세계문화) 　- 공감 능력 　- 문화의 아름다움 탐색 (그림책 감상) 　- 정서적 안정감 (창작, 표현활동, 맨발 걷기)
2학년	· 다양한 가치 존중 　- 서로 다른 가치 수용 존중 (다양한 가치 탐색) 　- 다양한 문화 이해하고 존중 (일상생활에서 다양한 문화 체험)
3학년	· 문화 향유 　- 오감을 이용한 경험 (자연물, 인공물, 전통문화) 　- 공감 능력 　- 문화의 아름다움 탐색 (온책품감상, 학급예술제) 　- 정서적 안정감 (창작, 표현활동, 노래 만들기)
4학년	· 다양한 가치 존중 　- 서로 다른 가치 수용 존중 (서로 다른 가치 탐색) 　- 다양한 문화 이해하고 존중 (다양한 문화 탐색 및 존중)
5학년	· 문화 향유 　- 오감을 이용한 경험 (공공미술, 사회미술, 소설, 영화) 　- 공감 능력 　- 문화의 아름다움 탐색 (미술관, 박물관, 박람회) 　- 정서적 안정감 (예술 활동)
6학년	· 다양한 가치 존중 　- 서로 다른 가치 수용 존중 (서로 다른 가치 탐색 및 존중) 　- 다양한 문화 이해하고 존중 (다양한 문화 탐색 및 존중)

학년별 심미적 감성 역량 프로젝트

　우리 학교는 학생들의 심미적 감성 역량 함양을 위해 경상북도에서는 처음으로 예술 교과 집중이수제를 운영하고 있다. 3학년부터 6학년까지 음악과 미술 각 30차시 수업 시간을 전문 강사와 담임교사가 함께 운영한다. 3학년 1학기에는 회화 수업, 3학년 2학기에는 국악 수업을 운영하고 있다. 4학년 1학기에는 국악 수업, 4학년 2학기에는 서예 수업을 운영하고 있다. 5학년은 조소 수업, 6학년은 디자인 수업을 미술 시간에 하고 있다.

예술 교과 집중이수제를 하는 이유는 역량이 관련 지식에 대한 이해를 바탕으로 하는 것처럼, 심미적 감성 역량 또한 하나를 배우더라도 제대로 배워야 할 필요가 있다고 생각하였기 때문이다. 예술 교과 집중이수제를 통하여 학생들의 내면세계에 잠들어 있는 능력을 인지하게 하고, 그 과정을 통해 심리적 안정성과 감성 표현의 힘을 기르고자 하였다. 즉 예술의 아름다움과 가치를 내면화하여 문화적 상상력을 발휘할 수 있도록 돕는 것이다.

심미적 감성 역량의 하위 역량 중 다양한 가치 존중과 관련된 프로젝트를 살펴보면 저학년에서 고학년으로 발달 단계가 점차 높아짐에 따라 양적으로 학습의 공간 범위가 넓어지고 질적으로 심화되는 나선형 조직의 교육과정을 운영하고 있다는 것을 알 수 있다. 3학년은 세시 풍속 체험전을 통해 우리나라 전통문화의 변화상을 탐구한다. 4학년은 여러 나라 문화 알아보기 프로젝트를 통해 세계 여러 나라의 문화적 특징을 탐구한다. 6학년은 문화적 이해를 바탕으로 지구촌의 갈등과 문제를 공감하며 합리적인 문제 해결을 위한 탐구를 한다. 이런 프로젝트 수업은 궁극적으로 여러 문화와 가치를 가진 이질적인 사람들이 서로 협력하고 존중하며, 나와 다른 가치관을 배척하지 않고 인정하고 존중하는 태도를 기르고자 하였다.

심미적 감성 역량의 하위 역량과 각각의 역량 요소를 바탕으로 학년 군별 '역량 잣대'를 만들고 학년별 프로젝트를 다음과 같이 정하였다.

구미봉곡초 심미적 감성 역량 관련 교육 활동 및 프로젝트

	문화 향유	다양한 가치 존중
6학년	**예술교과 집중이수제: 디자인** - **기간(차시):** 2022.3.1.~7.15.(20차시) - **역량 잣대:** 독창적인 작품과 아이디어 공유하고 창작하기 - **주요 활동 내용:** 디자인의 기초를 이해하고, 생활 디자인 작품 완성하기 **봉곡 ART 페어** - **기간(차시):** 2022.12.19.~12.30.(15차시) - **역량 잣대:** 예술작품의 가치를 느끼고 평가 - **주요 활동 내용:** 6학년 졸업 예술작품 전시회를 열어 작품 감상하고 평가하기	**NGO 탐구 프로젝트** - **기간(차시):** 2022.11.21 ~ 11. 25 - **역량 잣대:** 상대 혹은 대상이 처한 상황과 맥락, 처지를 충분히 파악하고 이해하기 - **주요 활동 내용:** 지구촌의 갈등과 문제에 공감하며 비정부 기구 탐구하기
5학년	**예술 교과 집중이수제: 조소** - **기간(차시):** 2022.4 ~12 (30차시) - **역량 잣대:** 주제에 대한 자기 생각과 느낌을 다양한 매체와 도구를 활용하여 표현하고, 다양한 문화의 모습을 통해 서로 다름을 인정하고 존중하는 태도 지니기 - **주요 활동 내용:** 다양한 도구(찰흙, 선재, 면재)를 사용하는 기능을 익히고, 입체작품(부조, 환조) 표현하기	**12살, 작가가 되다! 프로젝트** - **기간(차시):** 2022.11.14 ~ 12.9 (30차시) - **역량 잣대:** 주제에 대한 자기 생각과 느낌을 다양한 매체와 도구를 활용하여 표현하기, 다양한 문화적 경험과 작품의 특징을 공유하며 관점을 세워 비평하기 - **주요 활동 내용:** 글쓰기 워크숍을 통해 글을 쓰는 목적과 독자를 설정하고 나만의 글로 표현하기
4학년	**예술 교과 집중이수제:서예, 국악** - **기간(차시):** 2022.3.15 ~ 7.30 (30차시), 2022.9.6 ~ 12.21 (30차시) - **역량 잣대:** 작품의 아름다움과 특징을 발견하고 그 이유 설명하기, 자기 생각이나 느낌을 다양한 도구를 활용하여 표현하기 - **주요 활동 내용:** 영남 사물놀이의 특성을 살려 연주하기, 판본체의 특성을 살려 붓글씨 쓰기	**여러 나라 문화 알아보기** - **기간(차시):** 12.5 ~ 12.30 (20차시) - **역량 잣대:** 다양한 문화의 모습을 알아보고 비교할 수 있다. - **주요 활동 내용:** 세계 여러 나라의 문화적 특징에 대해 알아보고, 다른 문화를 대하는 올바른 태도 함양
3학년	**예술 교과 집중이수제:회화, 국악** - **기간(차시):** 2022.3.15 ~ 7.30 (30차시), 2022.9.6 ~ 12.21 (30차시) - **역량 잣대:** 자기 생각이나 느낌을 다양한 도구를 활용하여 표현하기 - **주요 활동 내용:** 수채물감의 사용법을 익혀, 다양한 주제로 수채화 그리기, 영남 사물놀이의 특성을 살려 연주하기 **관찰 프로젝트**	**세시풍속 체험전** - **기간(차시):** 2022.10.3 ~ 10.28 - **역량 잣대:** 다양한 문화의 모습을 알아보고 비교할 수 있다. - **주요 활동 내용:** 세시풍속 체험전을 통해 옛날과 오늘날의 전통문화(음식, 놀이, 먹거리 등)의 변화상을 인식하기
2학년	**가을 아침 시 한 모금 프로젝트** - **기간(차시):** 10.17 ~ 11.11 - **역량 잣대:** 자기 생각이나 느낌, 감각을 다양한 형식으로 표현하기 - **주요 활동 내용:** 시의 장르적 지식을 바탕으로 내 생각이나 느낌, 감각을 시로 표현	
1학년	**우리나라를 소개합니다** - **기간(차시):** 11.21 ~ 11.30 (18차시) - **역량 잣대:** 다양한 문화를 이해하고 존중하기 - **주요 활동 내용:** 우리나라의 상징과 문화를 조사하여 소개하는 자료 제작	
하위 역량	문화 향유	다양한 가치 존중

2 심미적 감성 역량 프로젝트 소개

관찰 프로젝트 소개

● 3학년 심미적 감성 역량 프로젝트 '관찰 프로젝트'

심미적 감성 역량 수업 중 3학년의 관찰 프로젝트를 소개하고자 한다. 큰 주제는 '관찰'이고 좀 명확하게 설명하자면 '세상을 좀 더 자세하게 바라보자'라고 할 수 있다. 이 프로젝트는 학생들로 하여금 지금까지 본 것들을 좀 더 자세하게, 더 깊게, 여러 가지 관점에서 관찰하게 하고자 하였다.

어떠한 대상을 좀 더 자세하게 바라본다는 것은 무엇일까? 유홍준 교수가 문화유산을 보는 자세에 대해 말한 대목이 떠오른다. '사랑하면 알게 되고 알게 되면 보이나니, 그때 보이는 것은 전과 같지 않으리라.' 우리 학생들이 그냥 보고 지나쳤던 꽃과 나무, 심지어 미술 도구인 붓 등을 좀 더 자세하게 볼 수 있는 기회를 제공한다면 전과 같은 반응을 보일까? 학생들이 세상을 바라보는 눈은 아직 미숙하지만, 어떤 대상을 좀 더 다르게 바라보고, 좀 더 자세하게 관찰할 수 있는 기회를 제공한다면 학생들의 마음속에 말로 표현하지는 못하지만 "와~"라는 감탄사가 자기도 모르게 나오지 않을까 생각하였다.

● 심미적 감성 역량 프로젝트 준비

3학년의 관찰 프로젝트를 시작하기 전, 2학년 관찰 프로젝트와 차이점이 무엇인지 고민해야 했다. 3학년 관찰 프로젝트는 2학년 관찰 프로젝트와 유사하지만, 보다 주제와 수업 활동의 범위를 확장하고자 하였다.

우선 2학년 관찰 프로젝트를 간략하게 소개하면 다음과 같다. 2학년 프로젝트는 학생들이 '감각'을 체험하는 데 목적이 있다. 프로젝트의 시작 단계에서 학생들은 『이상한 엄마』[2]라는 책을 읽는 방법을 다르게 하여 읽는다. 글만 있는 형태로 읽기, 그림이 있는 상태로 읽기, 소리가 담긴 글을 읽기 순으로 점점 감각의 폭을 넓히며 읽게 한다. 이러한 책 읽기 후 학생들에게 실감나게 표현된 책은 어떠한 형태인지 찾게 한다. 이후 『이상한 엄마』 속의 한 장면을 자세히 보고 감각과 관련된 어휘를 찾아서 다양한 감각 표현을 넣어 자기 작품을 만들도록 되어 있다.

3학년 관찰 프로젝트는 2학년 프로젝트보다 관찰 대상과 범위를 좀 더 확장하여 학생들의 역할을 과학자로 정하였다. 2학년이 주어진 대상을 감각으로 느끼는 거라면 3학년은 적극적으로 대상을 찾아 관찰하는 과학자가 되는 것이다. 이것은 대상을 주의 깊게 바라보는 눈을 뜨게 하는 것이다. 그리고 학생들이 주변을 바라보지만, 아무것도 느끼지 못했던 상태에서 벗어나 나의 주변에 귀를 기울이고, 자세히 관찰하여 평소와 다르게 생각하는 힘과 개방적인 태도를 기르기 위한 것이다. 이것은 고학년에 올라가서 우리 지역사회의 문제 찾기, 학생들의 인권 문제, 다양한 문화에 대한 인식 등을 다룰 때 선행되어야 할 문화적 소양이라고 할 수 있다.

꼬마 예술가로서 오감과 도구를 이용해 탐색한 자연물과 인공물의 특징과 느낌을 말과 글, 그리고 몸짓으로 표현하는 활동이 있다. 이것은 어떤 대상을 새롭고 자세하게 관찰하는 활동을 통해 기존의 시각적 틀에서 벗어나게 하기 위한 활동이다. 객관적인 관찰 결과가 있어도 사람마다 생각과 느낌이 다를 수 있다. 예를 들어 '검은색 강아지가 있다.'는 객관적 사실이지만 누구에게는 귀엽고, 예쁘게 보일 수 있지만, 누군가에게는 두려움의 대상이 될 수 있다.

---

2) 백희나(2022). 이상한 엄마: 엄마 대신 아픈 아이 호호를 돌봐주는 선녀님 이야기

또한 예술 작품 제작이라는 경험을 통해 새로운 상상력, 새로운 느낌을 표현하게 하고자 하였다. 문화 향유 역량을 위한 저학년에서의 작품 창작 활동은 고학년에서 새로운 시각으로 세상과 주변을 살펴보게 한다. 이와 동시에 현실을 뛰어넘는 상상력 혹은 현실의 대안을 찾는 데 필요한 상상력을 발휘하는데 밑거름이 될 것이다. 즉, 심미적 체험을 통해 사회 문화를 인식하고 공감하는 활동 혹은 사회 문제를 인식하고 대안을 찾는 사회적 측면에서 큰 의미를 둘 수 있을 것으로 생각한다.

3 프로젝트 설계

· **기간**: 4월~5월 (17차시)
· **목표**
 1) 관찰의 뜻을 이해하고 자연물과 인공물을 관찰할 수 있다.
 2) 자연물과 인공물을 관찰하고 탐색하는데 다양한 감각과 도구를 활용할 수 있다.
 3) 주변의 대상을 탐색하여 자신의 느낌과 생각을 다양한 방법으로 나타낼 수 있다.

· **탐구 질문**
 1) 어떤 대상에 대해 더 자세히 알고 싶다면 어떻게 해야 할까?
 2) 어떤 대상을 관찰하고 난 후 생각이나 느낌은 어떻게 표현할 수 있을까?
 3) 문장을 더 생생하게 혹은 더 실감 나게 표현하려면 어떻게 해야 할까?

관련 교과 및 성취기준

미술	[4미01-01] 자연물과 인공물을 탐색하는데 다양한 감각을 활용할 수 있다. [4미01-02] 주변 대상을 탐색하여 자신의 느낌과 생각을 다양한 방법으로 나타낼 수 있다. [4미03-03] 미술 작품에 대한 자신의 느낌과 생각을 발표하고, 그 이유를 설명할 수 있다.
국어	[4국05-01] 시각이나 청각 등 감각적 표현에 주목하며 작품을 감상한다. [4국02-05] 읽기 경험과 느낌을 다른 사람과 나누는 태도를 지닌다.
과학	과학적 탐구 방법

프로젝트 흐름

순서	단계	학습 내용	차시	학습 자료
1	몸으로 관찰하기	· 몸으로 관찰하기 - 감각기관을 이용해 대상을 관찰하기 - 관찰 결과를 한 문장으로 쓰고 말하기 - 이야기와 시에서 감각적 표현을 찾아 말하기	4	· 워크북
2	도구로 관찰하기	· 도구로 관찰하기 - 도구를 이용해 대상을 관찰하고 결과를 쓰고 말하기 - 감각적 표현을 사용하여 문장을 만들고 발표하기	4	· 돋보기 · 현미경 · 확대경 · 루페
3	작품으로 표현하기	· 시, 노래, 정지 동작, 미술 작품으로 표현하기 - 관찰 결과에 관한 생각이나 느낌을 다양한 방법으로 　표현하고 공유하기	10	· 워크북 · 도화지

평가 계획

평가 기준	교과	평가 방법
· 자연물과 인공물을 관찰하고 그 결과를 문장으로 쓸 수 있다. · 관찰 결과를 감각적 표현을 사용하여 시화로 표현할 수 있다. · 친구의 시화 작품을 읽고 감각적 표현을 찾아 적고 말할 수 있다.	과학 국어	보고서
· 관찰 결과를 다양한 방법을 선택하여 표현할 수 있다.	미술	관찰
· 작품 전시회 관람 예절에 맞게 작품을 감상하고, 작품에 대한 자신의 생각을 이야기할 수 있다.	미술	관찰

4 프로젝트 실행

오감으로 학교 관찰하기

우리 주변에서 어떠한 현상이나 대상을 관찰하여 얻은 결과는 그것에 관한 흥미를 유발하고 의문을 제기해 준다. 또한 관찰 결과는 해석의 기초 자료로 활용된다. 관찰은 모든 탐구의 기본이며 출발점이 된다. 관찰은 탐구 대상의 특징을 자세히 살펴보는 것이다. 주의할 점은 기존에 알고 있던 것과 나의 주관적인 생각은 관찰 결과가 아님을 인식해야 한다. 관찰할 때는 눈, 코, 입, 귀, 피부의 여러 가지 감각기관을 사용한다.

프로젝트는 학교 교정에 풀과 나무가 파릇파릇하게 피어나고 곤충과 동물을 관찰하기 적합한 4월 중순부터 5월까지 이루어졌다. 학생들은 밖에 나가는 활동을 아주 좋아한다. 답답한 교실 밖을 벗어나 야외에서 무언가를 관찰하는 건 학생들에게 즐겁고 신나는 일이다.

'몸으로 관찰하기'의 첫 번째 활동은 '오감으로 관찰해요.'이다. 이 활동은 시각적 관찰, 청각적 관찰, 손을 이용한 촉각적 관찰 활동 등으로 구성하였다. 우리 학교의 교정에는 관찰할 것이 많이 존재한다. 연화담이라고 불리는 연못에는 다양한 수생식물과 물고기가 있고, 닭장에는 병아리와 닭들이 있어서 저학년의 관찰 대상이 된다. 또한 학교 텃밭에는 여러 종류의 식물들을 재배하고 있어 학생들이 관찰하기 적합한 환경이 조성되어 있다.

손으로 무엇을 만져보는 활동은 교실에서 이루어졌다. 비밀 상자 속의 여러 가지 인공물을 손으로 직접 만져보고 '어떤 물질로 만들어졌는가?' 혹은 '어떤 물체인가?'를 추측해 보는 활동이었다. 촉각적 관찰을 위한 물체들은 학생들이 추측할 수 있는 물건으로 구성하였다. 하지만 촉각적 느낌을 다양하게 경험할 수 있도록 섬유, 금속, 플라스틱, 종이 등 여러 가지 물질로 구성하였다. 학생들은 처음에 생소한 물체를 만진다는 것이 겁이 나고 두려워했지만 이내 적응하였다.

두 번째는 '우리 집 맛과 향기 찾기' 활동이다. 코로나 상황으로 학교에서 맛을 보거나 향기를 맡는 활동은 할 수 없는 상황이었다. 사전에 학부모에게 프로젝트에 대한 안내를 하였다. 우리 집 맛과 향기 찾기는 저녁 밥상에서 맛볼 수 있는 음식에 대한 관찰 활동이었다. 다양한 저녁 반찬을 소재로 미각적 관찰, 후각적 관찰 활동을 하였다. 학생들의 저녁 반찬 관찰 결과는 정말 다양했다.

"가죽 나물에서 지독한 냄새가 난다."
"아이스크림 케이크는 달달하고 시원하다."
"마늘종 장아찌는 신맛이 난다."
"참나물 무침은 향긋하고 고소한 냄새가 난다."
"소돌곱창에서 매운 냄새가 나고, 불맛이 난다."

　도구를 이용하여 관찰하고 싶은 대상을 친구들과 토의하고 정했다. 과학실에서 현미경, 돋보기, 확대경, 루페를 관찰 도구로 제공하였다. 학생들에게 관찰하고자 하는 대상의 크기, 색깔, 모양 등을 자세히 관찰하고 기록하게 하였다. 특히 관찰 결과를 기록할 때는 기존에 알고 있었던 것보다 도구를 이용해서 관찰하면서 새롭게 알게 된 것을 자세히 기록하게 하였다.

　3학년은 교과 수업으로서 과학을 처음 만나고, 과학실에서 하는 수업도 처음이다. 과학실에 가면 학생들은 매우 흥분한 상태가 된다. 무엇인가를 만져보고 싶어 하는 욕망을 주체하기 힘들 정도이다. 이 수업은 앞으로 과학 시간에 다루게 될 돋보기, 루페, 확대경, 현미경 등의 다양한 도구를 탐색해보는 시간으로도 의미 있었다. 오감을 이용한 자연물을 관찰하는 활동에 이어서 소금, 설탕, 팥, 조, 콩, 붓, 식물 등 다양한 종류의 관찰 대상을 자유롭게 탐색해보는 시간을 가졌다.

"와~신기해!"
"선생님 붓털이 이상해요. 꼭 빗자루 같아요."
"선생님 꽃 속에 이런 가루를 볼 수 있다니 신기해요."
"설탕이랑 소금이 현미경으로 크게 보니까 예쁜 보석 같아요."

학생들의 감탄사를 잊을 수 없다. 미술 시간에 자주 사용하던 붓을 현미경으로 올려놓고 보다가 다시 손에 들고 보는 학생도 있었다. 학생들이 소금과 설탕 결정을 보았을 때 "얼음 같아요.", "보석 같아요."라고 했던 부분도 학생들의 대상에 대한 인식과 해석에서 새로운 접근이었다고 생각한다.

관찰 결과를 생생하게 표현하기

학생들은 오감과 도구를 이용하여 자연물과 인공물을 관찰하였다. 어떤 대상에 대한 각자의 관찰 결과는 한 문장 쓰기를 통해 보고서로 작성되었다. 우리 학교의 기초소양 중 문해력 신장을 위한 노력의 하나로 한 문장 쓰기 연습을 지속해서 해 왔다. 문해력 요소 중에서 '[한글 해득] 한글의 음운 규칙(연음, 경음화, 유음화 등)을 이해하고 맞춤법에 맞게 정확하게 쓸 수 있다.'를 고려하여 관찰 결과를 한 문장 쓰기의 형태로 보고서로 작성하였다.

우리는 '학교 연화담에서 헤엄치고 있는 물고기를 관찰한 학생들이 같은 생각과 느낌을 가지고 있을까?', '학교 닭장에서 같은 병아리를 관찰한 학생이라도 병아리에 대한 느낌은 서로 다르지 않을까?' 학생들이 관찰한 어떤 대상에 대한 느낌 혹은 생각을 공유하는 시간이 필요하다고 생각했다. 3학년 학생의 수준에서 관찰 대상에 관한 생각과 느낌을 나누는 활동은 어려운 활동이다. 의미 있는 공유를 위해서는 학생들의 생각이나 느낌을 좀 더 생생하게 표현하는 방법을 인식할 필요가 있었다.

　보고서로 작성한 한 문장 쓰기의 관찰 결과를 좀 더 생생한 문장으로 표현하는 활동은 3학년 수준에서 어렵다. 꼬마 과학자의 한 문장 쓰기는 시각, 청각, 후각, 미각을 객관적이고, 명시적으로 접근해서 쓰도록 했다. 이후 의성어와 의태어, 비유적 표현을 비롯해 감각을 구체화하는 방법을 통해 실감 나게 표현하기 활동으로 이어지게 하였다. 감각적 표현을 사용하여 쓴 문장에 대해 학생들은 서로의 글에 대해 공감하고 재미있어했다.

※ 우리 집의 맛과 향기를 관찰하고, 결과를 문장으로 적어봅시다.

감각	관찰대상	관찰 결과 문장으로 쓰기	감각적 표현을 넣어 문장 만들어 보기
미각	예시)떡볶이	떡볶이는 맵다.	입 안에 불이 난 것처럼 떡볶이 맵다.
	가래떡	가래떡은 쫀득쫀득하다.	가래떡은 문어 다리를 씹는 것처럼 쫀득쫀득 하다.
	아이스크림케이크	아이스크림 케이크는 달고 시원하다.	아이스크림 케이크는 솜사탕처럼 달고 얼음처럼 시원하다.
후각	예시)오이무침	오이무침에서 신 냄새가 난다.	오이무침에서 코를 '톡' 쏘는 신 냄새가 난다.
	오렌지	오렌지에서 새콤달콤한 향기가 난다.	오렌지에서 침이 꿀깍 넘어가는 새콤달콤한 향기가 난다.
	가죽나물	가죽나물에서 지독한 냄새가 난다.	가죽나물에서 토할 것 같은 지독한 냄새가 난다.
	김	김에서 고소한 냄새가 난다.	김에서 깨소금처럼 고소한 냄새가 난다.

과학적 관찰 결과를 활용하여 시화로 표현하기

　학생들은 과학자로서 객관적으로 관찰한 결과를 한 문장으로 기록하였다. 그 후 꼬마 작가가 되어 감각적 표현을 활용하여 재미있게 혹은 좀 더 생생하게 한 문장으로 표현하였다. 후속 활동으로는 관찰 결과를 시화로 표현하고자 하였다.

3학년 학생에게 시 쓰기는 쉬운 일이 아니다. 사전에 재미있는 시를 몇 편 골라 여러 번 읽으면서 시적인 표현과 형식을 이해하기로 하였다. 시의 형식과 특징을 이해한 후 각자 관찰한 인공물과 자연물의 관찰 결과를 시로 바꾸어 썼다. 객관적이고 이성적인 과학적 관찰 결과를 소리와 모양 등을 흉내 내는 말인 '감각적 표현'과, 공통의 속성을 지닌 다른 사물에 빗대어 표현하는 '비유적 표현'을 사용하여 시로 표현하였다. 과학자에서 예술가로 바뀌어 객관적이고 구체적인 관찰 결과를 시화로 표현함으로써 주관적이고 감성적인 활동으로 확장하게 했다.

시화 작품 전시회를 열어 자기 작품을 친구들 앞에서 낭송하는 기회를 주고, 친구의 작품을 감상하고 이야기를 나누도록 하였다. 심미적 감성 역량의 대상은 나, 타인, 사회, 사물들의 아름다움과 가치 등을 두루 포함한다. 나의 생활 주변에 있는 자연물과 인공물을 관찰하여 수용하고, 친구들의 작품을 감상하면서 공감적 이해를 할 수 있었다.

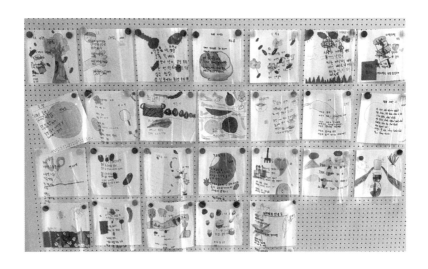

학생들이 관찰 결과를 글로 표현하는 것만으로도 충분히 의미 있었지만 좀 더 확장해볼 기회를 주고 싶었다. 미술 시간에 '정지 동작으로 표현하기' 활동을 이용하여 자신의 관찰 결과를 나름대로 해석하고 상상력을 발휘해 다양한 행위 작품으로 표현하였다.

두 팔을 크게 벌리고 서 있는 모습은 학교의 소나무를 표현한 것이다. 닭의 부리와 볏은 손으로 재미있게 표현하였고, 학교 운동장의 넓은 모래는 직접 바닥에 누워서 평평한 땅의 모습을 표현하였다. 학생들의 반응을 살펴보며 시 쓰기보다 앞에 진행하는 것이 더 나을 것 같았다.

그림 관찰한 결과를 바탕으로 미술 작품 만들기 (엄마의 잔소리, 새들)

그림 관찰 프로젝트 중 미술 작품 설명회 장면

5 프로젝트
성찰

"와~, 선생님! 현미경으로 보니까 설탕이 너무 신기해요."

3학년 학생들은 원래 호기심이 많다. 무엇인가를 관찰하는 것은 이들에게 즐거운 놀이 중 하나이다. 하지만 자세히 관찰해본 경험은 적다. 학습으로 오감을 이용하고 도구를 활용하는 관찰 역시 처음이다. 이번 프로젝트는 학생들이 오감을 이용해 대상을 관찰하고, 기존에 사용해 보지 못한 다양한 도구를 이용해 인공물을 관찰하는 활동이었다. 지금까지 그냥 바라본 대상을 자세히 보았을 때, 학생들의 반응은 폭발적이었다. 관찰의 방법을 배우면서 관찰의 재미를 느끼고 있었다. 학생들이 사물을 주의 깊게 관찰하려는 태도 역시 길러졌다.

더구나 대상에 대한 관찰 결과를 감각적으로 표현한 문장으로 바꾸는 활동을 통해 과학적 탐구 능력과 더불어 문학적 감성, 심미적 역량까지 아우를 좋은 기회였다고 생각한다. 또한 평소에 무심코 지나치거나 이미 잘 알고 있다고 생각했던 주변 환경과 사물에 대해 새로운 시각으로 살펴볼 기회가 되었다.

그러나 학생들은 시의 형식에 맞춰 띄어쓰기하는 것과 행을 바꾸는 것에 대해 어려움을 호소하였다. 3학년 수준에서 시의 의미에 맞게 연과 행을 나누는 것은 어려운 과제였고, 교사와 함께 여러 차례 낭독하며 수정하는 작업이 힘들었다. 오감을 활용하여 관찰할 때 맛과 향기 부분은 코로나 상황으로 인해 학교에서 할 수 없어, 가정과 연계하여 운영할 수밖에 없어서 매우 아쉬웠다.

이 프로젝트를 계기로 우리 학생들이 여러 가지 대상을 좀 더 다른 시각으로 살펴보길 바라며, 같은 대상이라도 친구들의 생각이나 느낌이 다를 수 있다는 것을 이해하길 바란다. 또 서로 다른 생각을 친구들과 나눌 수 있는 사람이 되길 바란다.

모든 역량이 그러하지만, 심미적 감성 역량 역시 짧은 시간 안에 결과를 얻을 수 있는 것이 아니라고 생각한다. 우리 학교에서 심미적 감성 역량을 목표에 두고 역량에 대한 재해석과 명료화 작업을 시도한 것 자체가 큰 의미가 있다고 생각한다. 심미적 감성 역량의 대표적인 사례로 3학년의 관찰 프로젝트를 소개하였지만, 이것을 토대로 고학년에서의 수업은 좀 더 깊이를 더 해 갈 것으로 생각한다.

함께 하는 힘,
공동체 역량

박호용

저자 박호용은 16년 차 교사로 교실 수업 개선 활동에 관심이
많아 실천 사례 연구와 다양한 교육 공동체에 참여하여 공부하
고 있습니다. 프로젝트수업을 제대로 하고 싶어 구미봉곡초등
학교에 오게 되었습니다. 2021년은 코로나 시기였지만 6학년
학습공동체 선생님들과 의미 있는 프로젝트수업을 운영하였고,
현재는 업무팀 교무부장으로 근무하고 있습니다.

1 공동체 역량이란?

공동체 역량의 재정의

국가교육과정에 제시된 공동체 역량의 의미와 역량 범주, 하위 요소를 재구성하여 우리 학교가 기르고자 하는 공동체 역량을 재정의하고자 하였다.

'6년의 배움' 모임에서 "우리 학교 학생들에게 필요한 공동체 역량은 무엇일까?", "6년 동안의 배움을 통해 갖추었으면 하는 공동체 역량은 무엇인가?"라는 물음에 초점을 두고 하위 요소를 구성하는 데 오랜 논의를 거듭하였다. 여러 번의 회의 끝에 공동체 역량의 하위 요소 중에서 '시민의식'은 공동체 역량이 발현된 결과로 보고 삭제하고, 이와 관련된 '공정성', '준법정신', '질서의식', '정의감' 등의 요소는 다른 하위 역량의 부분에서도 다룰 수 있는 요소라 생각되어 생략하였다. 교육과정 중 공동체 역량 범주에 있는 '상호작용하는 능력'과 핵심역량 중 의사소통 역량에서 우리 학교 학생들에게는 갈등을 조절하는 역량이 필요함을 느껴 '갈등 조절' 요소를 추가하였다.

국가수준 교육과정 중 공동체 역량 범주별 하위 요소 분류	우리학교 공동체 역량 하위 역량
시민의식, 준법정신, 질서 의식	참여와 책임
공정성과 정의감, 참여와 책임 의식	
협동과 협업 능력	협업과 갈등 조절
나눔과 배려 정신	나눔과 배려

이러한 역량의 하위 요소를 재구성하는 과정을 통해 우리 학교의 공동체 역량은 '사회의 구성원으로서 요구되는 가치와 태도를 수용하여 다양한 사람들과 원만한 관계를 가지고 함께 살아갈 수 있는 능력'으로 재정의하였다. 또

한 공동체 역량의 하위 역량은 '협업과 갈등 조절', '참여와 책임', '나눔과 배려' 3가지로 재구성하고 문제 해결 범위를 학년별로 확장되도록 설계하였다.

우리 학교 공동체 역량 정의와 요소

역량	공동체 역량		
정의	사회의 구성원으로서 요구되는 가치와 태도를 수용하여 다양한 사람들과 원만한 관계를 가지고 함께 살아갈 수 있는 능력이다.		
하위 역량		협업 및 갈등 조절	나눔과 배려	참여와 책임
1, 2학년	문제해결 범위: 나와 주변 사람(친구,가족)	예: 인사예절, 언어예절, 경청	예: 나 전달법, 가족회의	예: 토의 토론, 또래상담소 운영
3, 4학년	문제해결 범위 : 학급, 이웃	예: 마니또, 집안일 참여	예: 나눔장터	예: 인권, 자연보호, 생태계 보호
5, 6학년	문제해결 범위 : 학교, 사회	예: 기본 생활 규칙 준수	예: 학급 규칙 정하고 준수하기, 1인1역	예: 국가, 지역 사회 참여 활동, 학생자치회

하위 역량별 '역량 요소'와 '역량 잣대' 설정

우리 학교 공동체 역량 정의와 하위 요소를 재구성하면서 구체적인 학년별 예시 활동 및 학습의 범위, 수준, 활동의 예가 필요했다. 이어 각 학년에서 교육활동, 프로젝트를 고민하고 계획하면서 좀 더 구체적인 역량의 설명과 역량이 길러졌는지 판단할 수 있는 기준이 있으면 좋겠다는 요구에 역량 잣대를 설정하게 되었다.

공동체 역량의 역량 잣대는 IB교육과정의 ATL[1], 호주의 소양 스펙트럼[2], 국가교육과정 성취기준 등을 분석, 참고하여 설정하였다. 이 작업 역시 쉽지

---

1) IB 초등학교 과정의 학습 접근 방법(Approach to Learning,ATL)으로 '학습하는 법을 배우는 것'이 학생의 학습과정에서 가장 근본적인 역할을 한다는 생각에 기초하여, 자기관리기능, 조사기능, 사고기능, 의사소통기능, 대인관계기능 5가지 범주의 상호관련 기능 및 관련 하위 기능으로 나누어 접근한다.
2) 호주 국가 교육과정 일반 역량 중 문해력(Literacy) 역량을 기를 수 있도록 하위요소별로 학년별 기준을 제시한 표이다.

않았다. 우선 공동체 역량의 개념이 모호하였고, 하위 역량의 적용 수준이 학년 군에 따라 달라야 했다. 가장 큰 어려움은 우리가 설정한 역량의 잣대가 옳은 것인지도 의문이 가득했다. 학교 구성원 모두가 처음으로 역량 교육을 운영하다 보니 어려움도 많았지만 여러 자료들에 대한 공부와 회의를 바탕으로 우리 학교 공동체 역량의 역량 요소와 역량 잣대를 〈부록〉과 같이 만들 수 있었다.

학년별 공동체 역량 프로젝트

다음 표는 우리 학교 학년별 프로젝트 학습 중 공동체 역량의 하위 역량이 포함된 프로젝트를 나타내었다. 공동체 역량의 하위 역량인 '협업 및 갈등 조절', '나눔과 배려', '참여와 책임'을 1학년부터 6학년까지 학년의 프로젝트 학습에서 어떻게 설계하고 있는지 연계와 범위를 보여주고 있다.

소개하는 6학년 '모두를 위한 봉곡동 만들기 프로젝트'는 4학년의 봉곡 ES Challengers[3](공공기관) 프로젝트, 5학년의 인권 프로젝트와 공동체 역량 하위 요소 중 '참여와 책임' 요소를 기르는 프로젝트와 연계성을 가지고 있다. 이 프로젝트들은 지역사회, 국가, 세계로 문제 해결의 범위를 넓히며 민주 시민으로서 알고 있어야 하는 지식과 실제 참여 활동을 할 수 있는 학습 내용 등으로 구성되어 있다. '모두를 위한 봉곡동 만들기' 프로젝트의 목적은 민주 시민으로서 학교 및 지역사회의 문제를 발견하고 해결하는 활동을 통해 실제 학생들이 참여하는 경험의 범위를 넓히는 것이다. 이를 통해 공동체 역량의 하위 역량 중 '참여와 책임' 역량을 기르고자 하였다. 1학년부터 3학년까지는 '참여와 책임' 역량 요소를 기르기 위하여 'We're 1학년', '자기 앞가림', '학급 약속' 프로젝트를 계획하여 운영하였다.

---

3) 봉곡 Elementary School Challengers (봉곡초등학교 도전자들)

구미봉곡초 공동체 역량 관련 교육 활동 및 프로젝트

	협업 및 갈등 조절	나눔과 배려	참여와 책임
6학년	**나라 세우기 프로젝트** - **기간(차시):** 3.7 ~7.22 (35차시) - **역량 잣대:** 갈등 상황에 대한 민주적인 해결 방법을 알고 최선의 해결방안을 찾아 실천할 수 있다. - **주요 활동 내용:** 한 학기 동안 학급을 국가로 가정하여 시민 정치 참여와 민주주의 의미와 원리를 경험하고 이해한다.	**행복나눔축제 프로젝트** - **기간(차시):** 10.11 ~10.26 (10차시) - **역량 잣대:** 자신의 재능을 활용하여 다른 사람이나 사회에 필요한 도움을 줄 수 있다. - **주요 활동 내용:** 학교 행복나눔축제에 부스운영을 통하여 자신의 재능을 뽐내고 나누는 활동을 한다.	**'모두를 위한 봉곡동 만들기' 프로젝트**
5학년	**생성(포·문)프로젝트** - **기간(차시):** 6.20 ~ 7.15 (18차시) - **역량 잣대:** 과제 수행 시 협업 도구와 방법을 효과적으로 활용할 수 있다. - **주요 활동 내용:** 자연현상과 사물에 대하여 탐구 활동 후 사이언스 페어를 통하여 공유하고 성찰한다.		**인권 프로젝트** - **기간(차시):** 6.20 ~ 7.15 (18차시) - **역량 잣대:** 다양한 공동의 문제를 찾아 해결방안을 탐색하고 주도적으로 실천할 수 있다. - **주요 활동 내용:** 인권에 대하여 알아보고 인권박람회를 통하여 학교 규칙, 생활 규정 제·개정에 참여한다.
4학년	**진정한 열한 살 프로젝트** - **기간(차시):** 3.2 ~ 4.1 (26차시) - **역량 잣대:** 갈등 상황에서 갈등의 원인과 해결방안을 찾을 수 있다. - **주요 활동 내용:** 친구 사이에서의 갈등을 해결하는 방법을 정해 실천한다.	**경제가 Money? 프로젝트** - **기간(차시):** 10.4.~11.25.(40차시) - **역량 잣대:** 다른 사람에게 공감하고 도움을 줄 수 있다. - **주요 활동 내용:** 착한 소비와 나눔의 필요성을 알고 실천한다.	**봉곡ES Challengers (공공기관) 프로젝트** - **기간(차시):** 5.2 ~ 5.30 (20차시) - **역량 잣대:** 생활 주변에서 해결이 필요한 공동의 문제를 발견하고 해결방안을 찾을 수 있다. - **주요 활동 내용:** 공공기관이 하는 일을 알아보고 학생들이 체험 부스를 운영하며 공공기관이 하는 일을 체험해본다.
3학년	**학교 텃밭 식물 가꾸기 프로젝트** - **기간(차시):** 6.20 ~ 7.15 (18차시) - **역량 잣대:** 과제 수행 시 역할 분담 및 다른 사람과 협력하는 방법을 알 수 있다. - **주요 활동 내용:** 식물을 관찰하고 학교 텃밭에 고구마를 심고 수확하는 활동을 한다.		**학급 약속 프로젝트** - **기간(차시):** 3.2 ~ 3.31 (20차시) - **역량 잣대:** 학급에 필요한 규칙과 역할을 찾아 실천할 수 있다. - **주요 활동 내용:** 친구와 사이좋게 지내기 위한 방법을 찾아보고, 학급에서 지켜야 할 규칙을 함께 만들고 실천한다.
2학년	**모두를 위한 버스 프로젝트** - **기간(차시):** 11.14 ~ 11.30 (18차시) - **역량 잣대:** 과제 수행 시 다른 사람과 협력하는 태도를 갖는다. - **주요 활동 내용:** '목기린씨, 타세요!' 이야기를 읽고 교사가 제시한 과제에서 문제 상황을 찾아 해결한다.		**자기 앞가림 프로젝트** - **기간(차시):** 3.2.~3.31.(20차시) - **역량 잣대:** 정해진 학급 규칙과 역할을 꾸준히 실천할 수 있다. - **주요 활동 내용:** 아침 시간, 점심시간, 청소 시간에 해야 할 일을 알고 학급 매뉴얼을 만들어 꾸준히 실천한다.
1학년	**달라도 친구 프로젝트** - **기간(차시):** 3.21 ~ 3.25 (18차시) - **역량 잣대:** 다른 사람의 말을 경청할 수 있다. - **주요 활동 내용:** 자신에 대하여 알아보고 나와 다른 친구의 모습을 알아본다.	**네가 보물이란다 프로젝트** - **기간(차시):** 6.7 ~ 6.16 (18차시) - **역량 잣대:** 친구를 도와줄 수 있는 일을 찾아 도울 수 있다. - **주요 활동 내용:** 학교를 다닌 지 100일을 축하하며 친구와 함께 할 수 있는 일을 찾아본다.	**We're 1학년 프로젝트** - **기간(차시):** 5.9.~5.13.(10차시) - **역량 잣대:** 정해진 학급 규칙과 역할을 꾸준히 실천할 수 있다. - **주요 활동 내용:** 스스로 할 수 있는 의미 있는 역할을 찾아내고 맡은 역할을 꾸준히 실천한다.
하위 역량	협업 및 갈등 조절	나눔과 배려	참여와 책임

표에서 살펴볼 수 있듯 학년별로 공동체 역량의 하위 역량을 기르기 위하여 다양한 프로젝트 학습을 하고 있다. 물론 프로젝트 학습은 하나의 특정 하위 역량만 기르는 것은 아니어서 다른 역량 표와 중복될 수도 있으며 매년 학년별로 수정되고 달라질 수 있다.

2 공동체 역량 프로젝트 소개

프로젝트 소개

● '모두를 위한 봉곡동 만들기' 프로젝트

6학년 '모두를 위한 봉곡동 만들기' 프로젝트는 공동체 역량이 강조하는 '적극적인 참여'를 생각하며 기획하였다. 코로나 펜데믹으로 인해 원격학습을 하던 학생들이 오랜만에 등교하면서 전에 없던 사소한 갈등이 많이 발생하고 있었다. 우리는 협업과 갈등 조정의 과정, 참여와 책임이 있는 프로젝트를 만들고자 하였다. 학생들이 살고있는 지역인 봉곡동의 문제에 '어린이 시민'으로서 참여하여 의견을 제시하고 나름대로 해결방안을 실천하는 과정(커뮤니티 매핑)을 프로젝트에 포함하였다. 학생들은 프로젝트 과정에서 다양한 참여자들과 협업하기도 할 것이고 갈등 조절의 경험을 자연스럽게 하게 될 것이다.

● **공동체 역량 프로젝트 준비**

시민교육이 어려운 이유는 '알지만 참여하지 않는 시민'을 기를 수 있다는 것이다. '민주주의의 가치는 자유와 평등이다.'와 같이 지식을 머리로는 알고 있으나, 몸으로 실질적 참여는 하지 않는 시민을 일컫는다.

왜 이런 일이 일어날까? 시민의 참여의식이나 의지, 여건 등이 부족한 원인도 있겠지만, 우리는 그동안 학생들이 직접 민주주의에 참여해 볼 경험이 적었다는 것에 주목하였다. 민주주의를 글로만 배웠고 실제 경험이 없었기 때문에 참여할 용기나 필요성을 느끼지 않았던 건 아닐까? 따라서 이 프로젝트에서 가장 중요하게 생각하는 것은 '참여'의 가치였고, 학생들이 직접 참여적 민주주의를 실천하게끔 하는 것이었다.

우리는 학생들이 삶과 관련된 문제를 발견하고, 그것을 어떻게 하면 해결할 수 있을지 의사결정을 한 후 실제 참여를 통해 문제를 해결하도록 하였다. 결국 우리는 학생들이 민주시민으로서 그들의 정치 문제에 실질적으로 참여하는 경험을 갖게 하는 것을 이 프로젝트의 목적으로 정하였다.

3 프로젝트 설계

· **기간**: 4월(18차시, 4.20. 장애인의 날 활용)

· **목표**
1) 민주주의의 기본적인 개념, 원리와 절차 그리고 법칙을 이해한다.
2) 생활 속 다양한 정치 문제 상황에서 갈등을 민주적으로 해결하는 능력을 기른다.
3) 자신 주변의 다양한 문제에 관심을 가지고 적극적으로 참여하는 태도를 기른다.

· **탐구 질문**
1) 민주시민으로서 필요한 자세, 태도는 무엇일까?
2) 우리가 민주시민으로 참여할 수 있는 활동은 무엇이 있을까?
3) 우리가 사는 지역을 살기 좋은 곳(모두를 위한 동네)으로 만들기 위해서 할 수 있는 일은 무엇일까?
4) 민주적으로 무엇을 결정한다는 것은 무엇일까?

관련 교과	성취기준
사회 2. 우리나라의 정치 발전 (2) 일상생활과 민주주의	[6사05-03] 일상생활에서 경험하는 민주주의 실천 사례를 탐구하여 민주주의의 의미와 중요성을 파악하고, 생활 속에서 민주주의를 실천하는 태도를 기른다.
	[6사05-04] 민주적 의사 결정 원리(다수결, 대화와 타협, 소수 의견 존중 등)의 의미와 필요성을 이해하고, 이를 실제 생활 속에서 실천하는 자세를 지닌다.
국어 논설문 쓰기	[6국02-04] 글을 읽고 내용의 타당성과 표현의 적절성을 판단한다.
	[6국03-04] 적절한 근거와 알맞은 표현을 사용하여 주장하는 글을 쓴다.

프로젝트의 흐름

프로젝트학습을 위해서는 주제와 관련된 지식이나 기능에 대한 학습이 필수적으로 선행되어야 한다. 지식 및 교과 내용에 대한 강의식 수업, 탐구 수업 등을 통해서 충분한 교과 학습이 이루어져야 향후 프로젝트 활동이 의미 있게 이루어질 수 있다. 프로젝트학습에 필요한 시간은 사회, 국어 교과 시간과 창의적 체험활동 시간을 이용하여 확보하였다.

프로젝트학습 과정을 나름대로 정리하면 [지식 및 기능 학습] - [계획] - [실천] - [반성]이라고 할 수 있을 것이다. 이 프로젝트 역시 이러한 단계를 따르고 있다.

순서	단계	학습 내용	차시	학습 자료
1	1. 지식 및 기능학습 (개념학습)	·민주주의란 무엇일까? - 생활 속 다양한 사례를 바탕으로 분류하고 추상화 - 민주주의의 개념을 정립	5	·포스트잇 ·워크북
2	2. 계획 (문제 발견)	·커뮤니티 매핑 활동 - 사전 활동(베프지도, 활동 계획) - 매핑 활동(문제 발견 활동) - 사후 활동(소감, 문제점 분석 등)	7	·휴대폰 ·워크북

3	3. 실천 (문제 해결하기)	· 모두를 위한 봉곡동을 위한 제안하기 - 학급회의, 디자인 씽킹 등을 통해서 문제 해결 방안 모색 - 제안하는 글쓰기	4	· 워크북
4	4. 반성 (되돌아보고 실천하기)	· 되돌아보고 실천 - 프로젝트 과정 평가하고 잘된 점은 발전시키고 아쉬운 점은 어떻게 보완할지 구체적인 방안을 모색 - 결정된 문제 해결 방법을 생활 속에서 꾸준히 실천	2	· 워크북

평가 계획

평가 기준	교과	평가방법
민주주의 개념, 중요성과 의미를 알 수 있다.	사회	서술
생활 속 다양한 정치 문제 상황에서 갈등을 민주적으로 해결할 수 있다.	사회	구술, 관찰
자신 주변의 다양한 문제에 관심을 가지고 적극적으로 참여하는 태도를 가질 수 있다.	사회	관찰
적절한 근거와 알맞은 표현을 사용하여 주장하는 글을 쓸 수 있다.	국어	수행결과물

4 프로젝트 실행

민주주의란 무엇일까?

● 학생들은 정치를 무엇이라고 생각할까?

학생들은 정치를 어른들의 문제 또는 어른이 되어야 다룰 수 있는 문제라고 생각하는 경향이 있다. 그러나 정치적인 문제는 '공동의 갈등 상황에서 일어날 수 있는 모든 문제'이다. 이 정의에 따르면 학생들은 일상에서 이미 많은 정치적인 문제를 마주하고 있다. 이 점을 인지시키는 것이 정치 참여의 가장 첫 번째 단계였다.

먼저 교사는 일상의 문제 상황 중에서 정치 문제인 것과 정치 문제가 아닌 것을 알려주었다. 학생들이 일상에서 마주할 수 있는 다양한 문제 상황들을 제시하고 각자 여기서 정치 문제인 것을 찾아 분류하게 하였다. 학생들은 각자 자신의 분류 기준을 세워 나름대로 한 문장으로 정의하였다.

학생들의 다양한 분류 기준에서 공통점을 묶었더니, '공동의 갈등 상황에서 일어날 수 있는 모든 문제'라는 교사가 의도한 정치 문제의 개념이 되었다. 이를 통해 학생들에게 정치 문제는 곧 자신의 문제라는 사실을 인지하게 하였다.

● 민주적인 의사결정은 무엇이라고 생각할까?

학생들에게 '민주적으로 결정한다는 것은 무엇일까?'라는 질문을 던지고 '꼬마 독재자'를 원작으로 한 영상을 보여주었다. 학생들은 이미 민주적 의사결정이란 회의나 다수결 등으로 결정하는 것으로 알고 있었지만, 영상을 본 후 '과연 이러한 방법으로 민주주의가 이루어질 수 있을까?'라는 생각을 하였고, 영상 속 상황에서 회의와 다수결을 통해 의사를 결정하고 있지만 무언가 불편한 점이 있음을 느끼고 있었다.

영상을 보고 민주적 의사결정이 제대로 이루어지려면 어떤 것들이 더 필요할지에 대해서 의견을 말하였고 이후 교사는 '커뮤니티 매핑' 수행과제를 통해 알아볼 것을 제안하였다.

커뮤니티 매핑 Community Mapping

커뮤니티 매핑은 공동체 참여 지도 만들기의 줄임말로, 지도를 만드는 과정에서 지역사회 구성원과 이해 관계자들의 관심을 유도하고 이들이 커뮤니티에 대한 계획 및 의사결정에 참여하도록 하는 총체적인 과정을 의미한다.

우리는 커뮤니티 매핑을 통해 '모두를 위한 봉곡동 만들기 프로젝트'를 실천할 수 있도록 하고자 한다.

● **커뮤니티 매핑 사전 활동**

먼저 교사들은 커뮤니티매핑센터 대표와 줌^{Zoom}으로 회의를 하며 협조와 조언을 구했다. 커뮤니티 매핑 활동을 시작하기에 앞서 학생들에게 커뮤니티 매핑이 무엇인지 사례를 들어 소개했다. 다음으로 커뮤니티 매핑 도구인 베프지도^{BF.ZIDO, Barrier Free Map} 사용법을 익히도록 하였다. 베프지도는 장애인뿐만 아니라 고령자, 임산부 등 교통 약자들이 이용 가능한 시설들을 쉽게 찾을 수 있도록 지도에 표시하여 도움을 주는 스마트폰 앱이다.

학생들이 커뮤니티 매핑을 이해하고, 베프지도 앱 사용법을 익히고 난 후 학급별로 모둠을 구성하고 역할을 나누었다. 봉곡동을 3구역으로 나누어 학급별로 매핑해야 할 곳을 정하였고 각각의 모둠별로 모둠의 리더(우리가 하는 활동의 목적과 취지를 상가에 들어가서 설명하고 촬영, 인터뷰 등을 허락받기), 앱에 매핑하는

역할, 인터뷰(가게 사장님 및 건물 관계자)하는 역할, 촬영하는 역할, 측정(출입문, 계단 높이 등)하는 역할, 모둠원 안전을 책임지는 안내자 등으로 역할을 나누었다. 사전 활동의 마지막은 각 역할이 수행해야 할 일을 역할별로 모여서 해야 할 활동을 리스트로 만들고, 실제 학교 밖에서 어떻게 할 것인지 시뮬레이션을 하였다.

학생들이 커뮤니티 매핑 활동 단계별로 기록할 수 있는 워크북[4]을 동학년 교사들과 미리 만들어 제공하였다.

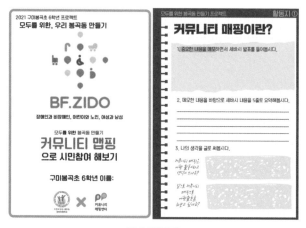

워크북(활동지)

● 커뮤니티 매핑 활동

학생들은 반별, 모둠별로 우리 동네를 구역으로 나누어 장소에 대한 사실적인 정보를 수집하였다. 출입문의 폭이나 상가의 턱 등의 길이를 재어서 지도에 표시하고, 주민과 인터뷰를 통해 불편하거나 부족한 시설에 대한 정보를 찾아 베프지도에 입력하였다.

---

4) 프로젝트 활동을 하면서 알아야 할 개념, 내용을 체크 및 기록하며 글을 쓸 수 있도록 차시별 활동지를 묶어 워크북으로 제작하였다.

학생들은 커뮤니티 매핑을 하면서 우리 동네의 문제점을 짐작하며 인식하는 수준에서, 구체적인 예시를 들어서 문제점을 해결하기 위해 노력하는 수준으로 높아졌다. 예를 들어 프로젝트 전 '우리 봉곡동은 도로가 깨끗해서 모두가 편하게 다닐 수 있다.'라는 생각이 프로젝트를 통해서 '우리 동네의 건물 입구에 턱이 너무 높아 짐이 있는 사람이나 유모차, 휠체어는 출입이 어렵다.', '전동휠체어 충전기가 하나도 없다는 사실이 놀랍다.'는 구체적인 문제점을 찾을 수 있게 되었다.

● **커뮤니티 매핑 사후 활동**

커뮤니티 매핑 후에는 반별, 모둠별로 소감 나누기, 지도를 보고 우리 동네의 좋은 점, 아쉬운 점, 바라는 점에 대해 분석하기 등 정리하는 활동을 하였다. 다음으로 모둠별로 활동한 소감과 알게 된 점을 발표한 후 서로의 생각을 나누고 글로 정리할 수 있도록 하였다.

학생들은 동네를 돌아다니며 어린이와 노인, 장애인과 비장애인, 여성과 남성 모두가 다니기 좋은 공간은 찾기 어렵다는 것을 알게 되었고 특히 장애인이 다니기에 힘든 곳이 많다는 것을 알게 되었다고 했다. 이런 활동을 통하여 학생들은 다양한 관점, 시점으로 세상을 보게 되고 우리 사회, 작게는 우리 동네에 필요한 것이 무엇인지, 불편한 것은 무엇인지 알게 되었다.

학생들이 직접 베프지도 앱에 등록 한 정보

학생들이 베프지도 앱에 장애인이 공공시설과 문화시설에 대한 접근 정보 부족으로 불편을 겪는 문제를 해결할 수 있도록 지도에 다양한 정보(휠체어 접근 가능, 애완견·도우미견 출입 가능 등)를 등록하고 표시하였다. 힘은 들었지만 자신들의 노력으로 다른 사람들이 정보를 얻게 되고 장애인과 다양한 사회적 약자들에게 필요한 도움을 줄 수 있는 활동을 했다는 것에 뿌듯함과 성취감을 얻을 수 있었다.

'모두를 위한 봉곡동 만들기' 제안서 쓰기

커뮤니티 매핑을 통해서 우리 동네를 살펴보았다. 우리는 학생들이 발견한 문제를 유니버설 디자인(Universal design)[5] 관점으로 풀어나가길 바랐다. 이를

---

5) 성별, 연령, 국적, 문화적 배경, 장애의 유무에도 상관없이 누구나 손쉽게 쓸 수 있는 제품 및 사용 환경을 만드는 디자인

위해 [다양한 사례 살펴보기 - 브레인스토밍 - 아이디어 선택하기 - 관련된 사례 찾아보기 - 구체화하기]의 과정을 거쳤다.

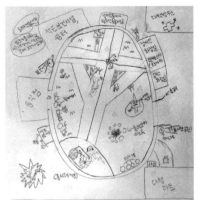

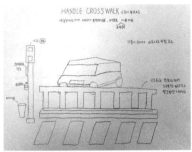

↑ 횡단 보도가 모두에게 안전할 수 있도록, 신호를 기다리는 동안 사람들에게 편리함을 줄 수 있는 새로운 횡단 보도를 디자인

← 노인과 어린이, 장애인과 비장애인, 여성과 남성 모두를 위한 공원 디자인

　유니버설 디자인 공모전 수상작들을 살펴보는 것을 시작으로 자신이 문제라고 느낀 상황을 발표하고 이야기를 나누었다. 특히, 무엇이 문제이고, 관련된 사람들은 누가 있으며, 지금까지 이 문제를 어떻게 해결해왔는지 등에 대해서 조사하였다. 이후 발명 기법을 간략히 소개하고 학생의 아이디어를 구체화하였다. 이 과정에서 교사는 학생들에게 많은 피드백을 하였고, 학생들은 피드백을 반영하려고 노력했다. 적극적인 피드백과 소통 과정을 통해서 학생들의 아이디어는 더욱 정교화될 수 있었다.

　유니버설 디자인을 통해 구체화된 학생의 아이디어는 모두의 봉곡동을 만들기 위해 제안하는 글쓰기로 이어졌다. 국어과 교육과정을 살펴보면, 다른 학년에 비해 6학년에서 강조되는 부분은 주장하는 글, 논설문이다. 논설문

단원에서는 주장과 근거의 관계, 근거의 타당성, 자료나 표현의 적절성 등 비판적 읽기와 쓰기 활동이 이루어진다. 특히 논설문 쓰기 활동은 고차적인 문해력 기능이다. 그러나 학생들 대부분은 논설문을 읽는 것조차 힘들어한다. 그래서 가장 먼저 국어 시간을 활용해 논설문을 읽었다.

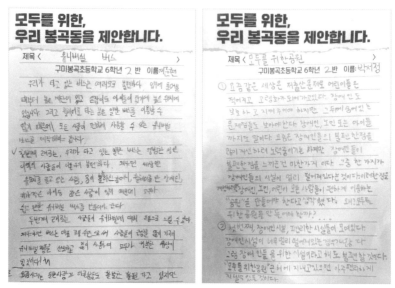

학생들의 제안하는 글쓰기

학생들에게 논설문을 읽으면서 어떤 점이 힘든지 찾게 하고, 글을 어떻게 읽고 이해하는지 그 사고 과정을 말로 풀어서 설명하도록 하였다. 그리고 논설문의 목적, 논설문의 구조, 중심 문장-세부 문장의 관계(상-하위 관계로 가르침)를 명확하게 가르치고 찾도록 하였다. 글쓰기 단계에서는 과정 중심 글쓰기인 OREO 글쓰기(주장-근거-예시-주장)[6]부터 시작하여 온전한 한편의 논설문을

---

6) OREO는 하버드에서 권장하는 글쓰기 방법이다. Opinion(의견) - Reason(이유) - Example(사례) - Opinion(의견) 단계로 글쓰기를 한다.

작성할 수 있도록 하였다.

이번 프로젝트에서 의미 있었던 지점 중 하나는 실제적으로 경험한 내용을 주제로 쓴다는 것, 그리고 정말로 문제의식이라고 느끼는 주제에 대한 글쓰기를 하다 보니 그렇지 않았던 경우보다 글이 더 잘 써진다는 점을 알게 하는 것이었다. 글쓰기 활동을 계획한다면, 학생들이 학습 내용에 충분히 몰입하게 하고 경험하게 한 다음 시도하는 것이 효과적인 방법이라고 판단된다.

되돌아보기 및 실천하기

이 프로젝트를 되돌아보면 공동체 역량의 하위 역량인 '참여와 책임'을 기르기 위해 계획하였지만, '협업과 갈등 조절', '나눔과 배려' 등의 하위 역량도 기를 수 있는 프로젝트였다. 학생들은 프로젝트 수업을 하면서 모둠원들과 협력하고 소통하는 법을 알게 되었고 매핑 활동에서는 자신의 역할을 책임감 있게 수행하며 민주시민으로서 사회 활동에 직접 참여하는 방법도 알게 되었다고 한다. 유니버설 디자인을 통하여 모든 사회적 약자를 위한 나눔과 배려의 마음을 새기게 되었다는 학생들도 많았다.

되돌아보는 시간을 통해서 학생들에게 이번 프로젝트학습을 수행하면서 새롭게 알게 된 것(지식), 새롭게 할 수 있게 된 것(기능), 새롭게 느끼거나 생각한 것(태도)에 대해 자기 평가하게 했다. 그리고 활동 과정에서 잘 되었던 부분과 아쉬운 점을 생각해보고, 그 이유를 구체적으로 적으면서 다음 프로젝트에서는 아쉬움이 생기지 않도록 구체적 행동 계획을 세워볼 것을 요구하였다. 이러한 반성 과정을 통하여 이전의 실수를 반복하지 않고 보다 성장할 수 있도록 스스로 해결할 수 있는 방법을 찾아보도록 하였다. 특히 자신이 잘한 점을 찾아보고 다음 프로젝트에서 이 점을 어떻게 발전시킬지도 구체적으로 생각하도록 피드백하였다. 아쉬웠던 점은 학생들이 제안한 글을 행정

복지센터와 시청에 편지 또는 누리집 게시판 등을 이용하여 실제로 제안하는 활동으로 이어져 민주시민으로 참여하는 성과가 있었다면 좋았을 것 같다는 생각을 했다. 커뮤니티 매핑 활동으로 실제 베프지도 앱에 남겨지는 성과를 얻었던 것처럼 제안하는 글쓰기 활동을 실제 사회 참여 활동으로 진전시키지 못한 아쉬움이 남았다.

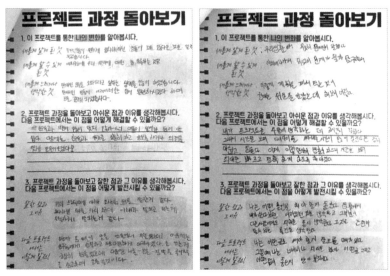

학생들의 되돌아보기

프로젝트의 핵심은 프로젝트 결과물보다 반성의 과정이라는 것을 이번 공동체 역량 프로젝트를 운영하면서 느끼게 되었다. 그래서 모든 프로젝트에서 학생, 교사의 성찰 과정이 필수적임을 알 수 있었다. 일반적으로 성찰을 하라고 하면, 학생들은 자신들이 열심히 하지 않음에 대해서 자책하는 경우가 많다. 그런데 이것을 정말 성찰이라고 할 수 있을까? 아니라는 생각이 들었다. 학생들은 매번 "다음에는 더 열심히 해야겠다"라고 반성한다. 매번 이런 반성은 다음의 실제적 실천 활동으로 이어지는 성찰이 아니다. 과정을 단계적으로 되돌아보며 잘한 점과 이유, 아쉬운 점과 원인, 그리고 그렇게 생각한 까닭, 다시 한다면 어떤 부분을 어떻게 할 것인지 구체적으로 성찰해야 한다.

5 프로젝트 성찰

커뮤니티 매핑 프로젝트를 운영하면서 '자신 주변의 다양한 문제에 관심을 가지고 적극적으로 참여하는 태도를 기른다.'라는 목표에 도달하는 학생들의 모습을 볼 수 있었다. 학생들은 사회의 문제 해결에 참여하는 방법과 해결하는 과정을 실제 경험을 통해 알게 되었다. 누군가에게는 늘 보였던, 불편한 점에 대해 알게 되었고, 그 부분에 대해서 공감하며 개선해야겠다고 생각하는 모습을 보였다. 내용 없이 형식만 갖춘 제안서가 아니라 실제 개선을 목적으로 한 상세한 내용의 제안서가 만들어진 것은 학생의 경험에 따른 공감이 있었기 때문에 가능하였다.

이 프로젝트를 통하여 학생들은 자신이 살아가는 지역을 좀 더 관심 있게 관찰하는 눈이 생겼고, 부족한 부분을 알게 되어 개선하고자 하는 의지를 갖게 되었다. 학생들은 그동안 쉽게 이용하였던 상점들이 누군가에게는 매우 불편함을 느끼는 곳이 될 수 있다는 것을 이번 기회에 알게 되어 장애인이나 소수자들을 배려하고 생각하는 마음을 갖게 되었다고 한다. 코로나 펜데믹으로 제한되었던 야외 학습을 하면서, 학생들이 성장하는 모습을 보게 되어 프로젝트를 준비한 보람을 느꼈다.

커뮤니티 매핑을 실제 수업 시간에, 그것도 6학년 전체가 함께한 자체가 의미 있었다. 우리는 평소 프로젝트 수업을 하면서 학생들에게 배움이 일어나고 있는지 의구심을 가지고 확인하려 한다. 이 프로젝트는 배움에 대한 의문이 사라지고 의미까지 남은 프로젝트였다. 학생들이 커뮤니티 매핑 프로젝트 수행을 통해 실제적인 '참여'라는 공동체 역량을 키울 수 있었다면, 교사들은 프로젝트를 준비하고 실행하는 과정을 동학년 학습공동체와 함께 했기 때문에 교사의 공동체 역량 또한 높아졌다.

역량 교육과정을 적용하면서 나타난 변화로 기존에 수동적이었던 학생들이 '적극적이고 능동적인 학습자'로 변화되는 모습이 보였다. 학생들 스스로 생각하고, 발견하고, 실험하고, 문제를 해결하며, 실행하는 능동적인 학습자가 된 것이다. 이는 학생들이 교사들의 전통적인 역할을 나누어 갖게 된다는 것을 뜻한다.

학습은 구체적이고, 즉각적이며 실생활의 문제들과 직결되어야 한다. 실생활과 관련된 프로젝트 활동을 해야 공동체 역량이 길러질 수 있다. 학생들이 이미 알고 있는 것으로부터 혹은 그것과의 적극적인 연계를 통해서 새로운 시도가 이루어져야 한다. 프로젝트학습은 학생들이 자신이 생각하는 바를 다른 학생들에게 설명하고, 가설을 함께 검증하고, 다른 학생들로부터 무언가를 배운다는 측면에서 경쟁보다는 협동적인 방식으로 이루어진다. 이러한 협력 과정에서 동료 의식, 갈등 상황을 겪으며 공동체 역량이 길러지게 된다.

부록

구미봉곡초등학교 역량 배움 지도 - <기초소양>

소양		1학년	2학년	3학년
문해력	한글해득	**한글해득에 대한 기초지식 및 기능**	**한글해득의 유창성**	**한글해득의 정확성**
		1. 한글의 자모의 소리와 모양을 구분 할 수 있다. 2. 자음과 모음의 결합방식을 이해하고 소리와 형태를 구분하여 정확히 표현할 수 있다.	1. 한글해득이 자동화 단계를 이룬다.	1. 한글의 음운규칙 및 형태소를 이해하고 정확하게 한글을 쓸 수 있다.
	사실적 이해 및 표현	**내용 확인에 초점**	**내용 확인에 초점**	**관계 확인에 초점**
		1. 이야기를 듣고 또는 읽고 이야기에서 누가, 무엇(인물, 사건)을 했는지 내용 속에서 찾을 수 있다.	1. 이야기를 듣고 또는 읽고 이야기에서 누가, 언제, 어디서, 무엇(인물, 사건, 배경)을 했는지 내용속에서 찾을 수 있다. 2. 설명하는 글을 읽고 설명하는 대상과 그 대상의 특징을 내용 속에 서 찾을 수 있다.	1. 글을 읽고 내용의 동의(유의)-반의/상위-동위-하위/인과 등의 관계를 파악할 수 있다. 2. 문단 단위에서 중심문장과 세부문장을 구분할 수 있다. 3. 부분의 관계를 파악한 것을 바탕으로 글 전체의 흐름을 파악할 수 있다.
	추론적 이해 및 표현	**초보적인 감정 추론** (다양한 단서→ 종합)	**감정 추론** (다양한 단서→종합)	**의미 추론** (단서, 배경지식→의미 정 교화)
		1. 이야기를 듣고 또는 읽고 자신의 경험에 비추어 관련된 감정을 기초적인 수준에서 파악할 수 있다.	1. 이야기를 듣고 또는 읽고 자신의 경험에 비추어 관련된 감정을 기초적인 수준에서 파악할 수 있다. 2. 인물의 마음이나 성격, 분위기 등을 파악하고 그에 맞게 낭독(낭 송)할 수 있다.	1. 주어진 상황과 관련된 감정을 발전적인 수준에서 파악할 수 있다. 2. 인물의 성격을 파악하고 사건의 전개를 예측하면서 읽을 수 있다. 3. 다양한 어휘 및 배경지식을 활용하여 의미 추론하거나 정교화하여 읽을 수 있다.
	평가적 이해 및 표현	**단순한 개인적 선호에 대한 평가**	**개인적 선호에 대한 평가**	**상호주관성을 갖춘 평가**
		1. 이야기를 듣고 또는 읽고 내가 마음에 드는(재미있는, 감동적인 등) 부분을 찾아 표현할 수 있다.	1. 이야기를 듣고 또는 읽고 내가 마음에 드는(재미있는, 감동적인 등) 부분을 나의 경험이나 생각과 연관지어 평가하고 표현할 수 있다.	1. 글을 읽고 자신의 경험 및 배경지식과 활성화하여 견해를 선택하고 그에 대한 근거를 들어 평가할 수 있다.
	읽기 전략			
	어휘수준	시각어휘 중심	파생어, 합성어를 중심으로 어휘 확장	낱말의 상하위 관계, 형태소적 인식 등을 통해서 어휘의 의미 정교화
수리력		- 0부터 100까지의 수 개념 및 수 세기 - 덧셈과 뺄셈 - 10 가르기와 모으기	- 1000자리수까지의 수 개념, - 받아올림, 받아내림있는 덧셈, 곱셈	- 분수와 소수 - 세 자리 수의 덧셈과 뺄셈 - 자연수의 곱셈과 나눗셈
디지털 소양		- 정보윤리: 사이버 윤리 - 컴퓨터 활용 학습: 기초 컴퓨터 도구 활용, 기초 타자 연습 - 프로그래밍: 절차적 사고(예 : 양치질), 기초 언플러그드(보드게임)		- 정보윤리: 사이버 윤리, 저작권, 개인정보보호 - 컴퓨터 활용 학습: 사용자 계정 관리, 자료 검색, 원격 수업 및 LMS 활용 학습 기초, 구글 도구 활용 기초 (문서, 시트, 프레젠테이션 등)

4학년	5학년	6학년
한글해득의 정확성		
1. 한글의 음운규칙 및 형태소를 이해하고 정확하게 한글을 쓸 수 있다.		
관계 확인에 초점	**구조 및 요약에 초점**	**구조 및 요약에 초점**
1. 글을 읽고 내용의 동의(유의)-반 의/상위-동위-하위/인과 등의 관계를 파악할 수 있다. 2. 지칭어가 가리키는 대상을 찾아 의미를 파악할 수 있다. 3. 문단 단위에서 중심문장과 세부 문장을 구분할 수 있다. 4. 부분의 관계를 파악한 것을 바탕으로 글 전체의 흐름을 파악할 수 있다.	1. 글의 다양한 구조 및 도해조직자에 대해 이해하고 그것을 활용하여 글을 요약할 수 있다. 2. 글의 주제와 중심생각을 파악할 수 있다.	1. 글의 다양한 구조 및 도해조직자에 대해 이해하고 그것을 활용하여 글을 요약할 수 있다. 2. 글의 주제 및 중심생각을 파악할 수 있다.
의미 추론 **(단서, 배경지식→의미 정 교화)**	문학 = 인물의 성격, 가치관, 함축적 의미 추론 비문학 = 글 목적, 의도 추론	문학 = 인물의 성격, 가치관, 함축적 의미 추론 비문학 = 글 목적, 의도 추론
1. 주어진 상황과 관련된 감정을 발전적인 수준에서 파악할 수 있다. 2. 인물의 성격을 파악하고 사건의 전개를 예측하면서 읽을 수 있다. 3. 다양한 어휘 및 배경지식을 활용하여 의미 추론하거나 정교화하여 읽을 수 있다.	1. 글을 읽고 등장인물의 성격 및 가치관을 추론할 수 있다. 2. 글 속에서 단어나 문장이 가지는 함축된 의미를 파악할 수 있다. 3. 글을 읽고 작가의 목적, 의도 등을 추론할 수 있다.	1. 글을 읽고 등장인물의 성격 및 가치관을 추론할 수 있다. 2. 글 속에서 단어나 문장이 가지는 함축된 의미를 파악할 수 있다. 3. 글을 읽고 작가의 목적, 의도 등을 추론할 수 있다.
상호주관성을 갖춘 평가	문학 = 가치에 대한 평가 비문학 = 적절성, 타당성 등을 평가	문학 = 가치에 대한 평가 비문학 = 적절성, 타당성 등을 평가
1. 글을 읽고 자신의 경험 및 배경지식과 활성화하여 견해를 선택하고 그에 대한 근거를 들어 평가할 수 있다.	문학 = 문학이 가지는 가치에 대해서 나의 가치관과 비교하여 평가할 수 있다. 비문학 = 글이 가지는 적절성, 타당성 등을 나의 입장, 다양한 자료 등을 활용하여 평가할 수 있다.	문학 = 문학이 가지는 가치에 대해서 나의 가치관과 비교하여 평가 할 수 있다. 비문학 = 글이 가지는 적절성, 타당성 등을 나의 입장, 다양한 자료 등을 활용하여 평가할 수 있다.
	다양한 읽기 전략을 활용하여 글을 읽을 수 있다.	다양한 읽기 전략을 활용하여 글을 읽을 수 있다.
낱말의 상하위 관계, 형태소적 인식 등을 통해서 어휘의 의미 정교화	다양한 추상적인 어휘에 대한 학습 추상적인 어휘-구체적인 어휘 연결	다양한 추상적인 어휘에 대한 학습 추상적인 어휘-구체적인 어휘 연결
– 다섯 자리 이상의 수 – 자연수의 곱셈과 나눗셈 – 분모가 같은 분수의 덧셈과 뺄셈 – 소수의 덧셈과 뺄셈	– 약수와 배수 – 약분과 통분 – 분수의 덧셈과 뺄셈 – 분수의 곱셈 – 소수의 곱셈	– 분수의 나눗셈 – 소수의 나눗셈

– 프로그래밍: 중급 언플러그드, 기초 EPL(동아리)

– 정보윤리: 사이버 윤리, 저작권, 개인정보보호
– 컴퓨터 활용 학습: 디지털 리터러시, 원격 학습 도구 및 LMS 활용 학습 중급, 크롬북 활용 학습, 컨텐츠 생산(동영상, 디지털 이미지)
– 프로그래밍: 기초 EPL, 피지컬 컴퓨팅, AI 기초

수리력

정의	수나 양에 대한 정보를 적절하게 이해하고 주변 사람들과 오해 없이 소통하며 자신의 삶에 활용할 수 있는 능력	

하위 요소	수와 연산	도형
1학년	· 수 개념을 이해하고, 수 세고 읽고 쓰기 (100까지 수) · 두 수로 가르고, 하나의 수로 모으기 (10이하 수) · 한 자리 수인 세 수의 덧셈과 뺄셈 계산하고, 실생활 문제 만들고 해결하기	· 여러 가지 물건을 직육면체, 원기둥, 구, 삼각형, 사각형, 원 모양으로 분류하기
2학년	· 수 개념을 이해하고, 수를 세고 읽고 쓰기 (네 자리 이하의 수) · 두 자리 수의 덧셈과 뺄셈 원리 이해하고 계산하기 · 실생활 상황을 통하여 곱셈의 의미 이해하기 · 1~9단의 곱셈구구의 원리 탐구하여 곱셈구구표 만들고, 외우기	· 쌓기나무로 만든 모양을 보고 똑같이 만들기 · 꼭짓점과 변을 알고 삼각형, 사각형, 원을 직관적으로 이해하기
3학년	· 세 자리 수의 덧셈과 뺄셈 원리 이해하고 계산하기 · '(세 자리 수)×(한 자리 수)', '(두 자리 수)×(두 자리 수)' 원리 이해하고, 계산하기 · 나눗셈의 몫과 나머지 의미 알며, 실생활 상황을 통하여 나눗셈의 의미 알고, 곱셈과 나눗셈 관계 이해하기 · '(두 자리 수)÷(한 자리 수)' 계산 원리 이해하고, 계산하기 · 수 개념을 이해하고, 수를 세고 읽고 쓰기 (분수, 소수 한 자리 수) · 단위분수, 진분수, 가분수, 대분수 알고, 관계 이해하고 설명하기 · 분수 크기 비교하기 (동분모)	· 각과 직각을 이해하고, 그림이나 생활 주변에서 찾기 · 원의 중심, 반지름, 지름을 알고, 그 관계 이해하기 · 여러 가지 모양의 삼각형, 사각형에 대한 분류 활동을 통하여 직각삼각형/직사각형, 정사각형을 알고, 성질 이해하기
4학년	· 수 개념 이해하고, 수를 세고 읽고 쓰기 (다섯 자리 이상의 수) · '(세 자리 수)×(두 자리 수)' 원리를 이해하고 계산하기 · '(세 자리 수)÷(두 자리 수)' 원리 이해하고, 계산하기 · 수 개념을 이해하고, 세고 읽고 쓰고 크기 비교하기 (소수 두 자리, 세 자리 수) · 분수의 덧셈과 뺄셈 계산 원리 이해하고 계산하기 (동분모) · 소수의 덧셈과 뺄셈의 계산 원리 이해하고 계산하기 (소수 두 자리수 범위)	· 직선의 수직, 평행 관계 이해하기 · 밀기, 뒤집기, 돌리기 변화 이해하기 · 이등변삼각형, 정삼각형, 둔각삼각형, 예각삼각형 이해하기 · 사다리꼴, 평행사변형, 마름모 알고, 성질 이해하기 · 다각형의 뜻과 구성 요소 알고, 정다각형 의미 설명하기
5학년	· 덧셈, 뺄셈, 곱셈, 나눗셈의 혼합 계산하기 · 약수, 공약수, 최대공약수, 배수, 공배수, 최소공배수 의미 알고 구하기 · 약분, 통분하기 · 분모가 다른 분수의 크기 비교하기 · 분수의 덧셈과 뺄셈 계산 원리 이해하고 계산하기(분모가 다른 분수) · 분수 곱셈 원리 이해하고 계산하기 · '(소수)×(소수)' 원리 이해하고 계산하기 · 분수→소수, 소수→분수 나타내기	· 합동 의미 알고, 합동인 두 도형에서 대응점, 대응변, 대응각 찾아 성질 설명하기 · 선대칭도형, 점대칭도형 이해하고 그리기 · 직육면체의 구성 요소와 성질 이해하며, 전개도 의미 알고 그리기
6학년	· '(자연수)÷(자연수)'에서 나눗셈 몫을 분수로 나타내기 · '(자연수)÷(분수)', '(분수)÷(자연수)', '(분수)÷(분수)' 원리 이해하고 계산하기 · '(자연수)÷(소수)', '(소수)÷(소수)' 원리 이해하고 계산하기	· 각기둥과 각뿔, 원기둥과 원뿔을 알고, 구성 요소와 성질 이해하기 · 쌓기나무로 만든 입체도형을 보고 사용된 쌓기나무의 개수 구하기

측정	규칙성	자료와 가능성
· 구체물의 길이, 들이, 무게, 넓이를 비교하여 각각 '길다·짧다', '많다·적다', '무겁다·가볍다', '넓다·좁다' 등을 구별하여 말하기 · 시각을 '몇 시', '몇 시 30분'까지 읽기	· 물체, 무늬, 수의 배열에서 규칙 찾기	
· 시각, 시간 의미 이해하고, 사용하기 · 시각을 '몇 시 몇 분'까지 읽기 · 1분, 1시간, 1일, 1주일, 1개월, 1년 사이 관계 이해하기 · 길이 표준 단위 필요성 인식하고, 1cm, 1m 단위 알고 측정하기 · 1m=100cm임을 알고, 길이를 단명수와 복명수로 표현하기 · 어림을 통해 길이 양감 기르기	· 물체, 무늬, 수의 배열에서 규칙 찾기	· 기준에 따라 사물 분류하여 개수 세어 보고, 이야기하기 · 분류한 자료를 표로 나타내고, 표로 나타내면 편리한 점 이야기하기
· 1분=60초임을 알고, 초 단위까지 시각 읽기 · 새로운 길이 단위의 필요성을 인식하여 1mm와 1km의 단위 알고, 측정하고 어림하기 · 들이와 무게 표준 단위 필요성 인식하여 1L과 1mL, 1g과 1kg 단위 알고, 측정하고 어림하기 · 1L와 1mL, 1kg과 1g 관계 이해하고, 들이, 무게를 단명수와 복명수로 표현하기 · 무거운 무게 단위 필요성 인식하여 1t을 알고, 무게 단위 사이 단위 변환하기	· 실생활 자료를 수집, 분류, 정리하여 간단한 그림그래프로 나타내고, 여러 가지 사실 찾기	
· 각의 크기의 단위인 1도(°)를 알고, 각도기로 각의 크기를 측정하며, 주어진 각도와 크기가 같은 각 그리기 · 삼각형과 사각형의 내각의 크기의 합 추론하고 설명하기		· 실생활 자료 수집하여 막대그래프, 꺾은선그래프로 나타내기
· 이상, 이하, 초과, 미만의 쓰임과 의미 알고, 수의 범위 나타내기 · 반올림, 올림, 버림의 의미와 필요성 알고, 활용하기 · 둘레 이해하고, 평면도형 둘레 구하기 · 넓이 이해하고, 1㎠와 1㎡의 단위 알며, 단위 변환하기 · 직사각형 넓이를 구하는 방법 이해하고, 구하기 · 평행사변형, 삼각형, 사다리꼴의 넓이를 구하는 방법 추론하고 해결하기	· 대응 관계를 나타낸 표에서 규칙 찾아 설명하고, □, △ 등을 사용하여 식으로 나타내기	· 평균의 의미를 알고, 자료에서 평균 구하고 활용하기
· 원주율 이해하기 · 원 넓이를 구하는 방법 이해하고, 구하기 · 직육면체와 정육면체 겉넓이, 부피 구하는 방법 이해하고, 구하기 · 부피 이해하고, 1㎤, 1㎥의 단위를 알며, 부피 단위 사이의 단위 변환하기	· 비의 개념 이해하고, 관계를 비로 나타내기 · 비율을 분수, 소수, 백분율로 나타내기 · 비례식, 비례배분 뜻 알고, 구하기	· 자료 수집하여 목적에 맞는 그래프로 나타내고, 특성 설명하기 · 비율 그래프 (띠그래프, 원그래프) 해석하고, 설명하기

문해력	
정의	언어 정보를 해석, 분석, 종합하여 이해하는 사고기능 아이디어, 개념 등을 언어 정보로 표현하는 사고기능
하위 요소	한글해득 / 사실적 이해 / 추론적 이해 / 평가적 이해
1학년	[한글해득] 자음과 모음의 결합 방식을 이해하여 낱말(무의미 낱말 포함)을 만들고, 그 낱말을 정확하게 소리내어 읽을 수 있다. [사실적 이해] 이야기를 듣고, 누가(인물) ,무엇을 했는지(사건) 이야기 속에서 찾을 수 있다. [추론적 이해] 이야기를 듣고, 인물의 감정을 1차 감정 어휘 수준에서 말할 수 있다. (기쁘다/슬프다/화나다/무섭다/불쾌하다) [평가적 이해] 이야기를 듣고, 내가 마음에 드는 부분을 찾아 한 장면으로 표현(그림/연극)할 수 있다. [표현] 이야기를 읽고 자신의 생각이나 느낌을 2~3 문장 분량의 말이나 글로 표현할 수 있다. [표현] 대상과 대상에 대한 특징을 4~5문장 수준의 말이나 글로 표현할 수 있다. [매체] 일상생활의 매체 텍스트
2학년	[한글 해득] 받침이 있는 글자를 정확하게 소리내어 읽고, 철자할 수 있다. [사실적 이해] 이야기를 듣거나 읽고, 언제/어디서(배경), 누가(인물), 무엇을 했는지(사건) 이야기 속에서 찾을 수 있다. [사실적 이해] 설명하는 글을 읽고, 낱말 간 상하위 관계를 찾아 도식으로 표현할 수 있다. [추론적 이해] 이야기를 듣거나 읽고, 인물의 감정을 2차 감정 어휘 수준에서 말할 수 있다. [평가적 이해] 이야기를 듣거나 읽고, 내가 마음에 드는 부분을 찾아 한 장면으로 표현하고, 그 이유를 말할 수 있다. [표현] 이야기를 읽고 자신의 생각이나 느낌을 2~3문장 분량의 말이나 글로 표현할 수 있다. [표현] 대상과 대상에 대한 특징을 4~5문장 수준의 말이나 글로 표현할 수 있다. [매체] 일상생활의 매체 텍스트
3학년	[한글 해득] 한글의 음운규칙(연음, 경음화, 유음화 등)을 이해하고 맞춤법에 맞게 정확하게 쓸 수 있다. [사실적 이해] 문단 단위에서 문장 간 상하위 관계를 찾아 중심 문장과 세부 문장을 구분할 수 있다. [추론적 이해] 이야기를 읽고, 인물의 말과 행동을 바탕으로 인물의 성격을 추론할 수 있다 [추론적 이해] 설명하는 글을 읽고, 문맥에 맞게 단어의 의미를 추론할 수 있다. [평가적 이해] 인물에 대한 나의 입장을 선택하고, 자신의 경험 또는 배경지식을 바탕으로 근거를 말할 수 있다. [표현] 이야기를 읽고 자신의 경험이나 생각과 관련지어 평가하는 글을 00분량으로 쓸 수 있다. [표현] 중심문장과 세부문장을 구분하며 1문단 분량의 설명, 제안하는 글을 쓸 수 있다. [매체] 공공기관의 인터넷 텍스트 / 발표용 텍스트 / 문자 메시지와 누리소통망 텍스트 / 만화, 애니메이션
4학년	[한글 해득] 한글의 형태소를 이해하여 어간과 어미를 구분하고 낱말의 기본형을 사전에서 찾을 수 있다. [사실적 이해] 글 단위에서 문단 간 관계를 찾아, 주어진 도해조직자(분석/비교/분류/순서/인과)에 알맞게 내용을 채울 수 있다. [추론적 이해] 이야기를 읽고, 인물의 성격을 파악하여 다음 장면에서 인물이 어떤 선택을 할 지 예측하면서 읽을 수 있다. [추론적 이해] 설명하는 글을 읽고, 글에서 주어진 단서를 활용하여 드러나지 않은 정보를 추론할 수 있다. [평가적 이해] 제안하는 글을 읽고 자신에 대한 나의 입장을 선택하고, 자신의 경험 또는 배경지식을 바탕으로 근거를 말할 수 있다. [표현] 이야기를 읽고 자신의 경험이나 생각과 관련지어 평가하는 글을 2문단 분량으로 쓸 수 있다. [표현] 중심문장과 세부문장을 구분하며 2문단 분량의 설명, 제안하는 글을 쓸 수 있다. [매체] 공공기관의 인터넷 텍스트 / 발표용 텍스트 / 문자 메시지와 누리소통망 텍스트 / 만화, 애니메이션
5학년	[사실적 이해] 글 단위에서 문단 간 관계를 파악하여 글의 짜임에 알맞은 도해조직자를 선택할 수 있다. [추론적 이해] 문학 작품을 읽고, 등장인물이 추구하는 가치를 추론할 수 있다. [추론적 이해] 비문학을 읽고, 자신의 경험 / 배경지식 / 교과 지식을 활용하여 드러나지 않은 정보를 추론할 수 있다. [평가적 이해] 문학 작품을 읽고, 갈등 상황에서 인물의 선택에 대한 나의 입장을 선택하고, 근거를 말할 수 있다. [평가적 이해] 비문학을 읽고, 글쓴이의 의도와 내용의 관련성, 자료의 신뢰성과 정확성을 평가할 수 있다. [표현] 이야기를 읽고 자신의 삶과 연관지어 평가하는 글을 00분량으로 쓸 수 있다. [표현] 내용의 특성에 따라 적절한 글의 조직을 선택하여 0문단 분량의 글을 표현할 수 있다. [표현] 중심문장과 세부문장을 구분하며 3문단 분량의 설명, 주장하는 글을 쓸 수 있다. [매체] 정보 검색 도구 / 뉴스 및 정보 매체의 텍스트 / 댓글(의견 표현) / 웹툰 / 영화
6학년	[사실적 이해] 글 단위에서 문단 간 관계를 파악하여 글의 짜임에 알맞은 도해조직자를 선택하여 완성할 수 있다. [추론적 이해] 문학 작품을 읽고, 작가의 맥락(삶/시대상황)을 바탕으로 작가의 작품관을 추론할 수 있다. [추론적 이해] 비문학을 읽고, 글의 논리 구조를 파악하여 글에 드러나지 않은 전/중/후 내용을 추론할 수 있다. [평가적 이해] 문학 작품을 읽고, 갈등 상황에서 나라면 어떻게 했을지 생각하고, 근거를 말할 수 있다. [평가적 이해] 비문학을 읽고, 글쓴이의 관점이 공정한지(설명문), 글쓴이의 주장이 가치있는지(논설문) 평가할 수 있다. [표현] 이야기를 읽고 자신의 삶과 연관지어 평가하는 글을 00분량으로 쓸 수 있다. [표현] 내용의 특성에 따라 적절한 글의 조직을 선택하여 0문단 분량의 글을 표현할 수 있다. [표현] 중심문장과 세부문장을 구분하며 3문단 분량의 설명, 주장하는 글을 쓸 수 있다. [매체] 정보 검색 도구 / 뉴스 및 정보 매체의 텍스트 / 댓글(의견 표현) / 웹툰 / 영화

디지털 소양

정의	윤리적 태도를 바탕으로 디지털 기술을 이해, 활용하여 정보의 탐색 및 관리, 창작을 통해 문제를 해결하는 능력
하위 요소	정보처리, 정보윤리, 프로그래밍, 데이터-AI

1 학년	[정보처리] 디지털기기 자판에서 한글의 자음 모음을 찾아 정확하게 누를 수 있다. [프로그래밍] 나의 학교 생활을 그림으로 그리고, 시간의 순서대로 나열할 수 있다. [프로그래밍] (순서형 그림 보드게임1) 게임의 절차를 생각하며 참여하고, 게임 규칙을 친구들에게 발표할 수 있다. [데이터-AI] [수학1-1] 다양한 교구에서 □△○를 찾아보고 분류할 수 있다.
2 학년	[정보처리] 디지털기기의 전원을 켜고, 웹브라우저(필요한 앱·프로그램)에 접속할 수 있다. [프로그래밍] 한 붓 그리기 활동을 체험하며, 완성할 수 있는 것과 없는 것을 구별할 수 있다. [프로그래밍] (순서형 숫자 보드게임2) 게임의 절차를 생각하며 참여하고, 게임 규칙을 친구들에게 발표할 수 있다. [데이터-AI] 인공지능 스피커를 사용해서 오늘의 날씨를 묻고 정보를 얻을 수 있다. [데이터-AI] [수학2-2] 조사한 자료를 표와 그래프로 나타낼 수 있다.
3 학년	[정보처리] 디지털기기를 이용하여, 간단한 주제어를 검색하고 내용을 확인할 수 있다. [정보윤리] 인터넷에서 필요한 자료를 찾을 때 신뢰성이 있는 자료를 1쪽 이내로 간단하게 만들 수 있다.(사진, 출처) [프로그래밍] 카드형 로봇을(알버트AI) 활용하여 목표점으로 이동하도록 프로그래밍 할 수 있다. [프로그래밍] (순서형 전략 보드게임3) 게임의 절차를 생각하며 참여하고, 게임 규칙을 친구들에게 발표할 수 있다. [데이터-AI] 스마트폰 앱 중 공공데이터를 활용하는 서비스를 사용하고, 장단점을 말할 수 있다. (미세미세, 버스안내 등) [데이터-AI] [수학3-2] 주어진 자료(데이터)를 그림 그래프로 그릴 수 있다.
4 학년	[정보처리] 정확한 운지로 한글타자를 '50타/분'에 도달할 수 있다. [정보처리] 이메일에 로그인하여 간단한 메세지를 보낼 수 있다. [정보처리] 주제를 웹에서 검색하여 문서 자료를 1쪽 이내로 간단하게 만들 수 있다.(사진, 출처) [정보윤리] 문서 작성에 사용한 자료의 출처(저작권)를 정확하게 표시할 수 있다. [프로그래밍] (게임형 프로그래밍) 앱을 통해 기초 프로그래밍을 체험하며 임무를 수행할 수 있다. [데이터-AI] '바다를 위한 AI'(https://code.org)를 통해 데이터의 중요성을 이해할 수 있다. [데이터-AI] [수학4] 주어진 자료(데이터)를 막대 그래프(또는 꺾은선그래프)로 그릴 수 있다.
5 학년	[정보처리] 정확한 운지로 한글타자를 '100타/분'에 도달할 수 있다. [정보처리] 이메일에 로그인하고 파일(문서, 사진 등)을 첨부하여 메세지를 보낼 수 있다. [정보처리] 주제를 웹에서 검색하여 슬라이드 발표 자료를 3장 이상 만들 수 있다.(사진, 동영상, 출처) [정보처리] 학생 아이디로 자신의 컴퓨터를 스스로 사용자 초기화 할 수 있다. [정보윤리] 인터넷 사용시 최소한의 개인정보만 사용하여 참여할 수 있다. [프로그래밍] 완성형 로봇을 활용하여 입력, 처리, 출력을 설계하고 임무를 수행할 수 있다. [데이터-AI] 학생의 생활 주변에서 만나는 AI활용 분야를 찾아보고, 올바른 사용에 대해 토의할 수 있다. [데이터-AI] 구글설문으로 주제에 맞는 온라인 설문조사를 실시하여 데이터를 수집할 수 있다. [데이터-AI] [수학5-2] 주어진 자료(데이터)를 구글시트에서 평균을 자동으로 계산할 수 있다.
6 학년	[정보처리] 정확한 운지로 영어타자를 '100타/분'에 도달할 수 있다. [정보처리] 클라우드 드라이브에 있는 데이터를 다른 사람에게 공유(읽기, 댓글, 편집기능) 할 수 있다. [정보처리] 제시된 주제에 맞도록 1분 이내의 짧은 동영상을 촬영하고 편집할 수 있다. [정보처리] 자신의 데이터를 구글클라우드(드라이브, 포토)에 보관하고 관리할 수 있다. [정보윤리] 학생 아이디의 비밀 번호를 3개월에 한 번씩 수정하여 안전하게 관리할 수 있다. [프로그래밍] 조립형 로봇으로 해결책을 만들면서 절차적 사고를 이해하고, 패턴을 찾아 프로그래밍 할 수 있다. [데이터-AI] 다양한 표정에서 AI의 인식방법을 살펴보며, 기계학습의 원리를 체험하고 설명 할 수 있다. [데이터-AI] 문제 해결에 필요한 데이터를 수집하여, AI모델을 만들고 해결책에 적용할 수 있다. [데이터-AI] 온라인으로 주제에 맞는 온라인 설문조사를 실시하고, 데이터를 분석할 수 있다. [데이터-AI] [수학6-1] 주어진 자료(데이터)를 구글시트에서 띠 그래프(또는 원그래프)로 그릴 수 있다.

구미봉곡초등학교 역량 배움 지도 - <핵심역량>

역량	자기 관리 역량	고차적 사고 역량	심미적 감성 역량	공동체 역량
정의	자기 자신을 지속적으로 계발, 관리하고 변화하는 사회에 유연하게 적응하며 살아갈 수 있는 능력이다.	여러 가지 사고 기능들 을 복합적으로 적용하여 문제를 해결해 나가는 역량이다.	자신과 타인과 사회 현상들을 공감적으로 이해하고, 삶의 의미와 사물들의 아름다움과 가치를 발견하고 향유하는 능력이다.	사회의 구성원으로서 요구되는 가치와 태도를 수용하여 다양한 사람들과 원만한 관계를 가지고 함께 살아갈 수 있는 능력이다.
하위 역량	· 자기 조절 · 자기주도적 학습력 · 자아정체성(자기성찰)	· 창의적 사고 탐구 (비판적사고) · 문제 해결(비판적사고)	· 문화적 소양 · 문화 향유 · 다양성에 대한 존중	· 협업 및 갈등조절 · 나눔과 배려 · 참여와 책임

1학년
 	
2학년
	자기조절:
	자기 생활 계획력 과업에 집중하기
	- 학교 생활 루틴 만들기
	- 시간 약속
	- 기초학습 도구사용
	- 자기자리 주변 정리정돈
	자기주도적 학습력
	- 주제에 대해 내가 흥미있는 자료 선택하기
	- 주제에 대한 생각 스스로 떠올리기
	자아정체성: 자기 인식
	- 나의 흥미와 재능 발견하기
	- 나의 감정 말하기
	  (기본감정표현)
		탐구
		- 낮은 수준의 관찰, 분류, 측정
		문제 해결
		- 문제 발견 및 직관적 해결
		창의적 사고
		- 주제와 관련된 아이디어의 유창한 생성
			문화적 소양
			- 오감을 이용해서 경험
			  (자연물, 전통문화-세계 문화)
			- 공감능력
			문화 향유
			- 문화의 아름다움 느끼기
			  (그림책 감상)
			- 정서적 안정감(걷기, 창작, 표현 활동)
			다양한 가치 존중
				<문제해결 범위: 나와 주변사람(친구, 가족)>
				협업 및 갈등조절
				- 활동의 예: 인사예절, 언어예절, 경청
				나눔과 배려
				- 활동의 예: 마니또, 집안일 참여
				참여와 책임
				- 활동의 예: 기본생활 규칙 준수

3학년
 	
4학년
	자기조절:
	자기 생활 계획력 과업에 우선순위 정하기
	자기주도적 학습력
	- 주제에 대한 학습 활동 선택하기
	자아정체성: 자기 이해
	- 나의 객관적인 정보 파악하기
	- 호불호 생각
	- 감정이해, 복잡한 감정표현
	- 진로교육의 기초
	- 도덕적 판단, 토론
		탐구
		- 기초 탐구
		- 안내된/구조화된 탐구
		문제 해결
		- 현명한 선택 방법
		- 지역 문제 해결 방법
		창의적 사고
		- 조건을 고려한 융통성 있는 아이디어의 생성
			문화적 소양
			- 오감을 이용해서 경험
			  (인공물)
			- 공감능력
			문화 향유
			- 문화의 아름다움 느끼기
			  (온작품 감상, 학급 예 술제)
			- 정서적 안정감
			  (노래만들기 등)
			다양한 가치 존중(다문화)
				<문제해결 범위: 학급, 이웃>
				협업 및 갈등조절
				- 활동의 예: 나전달법, 가족회의, 회의하기
				나눔과 배려
				- 활동의 예: 나눔장터
				참여와 책임
				- 활동의 예: 학급규칙정하고 준수하기, 1인 1역

5학년 6학년	**자기조절:** 자기 생활 계획력 스스로 자기 습관 계획 결정하기 **자기주도적 학습력** 자신이 좋아하는 주제를 결정해서 학습계획을 10차시 계획하기 **자아정체성: 자기 가치관 정립** - 나의 객관적인 정보 파악하기 - 사춘기 이해 - 감정이해, 감정표현 - 진로교육(어떤 삶을 살 것인가, 직업 찾기) - 도덕적 상황에 대한 토론	**탐구** - 통합 탐구 - 자유 탐구 **문제 해결** - 민주적 의사 결정 - 포괄적 문제 해결 **창의적 사고** - 지속적 보완을 통한 아이디어의 정교화	**문화적 소양** - 오감을 이용해서 경험(사회 미술, 공공미술, 영화, 소설) - 공감능력 **문화 향유** - 문화의 아름다움 느끼기(미술관, 전시회, 박물관, 박람회, 전문가적 경험) - 정서적 안정감(예술활동) **다양한 가치 존중(학급 상징)**	**<문제해결 범위: 학교, 사회>** **협업 및 갈등조절** - 활동의 예: 토의 토론, 또래 상담소운영 **나눔과 배려** - 활동의 예: 인권, 자연보호, 생태계보호 **참여와 책임** - 활동의 예: 학교규칙정하고 준수하기, 학생자치

자기 관리 역량의 역량 잣대			
하위 역량	역량 요소	역량 잣대	
자기 조절	시간과 과제를 효율적으로 관리하기	(1-2학년) 자신의 성장을 위해 필요한 활동(생활, 학습)을 바탕으로 구체적인 시간과 과제를 선정하여 실천하고 점검할 수 있다. (1일 단위)	
		(3-4학년) 자신의 성장을 위해 필요한 활동(생활, 학습)을 바탕으로 구체적인 시간과 과제를 선정하여 실천하고 점검할 수 있다. (1주 단위)	
		(5-6학년) 자신의 성장을 위해 필요한 활동(생활, 학습)을 바탕으로 구체적인 시간과 과제를 선정하여 실천하고 점검할 수 있다. (1달, 과제 단위)	
	자신의 학습을 위한 환경 만들기	(1-2학년) 자신의 책상과 사물함 및 주변을 정리할 수 있다.	
		(3-4학년) 시간을 정하여 수업에 필요한 학습 용구를 미리 준비할 수 있다.	
		(5-6학년) 자신에게 맞는 최적화의 학습 환경을 고민하고 나에게 맞는 학습 환경을 구성할 수 있다.	
	자신의 감정을 이해하고 관리하기	(1-2학년) 감정 단어를 익혀 자신의 상황에 맞는 감정 어휘를 사용하며 말할 수 있다.	
		(3-4학년) 나 전달법을 활용하여 자신의 마음을 전달하는 말과 글을 쓸 수 있다.	
		(5-6학년) 자신의 감정과 욕구를 조절할 수 있는 성찰의 글을 쓸 수 있다.	
자기주도적 학습력	학습 목표 달성을 위한 전략을 수립하고 실천하기	(1-2학년) 프로젝트의 목적과 목표를 명확하게 인지하고, 학습 매뉴얼에 따라 실천할 수 있다.	
		(3-4학년) 선택한 프로젝트의 목적과 역할을 인식하고 계획을 세워 실천할 수 있다.	
		(5-6학년) 생성한 프로젝트의 목적 및 목표(내용+기능)을 명확하게 설정하고 학습 전략을 활용하여 계획을 세운 후 실천 할 수 있다.	
	학습의 과정과 결과를 효과적으로 정리하기	(1-2학년) 자신의 수행 과정을 학습 내용에 알맞은 표현 방법을 선택하여 정리할 수 있다.	
		(3-4학년) 선택한 프로젝트의 실천 과정과 결과를 이용하여 결과물을 정리할 수 있다.	
		(5-6학년) 생성한 프로젝트에서 학습한 과정과 결과를 핵심 용어를 활용한 표상으로 정리할 수 있다.	
	자신의 학습 전략을 성찰하고 개선하기	(1-2학년) 프로젝트 수행 과정을 되돌아보고 잘한 점과 개선할 점을 찾을 수 있다.	
		(3-4학년) 프로젝트 수행 과정 평가를 통해 계획을 수정하고, 결과를 통해 학습 전략의 장, 단점을 찾을 수 있다.	
		(5-6학년) 프로젝트 수행 과정 중 학습 전략을 점검할 수 있고 결과에 대한 자기, 동료 평가를 할 수 있다.	
자아정체성 (자아성찰)	자기 인식하기	(1-2학년) 내가 가진 흥미와 욕구를 적성검사를 통해 확인하고, 간단히 표현할 수 있다.	
		(3-4학년) 내가 가진 성격과 취향을 적성검사를 통해 확인하고, 여러 매체를 통해 확인할 수 있다.	
		(5-6학년) 나에게 적합한 진로 방향을 적성검사를 통해 확인하고, 조사를 통해 관련한 정보를 모아 포트폴리오를 만들 수 있다.	
	자신의 삶의 방향성 찾기	(1-2학년) 나의 모습, 성격, 스스로에게 바라는 점 등 나에 대해 이야기 할 수 있다.	
		(3-4학년) 존경하는 인물(가족, 위인 등)을 정하여 다른 인물의 삶에서 배우고 싶은 점에 대한 글/표현을 할 수 있다.	
		(5-6학년) 초등학교 생활 동안 배운 것에 대해 회고를 하며, 그 배움으로 어떤 삶을 살고 싶은가에 대한 글(자서전)을 쓸 수 있다.	

고차적 사고 역량의 역량 잣대		
하위 역량	역량 요소	역량 잣대
창의적 사고	아이디어 생성하기	(1-2학년) 주제와 관련된 아이디어를 떠올릴 수 있다.
		(3-4학년) 주제와 관련된 아이디어를 분류하여 관계망으로 만들 수 있다.
		(5-6학년) 다양한 관점에서 아이디어를 생성할 수 있다.
	아이디어 정교화하기	(1-2학년) 자신의 아이디어를 표현하고 설명할 수 있다.
		(3-4학년) 자신과 타인의 아이디어를 비교할 수 있다.
		(5-6학년) 아이디어의 실제적 가치를 판단할 수 있다.
	아이디어 개선하기	(1-2학년) 주어진 질문을 바탕으로 개선점을 찾아 아이디어를 개선할 수 있다.
		(3-4학년) 개선된 아이디어를 바탕으로 자신만의 방식으로 표현할 수 있다.
		(5-6학년) 기존의 아이디어를 비판하고 개선된 방식으로 표현하여 새롭게 적용할 수 있다.
탐구 (비판적 사고)	문제를 인식하고 관련 자료를 수집하기	(1-2학년) 문제를 인식하고 자료를 수집할 수 있다.
		(3-4학년) 문제를 인식하고 해결을 위해 수집해야 할 적합한 자료를 선정하고 수집할 수 있다.
		(5-6학년) 문제를 인식하고 가설을 설정하여 적합한 자료를 수집할 수 있다.
	수집된 정보를 분석하여 일반화 도출하기	(1-2학년) 수집한 자료를 기준을 세워 분류할 수 있다.
		(3-4학년) 수집한 자료를 분류하고 해석하여 결론을 내릴 수 있다.
		(5-6학년) 수집한 자료를 분석하여 가설을 검증하고 결론을 내릴 수 있다.
	다양한 관점에서 비판적으로 해석하고 이해하기	(1-2학년) 자신이 탐구한 결과를 다른 사람의 결과와 비교하여 말할 수 있다.
		(3-4학년) 자신이 탐구한 결론과 다른 사람의 결론을 비교하여 평가할 수 있다.
		(5-6학년) 자신이 탐구한 결론과 다른 사람의 결론을 비교하고 다양한 관점에서 분석할 수 있다.
문제 해결 (비판적 사고)	문제를 발견하고 문제의 원인을 분석하기	(1학년) 생활에서 해결해야 할 문제를 발견할 수 있다.
		(2학년) 문제 상황을 인식하고 문제 해결의 필요성과 중요성을 말할 수 있다.
		(3-4학년) 문제 상황을 인식하여 문제를 명료화하고 다양한 원인을 찾을 수 있다.
		(5-6학년) 문제 상황을 찾아 문제를 명료화하고 원인을 분석하여 유목화할 수 있다.
	자료를 수집하고 다양한 해결책 제안하기	(1-2학년) 발견한 문제 해결을 위한 해결 방법을 찾을 수 있다.
		(3-4학년) 문제의 원인에 따라 자료를 수집하여 해결 방안을 제시할 수 있다.
		(5-6학년) 문제의 원인에 따라 자료를 수집하여 해결 방안을 유목화하여 제시할 수 있다.
	평가 기준을 세워 타당한 해결방안을 정하기	(1-2학년) 평가 기준을 정하여 해결 방안을 선정할 수 있다.
		(3-4학년) 타당한 평가 기준을 정하여 해결 방안을 비교 분석하여 선정할 수 있다.
		(5-6학년) 타당한 평가 기준을 정하여 해결 방안을 비교 분석하여 평가하고 선정할 수 있다.

부록

심미적 감성 역량의 역량 잣대

하위 역량	역량 요소	역량 잣대
문화 향유	문화를 경험하고 탐구하여 가치를 발견하기	(1-2학년) 오감을 이용하여 자연과 문화를 경험하고 자신의 생각과 느낌을 설명할 수 있다.
		(3-4학년) 작품의 아름다움과 특징을 발견하고 그 이유를 설명할 수 있다.
		(5-6학년) 작품의 배경과 맥락을 파악하여 감상하고 작품의 가치를 설명할 수 있다.
	매체와 도구를 사용하여 자신의 작품을 창작하기	(1-2학년) 자신의 생각이나 느낌, 감각을 다양한 형식으로 표현할 수 있다.
		(3-4학년) 자신의 생각이나 느낌을 다양한 도구를 활용하여 표현할 수 있다.
		(5-6학년) 주제에 대한 자신의 생각과 느낌을 다양한 매체와 도구를 활용하여 표현할 수 있다.
	경험과 작품을 다른 사람에게 공유하기	(1-2학년) 자신의 문화적 경험이나 작품을 다른 사람에게 소개할 수 있다.
		(3-4학년) 다양한 문화 경험이나 다른 사람의 작품의 내용과 형식, 특징에 대해 설명할 수 있다.
		(5-6학년) 다양한 문화적 경험과 작품의 특징을 공유하며 관점을 세워 비평할 수 있다.
다양한 가치 존중	서로 다른 가치를 수용하고 존중하기	(1-2학년) 나와 다른 다양한 가치가 있을 수 있음을 알 수 있다.
		(3-4학년) 서로 다른 가치를 수용해야 하는 이유를 탐색할 수 있다.
		(5-6학년) 서로 다른 가치를 존중하는 태도를 지닐 수 있다.
	다양한 문화를 이해하고 존중하기	(1-2학년) 일상생활에서 다양한 문화의 모습을 알 수 있다.
		(3-4학년) 다양한 문화의 모습을 알아보고 비교할 수 있다.
		(5-6학년) 다양한 문화의 모습을 통해 서로 다름을 인정하고 존중하는 태도를 지닐 수 있다.

공동체 역량의 역량 잣대

하위 역량	역량 요소	역량 잣대
협업 및 갈등조절	언어적, 비언어적 의사소통 방식을 효과적으로 사용하기	(1-2학년) 다른 사람에게 경청할 수 있다.
		(3-4학년) 대상과 상황에 따라 예절을 지키며 적절한 표정, 몸짓, 말투로 말할 수 있다.
		(5-6학년) 온라인 환경에서 자신의 의사를 표현하고 올바르게 소통할 수 있다.
	다른 사람과 협업하기	(1-2학년) 과제 수행 시 다른 사람과 협력하는 태도를 갖는다.
		(3-4학년) 과제 수행 시 역할 분담 및 다른 사람과 협력하는 방법을 알 수 있다.
		(5-6학년) 과제 수행 시 협업 도구와 방법을 효과적으로 활용할 수 있다.
	갈등을 조절하고 해결하기	(1-2학년) 다른 사람과의 갈등의 원인을 찾고 정해진 해결 방안을 수용할 수 있다.
		(3-4학년) 갈등 상황에서 갈등의 원인과 해결 방안을 찾을 수 있다.
		(5-6학년) 갈등 상황에 대한 민주적인 해결 방법을 알고 최선의 해결 방안을 찾아 실천할 수 있다.
나눔과 배려	타인이 성장할 수 있도록 기여하기	(1-2학년) 친구를 도와줄 수 있는 일을 찾아 도울 수 있다.
		(3-4학년) 다른 사람에게 공감하고 도움을 줄 수 있다.
		(5-6학년) 자신의 재능을 활용하여 다른 사람이나 사회에 필요한 도움을 줄 수 있다.
	다른 관점을 인정하고 수용하기	(1-2학년) 나와 상대방의 의견을 비교하고 공통점 및 차이점을 찾아 말할 수 있다.
		(3-4학년) 다양성을 수용해야 하는 이유를 알아보고, 서로의 입장을 이해하고 인정할 수 있다.
		(5-6학년) 상대방의 관점에서 생각하고 자신이 수용할 수 있는 부분을 판단하여 받아들일 수 있다.
참여와 책임	공동의 문제에 주인의식 가지기	(1-2학년) 자기 주변에서 공동의 문제를 발견하고 관심을 가질 수 있다.
		(3-4학년) 생활 주변에서 해결이 필요한 공동의 문제를 발견하고 해결 방안을 찾을 수 있다.
		(5-6학년) 다양한 공동의 문제를 찾아 해결 방안을 탐색하고 주도적으로 실천할 수 있다.
	자신의 행동에 대한 책임감 가지기	(1-2학년) 정해진 학급 규칙과 역할을 꾸준히 실천할 수 있다.
		(3-4학년) 학급에 필요한 규칙과 역할을 찾아 실천할 수 있다.
		(5-6학년) 공동체에서 지켜야 할 규칙이나 역할을 정하고 자신의 행동을 되돌아볼 수 있다.

6년의 배움

6년의 배움

학교교육과정 이야기

학교교육과정 이야기

미래학교는 역량을 가르친다
'6년의 배움' 학교교육과정 이야기

초판 1쇄 발행 2023년 1월 15일
2쇄 발행 2024년 6월 28일

지은이 장계영 도영록 김다혜 서수정 김인철 김진수 이지혜 윤미정 박호용

발행인 김병주
기획편집위원회 김춘성 한민호   **디자인** 정진주   **마케팅** 진영숙
에듀니티교육연구소 이문주 백헌탁
행복한연수원 이종균

펴낸 곳 (주)에듀니티
도서문의 1644-5798
일원화 구입처 031-407-6368 (주)태양서적
등록 2009년 1월 6일 제300-2011-51호
주소 서울특별시 중구 남대문로 117, 동아빌딩 11층
출판 이메일 book@eduniety.net
홈페이지 www.eduniety.net
페이스북 www.facebook.com/eduniety
인스타그램 www.instagram.com/eduniety/
        www.instagram.com/eduniety_books/
포스트 post.naver.com/eduniety

문의하기

투고안내

ISBN 979-11-6425-138-4

값은 뒤표지에 있습니다.